JN294811

トーキング・キュア
ライフステージの精神分析

Talking Cure
Mind and Method of the Tavistock Clinic Edited by David Taylor

デビッド・テイラー｜編著
David Taylor

木部則雄——監訳　長沼佐代子＋浅沼由美子——訳

金剛出版

トーキング・キュア
ライフステージの精神分析

Talking Cure
Mind and Method of the Tavistock Clinic
Edited by David Taylor

Talking Cure
Mind and Method of the Tavistock Clinic
Edited by David Taylor

Copyright © 1999 by David Taylor
First published by Gerald Duckworth & Co Ltd. Now Karnac Books Ltd.
Represented by Cathy Miller Foreign Rights Agency, London, England.
Japanese translation rights arranged with Cathy Miller Foreign Rights Agency through Japan UNI Agency, Inc., Tokyo.
Japanese language edition © Kongo Shuppan 2013

監訳者まえがき

木部則雄

　本書の原著のタイトルは *Talking Cure : Mind and Method of the Tavistock Clinic* であり，直訳すれば「癒しとしての語り──タビストック・クリニックのこころと方法」といった感じになるでしょうか。本書はタビストック・クリニックの先鋭のメンバーとその関係者によって一般向けの書籍として出版されたものです。また，本書と連動した企画として，英国の BBC がタビストック・クリニックを中心とした精神分析の現代社会への貢献をテーマとした TV 番組を 6 回のシリーズにまとめて放映しましたが，その企画も好評を得ました。"Talking Cure" という用語は，フロイトとブロイラーの共著である『ヒステリー研究』に登場するベルタ・パッペンハイム Bertha Pappenheim によって語られたものとされています。精神分析的に特別な意味が付加されたこの用語は，一般の人にも十分に意味をなしています。つまり，"Talking Cure" というタイトルは精神分析の専門家と一般の人々を結ぶシンボリックな意味を持っています。ここではこのタイトルが含意するシンボリックな意味について，いくつか思いつくままに述べていきたいと思います。

　まず，人は誕生した瞬間から，語ることによって歓喜を分かち合い，苦難を乗り越えてきたということです。人は語ることによって，自らを癒してきたのです。もちろん，語ることは言語的表現だけに限定されません。たとえば，赤ん坊が嬉しそうに身体を動かしているのを見て，母親はそこに喜びを感じとりますが，その時の赤ん坊は身体を使って，母親に語りかけているのです。また，芸術家は自らとの語りの表現として作品を捻出します。そして，魂との会話によって成立した作品であればあるだけ，その作品は他者への語りとなり，感動を巻き起こすことでしょう。本来，語ることは人が人として成立するための本質的な条件です。この語ることの重要性に気づいたのは，他な

らぬフロイトでした。精神分析は人が語ることに科学的，医学的視点を加えることによって，語ることそのものに意義を見出し，それを治療技法とする自由連想法が創案されました。

　このように *Talking Cure* という本書のタイトルにはシンボリックな意味がさまざまに含まれているのですが，本書の邦文のタイトルとしてこれらを含意する日本語を見つけることは至難の業でした。そのため本書のタイトルはトーキング・キュアと原題をそのまま使用することにしました。さらに本書は人生の様々なライフステージで出会う困難において，語ることの重要性が豊富な症例とともに記述されています。そこで副題は「ライフステージの精神分析」としました。

　さて，監訳者まえがきとしては本書の全貌やその哲学についても触れなければなりませんが，それは編者デビッド・テイラーのまえがきに充分に説明されていますから，あえて本書のあらましを改めてここで紹介する必要はないようです。あえて付け足すとすれば，欧米諸国，我が国でも，現代は精神科では薬物療法，臨床心理現場では認知行動療法が全盛であり，コスト・パフォーマンスの悪い精神分析などの心理療法は劣勢を強いられています。しかしながら，本書はこうした現代のトレンドにあっても，精神分析の失われていない価値を見出すことを可能としています。また，本書の読者層を想像するに，本書はおそらく心理学を学び始めた学部生や大学院生などの入門書的な役割を果たすだけでなく，すでに精神分析，他の心理療法に熟練した人たちにも充分に読み応えのある本であることは疑いのない事実です。

　本書は17章から構成されています。本書の各章には精神分析的な臨床記録がかなり詳細に記載されています。この記録は客観的所見であり，多くの読者にとって充分に科学的エビデンスになることも納得していただけることと思います。ただ，科学的ということがエビデンスであるだけでなく反復可能であることも示すというさらなる枠組みにこだわれば，人のこころの科学的研究は永遠に成し遂げられることはないでしょう。なぜなら，まったく同じ人生を歩める人は決していないからです。しかし，科学的であるということのエビデンスを数字，あるいは実験結果だけに求めるとしたら，それはと

ても愚かなことです。人の複雑なこころ全体，人生のすべてを数値化したり，画像化できると真面目に思う人はいないでしょう。人類の起源を遡れば単細胞動物に行きつくのかもしれませんが，人は自分たちが原生動物のような刺激に反応する／しないという単純なデジタル反応からアナログ思考という素晴らしい道具を手に入れ，気候などの環境にも適合し，社会や集団を形成することによって動物界で繁栄してきたことを忘れてはいないでしょうか。フロイトはひとつの症例から普遍性を語りましたが，私はこれこそアナログの科学の極致であると思っています。もう一度，皆さんが人のこころに関する科学とは何であるかを再考する時代になっているのではないと感じます。

　最後に，本書には目次に小見出しが付いていないので，各章の手短な要約をご紹介します。各章のテーマは人生で出会わなければならない必然的なテーマ，正常，精神疾患，科学技術の進歩に伴うこころに関するテーマですが，精神分析を超えて人間，人生とは何かについてもさらに考えなければならないという知の本能を刺激するものでもあります。

　第1章「こころのめばえ」では，こころがいつどのようにして始まり，活動するようになるのかという困難な課題を超音波画像や実際の観察を用いて説明しています。こころは動的なもので，情緒的要因によってその成長が遅れることもありますが，こころには外界との関わりによって活性化する潜在的能力があることが論じられています。

　第2章「遊び（プレイ）」では，遊びを主題として，遊びが人々やその発達に果たす役割，遊びが持つ機能を，フロイトが孫の観察から導き出した糸巻き車の遊びの意味やウィニコットの「移行空間」の概念などを紹介しながら論じています。また後半では，プレイセラピーがこどものこころの発達をいかに促進することができるかを提示しています。

　第3章「こどもと純心さ」では，多くの大人が期待しがちなこどもの純心さを主題としていますが，その背後には大人が認めがたいこどもの性欲の存在や残酷な一面があることに触れています。また，虐待が行なわれればこどもの純心さが激しく侵害され，こどものこころの発達を大きく歪めてしまう

ことについても論じています。
　第4章「成長のプロセス」では，情緒的成長が，発達を推し進めたいという願いと，他者に依存し安全な場所に退却してしまいたいという両極端な思いのなかで成し遂げられていくことを伝えています。さらに，成長の過程で避けられない喪失や分離に人がどのように立ち向かっていくのか，そこで友人や両親が果たす大きな役割についても論じています。
　第5章「こころの成り立ち」では，こころを生じさせているのは生物学的な脳であるという考え方と，その脳が発達するには他者の存在や他者のこころが必須であるという考え方の両方を取り上げ，人のこころの成り立ちを探求しています。そのなかではビオンの不在の乳房に耐えることから生じる思考と思考作用の問題についても触れています。
　第6章「愛」では，愛の起源を乳幼児期の母子関係に遡り，愛とは何かを探求しています。さらに，恋愛には母子関係に見られる愛と憎しみのアンビヴァレンスが当初，理想化のために認められないことに触れ，その恋の果てには何があるのか，成熟した愛とは，その喪失とは何かといった論点にまで議論を展開しています。
　第7章「夢を見ること」では，フロイトが重要視し，心理療法でも患者の無意識的空想へのアクセスを可能にする価値あるものとして扱われている夢を主題として，夢はどのように生まれてくるのか，夢は何を語っているのか，夢にはどんな機能があるのかについて精神分析的な観点を中心にして論じています。
　第8章「家族」では，システムとしての家族とその構成要素としての家族メンバーの関係性という視点から，家族システムの変容やメンバー間の相互作用，メンバー間の意見調整，家族の持つレジリエンスについて論じています。家族の問題は先進国では大きな問題となっており，改めてこの問題を考える機会を提供しています。
　第9章「集団」では，さまざまな規模や複雑さを持つ集団を取り上げて，その本質について論じています。集団は個人と集団，集団間など独自の力動性を持ち，そこでは特有の嫉妬や狂気，葛藤といった情動が生じることを説

明しています。グループセラピーという心理療法では個人の内的状態がグループに投影され，それぞれの課題が扱われることにも触れています。

第10章「仕事」では，仕事が個人の自尊心や存在価値に寄与し，職場において他者との関わりから生じる多様な情緒が個人に影響を与え，個人の問題を反映することを提示しています。仕事が所属すること，影響力を持つこと，達成することという人間の基本的な欲求を満たす一方で，失業という悲嘆がこころの疾患につながる可能性にも言及しています。

第11章「こころの食べ物」では，身体的に栄養を与える食べ物だけでなく，日常生活や人間関係から受ける刺激がこころに栄養を与える食べ物として成長を支えることを論じています。誕生直後から経験する身体感覚や他者との関係はさまざまな情緒を引き起こし，自己理解につながりますが，早期の情緒的剥奪は本来必要な栄養を取り入れられずに発達を阻害することを指摘しています。

第12章「正常と精神疾患へのこころの態度」では，精神疾患に対する人々の偏見や態度を取り上げ，正常と異常について人間が抱く不安や恐怖を説明しています。精神疾患を抱える人と接することで自分自身のなかにある異常や狂気に触れ，こころのなかで掻き立てられる不安を回避するために精神疾患を拒絶しようとする人間の心的様相についても議論を展開しています。

第13章「精神的苦痛と精神疾患」では，神経症，うつ病，統合失調症といった精神疾患を抱える人が感じる苦痛について，その病像を踏まえながら論じています。フロイトの症例報告として著名なシュレーバーが統合失調症の発症後に体験した妄想や信念を表わした記述を紹介し，同氏の幼少期の体験が妄想に及ぼした影響についても示しています。

第14章「心理療法」では，人間の情緒的な困難を解決する治療のひとつとして，主に精神分析的心理療法を取り上げています。事例ではクライエントとセラピストとの間で展開される初回面接，転移，防衛などに焦点を当て，「トーキング・セラピー」のなかで自分の人生にとって支障となっているこころの問題が明らかにされ，内的世界が修正される過程を説明しています。

第15章「時を刻むこと」では，人生における時間感覚やライフサイクル

といった時の流れが人間の発達に重要であると論じています。心的な困難や剥奪を経験すると時間の混乱や同じ課題の反復などが生じ，時間経過の感覚の欠如が成長を阻害することにも触れています。その一方で，永遠の若さを求めるあまりに時間の経過を認めない傾向がある点も指摘しています。

　第16章「年を重ねること」では，年齢を重ねるにつれて直面する老化による喪失や孤独，死の恐怖など老年期の課題について取り上げています。高齢者が自分自身について感じる不安だけでなく，高齢者，その家族，ケアをする人々の関わりのなかで生じる葛藤がそれまでの人生と関係していること，また，それを援助する心理療法についても触れています。

　第17章「未来」では，科学技術の進歩によって可能となった心臓移植と周産期医療を紹介し，人類が取り組むべき今後の問題と可能性を論じています。心臓移植に際して他者の身体の一部を受け入れることや胎児についての検査を受け入れることが，自分自身のなかに存在する不完全の許容と関係していることにも言及しています。

　本研究はJSPS科研費23530921の助成を受けたものです（研究課題名「発達障害者の社会適応と治療的介入効果の検討──レジリエンスの視点から」）。

謝辞

　読者の皆さんは，一つひとつのケースの流れがほとんどの章の中心となっていることに大きな関心を抱くでしょう。本書では，患者と臨床家の出会いを詳細に学ぶことで，専門的知識や知見を得られるようになっています。たくさんの患者の方々の寛容さや配慮がなければ，本書の出版は不可能であり，たとえ出版することができたとしても，大切なものを欠くこととなったでしょう。もちろん，クリニックの患者の方々の同意は慎重に得たものであり，守秘義務と関係者のプライバシー保護のため，ケースの素材の個人的な事実については本人が特定できないよう変更を加えてあります。
　患者の方々が素材の公開に同意してくださった動機は，あまり多く語られることのない精神生活が公の場でより広く認識されるようになれば，とても価値あるものになるという思いであり，このことには患者の皆さんのほぼ全員が同意してくださることでしょう。また，本書がより発展したものとなるようにと患者の皆さんが語ってくださったことに，私，およびその他の筆者ともども，感謝の意を表したいと思っております。これほど多くの方々の人生における重要な闘い，つまりそれぞれの困難に立ち向かう勇気を目にすることができたことは得難い経験であり，光栄なことでもあります。さらに，それらは荘厳なまでの美しさにあふれ，時にはこころや個人の生活の展開の仕方に対して影響力を有しているかのようにも感じられるような神秘に満ち，かつ運命を決するような瞬間を垣間見ることのできる経験でもありました。
　本書の読者であれば，筆者たちが科学的かつ芸術的な多くのさまざまな種類の知識からの知見に依拠していることにすぐにお気づきになるでしょう。特定の専門性の有無にかかわらず，数多くの同僚たちがそれぞれの知識や仕事を寛大にも披露してくれました。特に次の方々に感謝の意を表したいと思います。

タビストック・クリニックの David Armstrong, David Campbell, Barbara Dale, Maxine Dennis, Andrew Elder, Vicky Franks, Anthony Garelick, Sebastian Kraemer, Julian Lousada, Jane Milton, Sue Reid, Alan Stein, Sharon Warden。

精神分析協会の Ronald Britton, Patricia Daniel, Michael Feldman, John Steiner, Richard Lucas（N. Middlesex Hospital）。

Demetrion Economides（Royal Free and University College Medical School の産婦人科）, Stephen Franks（Imperial College School of Medicine の生殖医学科）, M.J. Geller（University College London のユダヤ文化学科）, Kypros Nicolaides（Harris Birthright Research Centre for Fetal Medicine）, Mr. T.G. Teoh（ロンドンの St Mary's Hospital の産婦人科、小児科部）, Ian Wilmut（Roslin Institute）。

As Sweet from Serious Concerns からの引用の許可をくださった Wendy Cope と Faber 夫妻にも感謝しております。Mrs. Joyce Robertoson, Concord Video, Film Council の皆様方からも快く *A Two-Year Old Goes to Hospital* より写真をお借りする許可をいただきました。

タビストックのチーフ・エグゼクティブおよび Portman NHS Trust の Anton Obholzer には構成を考えるにあたり、重要な役割を担っていただき、しばしば起こりがちなことですが、幸先の良い過去を埋もれさせるのではなく、生き生きとしたものに展開させてくれました。Nick Temple と Margot Waddell のおふたりは同僚であり、タビストック・クリニックシリーズの編集者でありますが、共に素晴らしく優秀でした。Nick Temple（the Clinic's Professional Committee の議長）は着々と多大な責任を果たし、編集者を含む多くの方々の士気を高めてくださいました。BBC の番組製作者であった Beth Holgate と Ines Cavill はつねに本書の執筆を支えてくださり、コメントや挿絵など、お手伝いいただきました。おふたりの機転やプロフェッショナリズム、このプログラムの「被験者」に志願していただいた病気や数々のアクシデントなどさまざまな問題に苦しむ人々に対し、ごく自然に敬意を払っておられる様子には感銘を受けました。おふたりは常に自分たちがフィルムに収めている仕事に真の重要性を見出そうとされており、安易なセンセーショナリズムに陥ってしまわないよう細心の注意を払っていただきました。Duckworth の編

集者の Martin Rynja は専門外の執筆と編集を担当するに当たり，すばらしい知性と繊細さを披露してくださいました。Rynja のおかげで読みやすい英語に変換することにほぼ成功しました。Paula Shonuga, Eleanor Morgan, マルコス・ノーブル・ダ・リマ夫妻，Joseph Anderson, Myfanwy Taylor, Lynne Warne の皆様には，こまごまとした作業，その他さまざまな支援を快く引き受け，かつ効率よく進めていただきました。この方々の熱意と臨機応変な姿勢がなければ，このような大変タイトなスケジュールでこの原稿を仕上げることは不可能であったと思います。Caroline Garland はとてつもなく勤勉な無二の親友であり，才能豊かな編集者でもありました。Garland の尽力やセンス，感覚なしには，本書を時間通りに仕上げることは叶わなかったと思います。

Picture Credits

Plate Section : 1) Welcom Trust ; 2) Courtesy Mr Demetrios Economides ; 3) © Caroline Tustin in *Play : Its Role in Development and Evolution*, Penguin, 1976 ; 4) © The British Museum ; 5) Madonna and Child, Luis de Morales (1500-1586), © the Prado, Madrid ; 6) ©The Estate of Weegee ; 7) © James and Joyce Robertson, The Robertson Centre ; 8) Goya, *Sueño de la mentra y la inconstancia* ; 9) © The British Museum ; 10) Goya, *Il Sueño de la razon produce monstruos* ; 11) Anonymous ; 12) Anonymous ; 13) The Tavistock Clinic ; 14) Courtesy © David Katznelson ; 15) Courtesy Ian Wilmat, Roslin Institute ; 16) Courtesy Mr Demetrios Economides ; 17) © Wellcome Trust.

Figures : 1) Anonymous ; 2) Anonymous ; 3) Anonymous ; 4) based on J.O. Forfar and G.C. Arneil, *Textbook of Paediatrics* Vol.1, 3rd ed., Churchill Livingstone 1984 ; 5) Roger Smith 1975 ; 6) Wilder Penfield, Theodore Rasmussen, *The Cerebral Cortex*, 1952 ; 7) Wilder Penfield, Theodore Rasmussen, *The Cerebral Cortex*, 1952 ; 8) Maurice Hall, © *Punch* ; 9) Mike Turner, © *Spector* ; 10) Clive Collins, © *Punch* ; 11) Anonymous ; 12) Bürgerkrieg, 1928, © the Estate of Gerd Arntz ; 13) *Ameisen*, © the Estate of George Grosz ; 14) Korent, *Punch*, 1981 ; 15) P.J. Taylor and J. Gunn, *Homicides by people with Mental Illness*, 1999 ; 16) © M. Schatzmann, *Soul Murder : Persecution in Family*, Random House ; 17) © Maurice Hall, *Punch* ; 18) Etchings by Rembrandt.

まえがき

　本書は，英国放送協会第2テレビ（BBC 2 TV : British Broadcasting Corporation 2 TV）がタビストック・クリニック（Tavistock Clinic）についてのシリーズ番組の放映に際して，執筆されたものです。
　タビストック・クリニックは国民保険機構（NHS : National Health Service）[1]に属し，こころに問題を抱えている人々の治療を行ない，メンタルヘルスに関わる専門家を訓練する専門機関のひとつです。このシリーズ番組の6つのプログラムは，人が人生のなかで必然的に出会う可能性の高い困難に対し，語りによる治療を通してどのように取り組むということを述べています。事故や不幸，病気，情緒的葛藤だけでなく，精神障害は人々が通常考えるほど稀なものではありません。現実的に，そうした出来事は普通の人生においてしばしば起こりうるのです。それと同時に，こうした出来事に対する人の反応はすべての人が関心を抱く永遠のテーマ，つまり人間の本質における見解をもたらしてくれます。
　古代と現代との間に大きな違いがあったとしても，男女ともに人間の特質は歴史を超えて不変です。人間の本質が永遠の関心事であると綴られる際，「永遠の」という表現はまさに文字通りの意味を示します。男女が囚われる問題は根本的に4,000年前から同じなのです。現存する最古の文書として知られている資料は，大英博物館に所蔵されている約20万点のメソポタミア文明時代の刻字によって記された粘土板とされています。その文書からは4,000年前にバビロン（ニネヴェ）[2]市民がどのようなことに関心を寄せて

1　NHS（National Health Service）はイギリス国営の医療制度。
2　ニネヴェ（Nineveh）は古代アッシリアの首都で紀元前612年に帝国の滅亡で廃墟となった。現在のイラク北部に位置し，ティグリス川に臨む都市モスルに遺跡がある。

いたかということを詳細に捉えることができます。人々は楔形文字によって夢を体系的に記録する筆記者を訪ね、司祭がその場で唱えた呪文の文言を粘土板に記しました。その呪文はその時の日常生活で不安を抱く人々の苦しみを軽減することを意味していました。

　人の子として生まれし者よ、汝はまさに今この世に出で、日の光を目にしたのだ。なぜ汝は母親の胎内でも同じように振る舞わなかったのか。父親に礼節をもって接することなく、母親は世間に顔向けもできない。その代わりに汝は子守女に手を焼かせ、乳母に眠る暇さえ与えなかった。汝の泣き声で家の守り神は眠れず、眠りが家を守る女神を征することもできない。

　もし男が常に相手の女の外陰部を目にしていたら、男は健康を、そして自分に足りなかったものを手に入れることができるだろう。もし男がどの女性と出会う時にも常に自分のペニスを眺めていたら、いかに自分が求めようとも、家庭の安定は永遠に手に入らないだろう。
　　　　　　　　M.J. ゲラー「フロイト，魔術，メソポタミア」▼i

　もし男が夜中に悪夢を見たら（中略）男は（大地の）土の塊に向かって次のように言うだろう。「ああ、土くれよ、お前のなかからつまみ出された塊があり、私の中からつまみ出された塊がある。私のなかから出現した塊は、お前の中から出現した塊なのだ」。男は土くれに向かい、自分が見た夢についてできる限り多くを語るだろう。（そして男は言う）「土くれよ、（まさしく）私が（水の流れに）お前を投げ入れ、（お前は）ぼろぼろに砕け、（そして）崩壊する。それは、（おそらく）私が見たすべての夢（たち）に潜む悪魔が消え去るということだ。さあ、悪魔よ、消滅せよ」。　　　S.A.L. バトラー「メソポタミアの夢と夢儀式の概念」▼ii

大半の人はこのような古代の叙述に、少なくとも何かしら自分自身の体験

を見出すことができるでしょう。バビロンに存在した愛への失望、無能さ、抗争、泣き叫ぶ赤ちゃん、罪悪感、恐怖、不運、抑うつ感は、今日の近代的な家庭や職場、政府にも同じように存在しています。現代人は悪夢を取り除くためにハムレットに扮する必要などないのです。多くの人は赤ちゃんを寝かしつけることに苦労もすれば、他にもっと長期にわたる困難にも苦しんできたことでしょう。バビロン市民の悩み事は、現代では家庭医が月曜の午前中に受け持つ手術に見られるような日々の困難とそう違わないのです。

　近年の心理学や精神分析から得られる知識は、バビロン市民の信念よりは体系化されているかもしれません。また、今日の理論や結論はより技術的で信頼できるものです。それにもかかわらず、提起されるのは同じ問題なのです。つまり、男性も女性も大抵自分たちが話している現実の危険性以上に、多くの不安を抱えているのです。人の想像は自らの世界の捉え方を方向づけます。人は絶えず自分や他者や自らの世界の経験について話し、理解する必要があるのです。本書の主題は、人生における数々の局面に関する理解です。本書は17章を収録しており、さらに大まかな人生の流れを精神分析の理解に基づいて5部構成にしています。

　本書は一連の相互に関連した概念から成り立っています。ひとつ目の概念は、一生涯を通した情緒的発達の重要性で、それは乳幼児期から児童期、思春期、成人期、成熟期、そして老年期にまでわたっています。人生のなかでは変化が生じ、鍵となるような時期が訪れます。そこでは多くの人がある程度苦闘し、人によってはその発達課題が危機となることもありうるのです。ふたつ目の概念は基本的に人間が社会的動物であるということです。他者との人間関係は自分のアイデンティティ、感情、そして所有物に深く影響を及ぼします。三つ目の概念は、人間の思考の本質が社会環境のなかで生存し、養育し、生殖するための生物学的欲求から生じているということです。

　本書で記述しているのは、ただ客観的かつ論理的なこころの描写ではありません。ここでは、人が機能する上で情緒や情熱がいかに重要かということも示しています。人の気持ちのなかには理由が明確にならないような理由も存在しています。本書では家族や職場や社会のなかに現われる集団生活の本

質を示しつつ，重要な人間関係を説明していきます。最終的に，筆者は何が正常とされるのかを検討し，精神的な困難から精神疾患までの範囲を論考しました。筆者は将来についても重視しました。なぜなら，近代の男女が根本的には古代に暮らしていた人々と同じ特徴をもっているという事実からすれば，人は将来も変化に適応しようともがきつづけるだろうということを示唆しているからです。

　今回のテレビ番組にはタビストックが携わっている主題や活動のかなりの範囲が網羅されています。そのひとつは，若い臨床家が週1回定期的に赤ちゃんの観察を実施し，生後1年間の乳幼児の発達を随行するものです。この乳幼児観察法はタビストックで開発され，今ではこどもと大人の心理療法や精神分析における重要な訓練として広く用いられています。訓練生は乳幼児がどのようなものかを学び，乳幼児と成人との間に存在する連続性を理解することができるのです。乳幼児と成人の連続性は母子関係，そしてそれ以降につながるすべての人間関係にとって重要なのです。

　悲劇的で致命的な出来事に巻き込まれることによる情緒的影響は，タビストックのプログラムのなかでもふたつの主題として扱われています。このふたつの目的は心理療法面接の一般的な方法についての考えを提供し，セラピストがクライエントの関わった出来事の意味や原因を明らかにする方法を示すことです。人間の罪悪感や痛みといった感情は，あまりにも強力なために否認せざるをえないことがあります。しかし，そうした感情はその個人の将来の人生にまで損傷を与えつづけるのです。そのことは自分に対する疑念につながり，幼少期，両親，家族，そして自己の性格に関する根本的な問題を提起するのです。近頃，この領域におけるタビストックの手法についてかなりの部分がキャロライン・ガーランド Caroline Garland（このプログラムのひとつにセラピストとして登場する人物です）編集の『トラウマを理解する──対象関係論に基づく臨床アプローチ』という本にまとめられています。

　セラピーは個人のみならず，集団や家族といった治療環境でも提供されます。プログラムのうちふたつは重篤な疾患に罹っている人の家族がその疾患などに取り組む際に，セラピーがどのように援助するか，また家族が情緒的

な困難にある若者をいかに支えるかを示しています。こうした映像の冒頭では，疾患が家族にもたらす苛酷な困難や各個人が直面する葛藤を描いています。そこでは，家族が自分たちの使うことのできるリソースを整理し，怒りや罪悪感，悲しみ，そしてこうした状況によって生じる喪失に対処する際に受ける援助が描かれています。このような状況は決して生やさしいものではありませんが，結果的に家族が直面する問題はいくらか軽減することができます。タビストックの家族療法については，多くが述べられた『さまざまな声──システム家族療法における語り』という著書が出版されています。6番目のプログラムは組織の援助に関するものです。その内容はある学校の校長が自身の学校の取り組みで悩んでいることについて示しています。アントン・オブホルツァー Anton Obholzer と P. ヴェガ・ロバーツ P. Vega Roberts の『精神分析的作業のなかに見られる無意識』という著書では，こうした領域での作業を詳細に説明しています。

▶ タビストック・クリニック

　タビストック・クリニックは精神疾患の治療，精神的な困難や精神疾患に関する理解といった発足時の枠組みを超えて，人間関係の心理学的理解を活用する上で長い伝統を築いてきました。また，ここでは日常の生活環境における集団や社会，公共機関や組織についての特殊な研究がなされてきました。その作業は第二次世界大戦で将校を選抜する際に，「リーダーのいない」集団という考えの下，独自の効果的な手法を編み出すことに由来しています。その考えは幅広い多様なビジネス，数々の仕事や職場において情緒的かつ社会的過程の重要性を理解することにも及んでいます。タビストック・コンサルティング・サービス Tavistock Consulting Service は困難を抱えていたり，変革を必要としていたりする公共機関や組織を援助する機関として存在しています。

　タビストックは児童家族部門 Child and Family，青年期部門 Adolescent，成

人部門 Adult の3つの主要部門から構成されています。3部門の第一義的な仕事は学校や家庭医，ソーシャルワーカー，メンタルヘルス領域のその他の専門家から紹介された患者に対してコンサルテーションや治療を行なうことです。時には患者が自ら訪ねて来ることもあります。タビストック・クリニックはより伝統のある大学数校と緊密な連携をもつ心理臨床の総合大学でもあります。そして，国内全土や海外からも大学を修了した学生を対象として，メンタルヘルス分野の指導と訓練を行なう英国の主要機関です。また，研究機関として，約70年以上の歴史を通じて多くの革新的な臨床法を生み出す源泉でもあります。

　タビストック・クリニックのメンタルヘルス・サービスは税金によって運営されています。その「ビジネス business」はまさにメンタルヘルスなのです。しかし，本書で述べられているように，メンタルヘルスの視点は相互関係を核とする基盤の上に成り立っていることから，精神疾患を過度に強調して薬物療法に唯一依存する（ただし，薬物療法は治療において重要な役目を果たしています）現代の精神医学とはかなり異なっています。人間に対する捉え方は，絶対的に必要な付加価値であり，人々の狭まった視野を修正してくれます。

　タビストックはその手法において特殊かもしれませんが，決して異色なわけではありません。こうした考えはタビストックが独占的に所有しているわけでも，発明したわけでもなく，精神分析や精神力動学，システム理論に深く依拠しているのです。そして，ここに BBC 放送がこの番組作成を重視した理由があるのです。タビストックのアプローチは，人間の本質に関する知識を有する，より広範なコミュニティの象徴的な形なのです。

原註

i　　Geller, M.J., Freud, Magic and Mesopotamia : How the Magic Works in *Folklore*, 108 : 1-7, 1997.
ii　　Butler, S.A.L., *Mesopotamian Conception of Dreams and Dream Rituals*, 1998.
iii　　Gerland, C., *Understanding Trauma*. Karnac Books : London, 2004.（松木邦裕＝監訳／田中健夫・梅本園乃＝訳（2011）『トラウマを理解する——対象関係論に基づく臨床アプ

ローチ』岩崎学術出版社）
iv　Papadopoulos, R.K., Byng-Hall, J., *Multiple Voices : Narrative in Systemic Family Psychotherapy.* Routledge : London, 1998.
v　Roberts, V.Z., Obholzer, A.（Eds.）*The Unconscious at Work : Individual and Organizational Stress in the Human Services.* Routledge : London, 1998.

トーキング・キュア
ライフステージの精神分析

目次

監訳者まえがき　木部則雄／003
謝辞／009
まえがき／012

第1章　こころのめばえ ─── 024
第2章　遊び（プレイ） ─── 046
第3章　こどもと純心さ ─── 072
第4章　成長のプロセス ─── 092
第5章　こころの成り立ち ─── 111
第6章　愛 ─── 137
第7章　夢を見ること ─── 164
第8章　家族 ─── 181
第9章　集団 ─── 200

第 10 章　仕事 _____ 223

第 11 章　こころの食べ物 _____ 242

第 12 章　正常と精神疾患へのこころの態度 ___ 255

第 13 章　精神的苦痛と精神疾患 _____ 277

第 14 章　心理療法 _____ 301

第 15 章　時を刻むということ _____ 323

第 16 章　年を重ねること _____ 332

第 17 章　未来 _____ 348

巻末付録／369
用語集／382
索引／387
編著者・監訳者・訳者 略歴／巻末

凡例

本文中の「▼i, ii, iii」は原註番号を,「▼1, 2, 3」は訳註番号を表わし,原註は章末に,訳註は脚註にそれぞれまとめる。

本文中の「付録写真」は一括して巻末付録としてまとめる。

本文中の人名・用語については必要に応じて適宜原文を併記する。

トーキング・キュア
ライフステージの精神分析

Talking Cure
Mind and Method of the Tavistock Clinic
Edited by David Taylor

第1章
こころのめばえ

　旧約聖書の創世記に記された天地創造の物語では、神は6日間働いた後、次の1日はその仕事を祝うために休息したとされています。この神話によれば、神は光と闇、陸と海、精霊的なものと肉体的なものを分けました。もちろん、この神話は世界と人類の創造に関する前科学的根拠を示す記述です。現在、人類が霊長類の祖先から進化を遂げるまで数百万年かかったことは周知の事実です。これと同じく、新生児のこころは**タブラ・ラサ**、つまり空白の石板であるという信念も過去の世代の哲学者たちが生み出したものですが、これももはや人々の理解とは異なっています。代わりに現われたのが、新生児が自らこころを携えてくるという考え方です。また、レイヨウ▼¹が生後すぐに自分の足でよろよろと立ち上がれるのと同じように、新生児のこころはコミュニケーションだけでなく、他の多くの心的活動を行なうこともできると考えられています。

　生まれたばかりのこころが空白の石板ではないとするなら、人のこころとはいつめばえるのでしょうか。身体的変化といったレベルでなく、子宮内で成長している赤ちゃんには何が起こっているのでしょうか。子宮内の赤ちゃんには自分の経験を記録しておく方法があるのでしょうか。生まれる前、こころは最初どのようにして形成されるのでしょうか。

　新生児の能力に関する研究では、赤ちゃんがかなり早い時期から母親とその他の人の顔を識別できることや、母親の声を認識できることが実証されています。また赤ちゃんは視覚や聴覚、嗅覚、触覚、味覚を利用して、さまざ

1　偶蹄目ウシ科のうち四肢が細く走るのに適した形をした動物の一群を指し、形はシカに似ている。アンテロープとも言われる。

まな感覚で捉えた経験を結びつけ、それらをいろいろな特徴をもったひとつの情報源へとつなげることができます。母親は常に赤ちゃんをひとりの人間と捉えています。人は赤ちゃんに話しかける時、普段より高音であったり、リズミカルに強い抑揚をつけたりといった特別な声の調子で話しかけます。人は赤ちゃんに当然のコミュニケーションでもあるかのように歌いかけます。自分の言葉が理解されることを期待しているわけではありません。しかし、人は自分たちの声が、抱っこされる感じや安らぎ、共感、赤ちゃんの悲しみや喜びなどを理解していることなどを赤ちゃんに伝え、自分たちの声は赤ちゃんが話していることへの応答になっていることを、確かに感じとっているのです（付録写真1）。

▶ **誕生前のこころ**

　乳児と母親の間で一体何が起きるのかは、早産などの健常でない他の出産状況と比較すると、もっとはっきりします。未熟児のケアは過去数十年の間に、とても小さい、あるいは未熟で病気をもった赤ちゃんの身体が生き残るために必要な保育器やその他の技術の発展によって、変化しています。しかし、それらが赤ちゃんの成長に必要なものすべてを提供してくれるわけではありません。未熟児の赤ちゃんは大抵、生後数週間、あるいは数カ月間、外界との最初の出会いを一緒に過ごす相手がいないまま過ごします。また、赤ちゃんにとって人から触れられたり、指をくわえたりすることがいかに重要であるかが分かってきました。未熟児の赤ちゃんのこころや身体の状態は、より人工的ではなく、より「命のかよった」羊毛などの生地を与えたり、生命維持装置の音を消すために優しい音楽を聞かせたりすることによって改善します。

　早期の乳児の発達研究を行なっている心理療法家たちは近年、新生児集中治療室で未熟児たちを観察するようになっています。次に示す観察はドイツの病院で26週（3カ月半早産）で誕生した男児のものです。

最初，赤ちゃんの状態はずっと不安定で危険な呼吸パターンのままでした。赤ちゃんの呼吸を中断させる泣き声はまるで地震のようであり，その身体を大きく震わせ，もう少しで粉々にしてしまうかのようでした。赤ちゃんの全エネルギーは身体の内側に向けられ，その安定性を維持するための闘いに費やされているようでした。この段階で，観察者はもし詳細なメモをとることなく，いつも通り１時間観察しただけでは，後でさして思い出せるものはないだろうと思っていました。
　23日後（在胎29週半），看護師と観察者が偶然同じ時に保育器に近づくと，赤ちゃんは目を開けました。赤ちゃんは消化や排泄などの過程で身体を震わせる時にはいつも観察者を見つめ，部屋を探索し始めました。観察者には「そこに誰かがいる」ように思えました。

　観察者はいろいろなことが同時に起きていると知って驚きました。赤ちゃんは自分の外側にあるもの（観察者の顔や，馴染のある形や電灯など）のなかで，覚えているものを探しているようでした。赤ちゃんはそうすることで，自分の身体が内側から掻き乱されていても何かに支えられていると感じているようでした。赤ちゃんは自分の内側にあるものと外側にあるものの間に境界を体験し始めていました。そして，他の人たちも赤ちゃんをひとりの人間として見始めていました。同時に，今では自分が観察したことをひとつながりにして記憶できるようになったことに気づきました。もう細かいメモを取る必要はありませんでした。赤ちゃんにはひとりの人間としての連続性を維持できる能力があり，そのおかげで以前よりもっと楽に呼吸や消化ができるようでした。普通の妊娠過程を経て生まれた赤ちゃんであれば，これらはより確実に自然に機能しますが，未熟児の赤ちゃんには大きな生理学的負荷がかかってしまいます。
　この時点で，赤ちゃんは「心理的」誕生にうまく対応しているようでした。それは他者と情緒的に接触し，他者と関わるある程度の資源をもっているという意味です。また，観察者はアイコンタクトや微笑がかなり増えているこ

とを記録していました。観察者は，普通の状況であればさらにもう2カ月半は子宮内にいたはずのこの赤ちゃんの「こころ」が動き出す日々を自分が目撃していると感じました。観察者は自分自身の考えが赤ちゃんのこころにつられて動くことに強い興味を抱きました。観察から分かったのは，赤ちゃんのこころが，その赤ちゃんについて考え，関わっている大人のこころの動きに影響を受けるということでした。一般的には，こころ，それも特に乳児のこころはもうひとつのこころを見出すことによってのみ生み出されるとされています。

　超音波撮影を使って子宮内の赤ちゃんを観察する研究は，子宮内の赤ちゃんが自分と「自分」でないものの区別をぼんやりと認識しているらしいことを示唆しています。また，子宮内で双子を観察する研究は，たとえば一方がもう一方を繰り返し叩くといった子宮内でのきょうだいの行動パターンが生後も持続していることを明らかにしています。これには研究者も驚いています。こうした関係性をもった行動が誕生前後に著しく継続していることは，すでに人の個性が子宮内で出てきていることを明白に示しています。双子の特別なケースでは，双子のそれぞれが水中の内部の世界に何かが自分と一緒に存在していることに気づいている場合もあるのです。双子という特定の要素がなくとも，おそらく胎児は子宮内でたくさんの動きに出会ううちに，子宮壁や胎盤が自らの身体の境界の向こうにある何かを示していることに気づくに違いありません。

　妊娠後期の発達段階にある赤ちゃんの潜在的な心的能力を想像する手掛かりは，赤ちゃんの数々の能力を思い出すことです。赤ちゃんの動きは大抵，目的をもち，外界の刺激に対するただの反射作用よりもはるかに多く認められます。また，よく胎児が親指を自分の口に入れていることがあります。赤ちゃんには子宮内の音の主な音源である母親の声や子宮の動脈の鼓動が聞こえ，赤ちゃんはそれらに反応しています。生後数カ月の赤ちゃんは，生まれる前に母親が読んで聞かせていたお話や詩，童謡を好み，そのリズムに親しみを感じています。さらに，母乳で育てられる赤ちゃんは左胸を好みますが，母親の心臓の音に近いことがその理由のひとつであると言われています（付

録写真 2）。

　時々，年長のこどもたちの心理療法で，子宮内にいた時に起きた出来事への激しい囚われが現在のこころの状態の強力な要因となっていることを示すケースに出会うことがあります。あるイタリアの研究者は，とても幼いこどもが両親から聞かされてもいないのに，子宮内で亡くなった双子の赤ちゃんがもうひとりいたことを知っており，悲しみを感じていたというケースを報告しています。何年か経っても，これらの影響は誕生前の経験が記憶されていることによるのか，あるいは両親がこどもを亡くしたことで悲嘆に暮れていたという誕生後の衝撃によるのかを確定するのは難しいことです。しかし，誕生前の経験が深い影響を与えうることや，それが後の出来事によって強化されたり改変されたりすることもあることは，徐々に共通理解になりつつあります。

　ジェニーは予定日よりも数週間早く生まれた三つ子で，生後数週間は保育器で過ごしました。ジェニーのきょうだいのひとりは子宮内で，もうひとりは生後数週間で亡くなっていました。ジェニーは12歳の時にクリニックを受診しました。それは，ジェニーが自分で一度こども電話相談に電話をかけたものの，うまく連絡がとれなかった後のことでした。母親はジェニーからこれを聞き，娘には援助が必要だと感じてタビストックに連絡してきました。ジェニーは学校でも問題を抱えており，落ち込むことが多く，自分に自信をもてないでいました。両親の結婚が破綻し，父親がジェニーの生活からほとんど姿を消すようになって，ジェニーの抑うつが主なテーマとなりました。ジェニーの思考がしばしば亡くなったきょうだいのことでいっぱいになっていることについてはさまざまな証拠がありました。果てしない喪の状態にいる悲しさはプレイや描画のなかに頻繁に示されました。

　当初から，ジェニーはセラピストに問題は3つに関わることであると強調していました。4つや2つは問題ないのですが，3つとなると決して事はうまく進みませんでした。ジェニーはかなり男の子っぽい雰囲気

で，後に他の女の子たちと恋愛関係をもつようになりました。ジェニーは亡くなったきょうだいたちのアイデンティティをある面で引き継ぐことによって，その失われた命の埋め合わせをしているかのように見えることが多々ありました。ジェニーは自分が母親のなかにある食べ物を自分だけ多く食べてしまったためにきょうだいたちが死んでしまったと，信じ込もうとしていました。

　この考えが致命的な罪悪感の源泉であり，ジェニーが青年期を迎えるとそれはより重くのしかかってきました。ジェニーは何でも3人で分配しなければならないという感覚でいたので，自分の人生を歩みたいというありふれた青年期の望みも阻害されていました。たとえば，13歳の誕生日にパーティーを開くことができるよう，ジェニーはセラピストとその日のセッションを休みにする申し合わせをしました。その後，2回のセッションがキャンセルされ，亡くなったふたりのきょうだいの分も，きっちりと休みにしなければならなかったことがいっそう明確になりました。それはまるでふたりのきょうだいのために，あと2回分のパーティーの時間が必要であったかのようでした。

　最初，セラピストはこれらの出来事がジェニーの情緒的，心的生活にそこまで大きな衝撃を与えたことを疑っていました。しかし，セラピストは徐々に3人のうちの生き残りのひとりであることがジェニーの主たるアイデンティティであることを確信するようになったのです。セラピストにとっての課題は，どのようにしてジェニーが自分のための人生を求めることができるように援助すればよいのかということでした。ジェニーは亡くなったきょうだいたちとの絆を多くの点で認識していましたが，自分のためにしていることには無頓着でした。ジェニーの欠席の理由を見つけなければならないのは，まさしく他の人の仕事でした。学校では先生がジェニーの欠席を心配し，クリニックではジェニーが現われない時，セラピストがセッションの間ずっと心配していました。先生やセラピストはジェニーがどこに消えてしまったのか，元気でいるのか，どうすれば連絡がとれるのかを考え込まなければなり

ませんでした。

　両親が亡くなった息子たちのことで苦悩し悲嘆にくれていたために、生き残った赤ちゃんに情緒的に対応することが難しかったとしても無理はありません。赤ちゃんを失うことは成熟した大人のこころを傷つけますが、こうした出来事が長きにわたって赤ちゃんのこころに侵入することもあります。ジェニーにとって人生最初の経験は早すぎる心的外傷であり、その赤ちゃんの状態を緩和したり、整理したりできる大人によって仲介されることもありませんでした。心理療法はジェニーにとって理解不能だったものをセラピストのこころを用いて理解する空間を提供しました。その空間は強い関係性を築かせ、ジェニーは自らの問題や亡くなったきょうだいたちへの根深い同一化に直面することができるようになりました。

▶ 誕生後のこころ

　こころはもうひとつのこころと出会い、それに反応して光り輝きます。この考えは赤ちゃんと母親の間にある最初の重要な関係性を解明します。最初から赤ちゃんは身体的なケア**および**普通の情緒的理解を提供してくれそうな誰かを探し出すという期待を抱いて人生に臨みます。

　乳児のケアにおけるこれらのふたつの側面は、うまくいけばきわめて自然に統合されます。つまり、母親（と父親）は小さな赤ちゃんに授乳しながら、見つめ、笑いかけ、話しかけ、身体を清潔にし、なだめ、一緒に遊びます。両親は赤ちゃんの立てる音や顔の表情を真似して、自分が理解され共感してもらっているという感覚を赤ちゃんに与えます。母親は赤ちゃんと一緒にその感覚を感じているように見えます。母親は赤ちゃんが寒い時や驚いた時の小さな震え、大きなあくび、食事に満足した喜び、消化や排泄の時の痛みをともなう努力に応えます。

　母親の顔、特に母親の目を見つめている赤ちゃんを見れば、こころが成り立つ様子を見る瞬間が得られます。ここで生後9週の男児、ジョーナに関す

る記述があります。ジョーナはすでに家族のほうを向くことができるようになっていました。

　赤ちゃんの両親は暖炉の側に座って友人に話しかけていました。おばが家に訪れた時、ジョーナは柔らかい椅子に支えられ、クッションにもたれかかっていました。おばはジョーナが寝かせられたソファの左側に座りました。ジョーナはほぼ真正面に座っている父親を見ていましたが、しっかり覚醒した状態で楽しそうにしていました。ジョーナはおばのほうを向き、おばが挨拶をすると大きく微笑みました。おばがジョーナに話しかけると、ふたりは互いに何度も満足な微笑みのやりとりを始め、一方、他の家族は会話を続けました。ジョーナは明らかに満ち足りた様子で力強く腕を振り、手を叩きながら、さまざまな小さな声を上げました。ジョーナの「おしゃべり」はその動きと調和していました。ジョーナの舌はその満面の笑みに合わせるように、またリズミカルなダンスを踊るように口の中や外へ素早い動きをしました。喜び、そして生き生きとした様子がジョーナの全身を満たしていたのです。父親が全身の伸びをさせてやろうとジョーナを抱き上げるまで、ジョーナはこのやりとりを何分も続けました。父親はジョーナを支え、半分歩くような姿勢を取らせ、ふたりはジョーナが「歩く」のを楽しみました。母親はさっきまでジョーナがおっぱいをとてもよく飲んでいたと話しました。

　この間、ジョーナのこころのなかでは何が起きていたのでしょうか。ジョーナはおそらくすばらしいもので満たされ、おいしいミルクを十分に堪能していただけでなく、そのこころは心地よいものや、ジョーナへの母親の愛情、母親へのジョーナ自身の愛情に満ちていたと推測できるでしょう。おばが家を訪れた時に、おばの挨拶はジョーナに自分が愛らしく成長している赤ちゃんであるというイメージを与え、ジョーナはそれに応じました。そして、ジョーナは自分の身体のすべてが、いかにこのよい気分に満たされているかを表わしながら、そのイメージを膨らませました。ジョーナは自分の両

手を何度となく合わせて、舌を突き出すことで、ふたつが出会い、何かを起こすことができると示していたのでしょう。リズミカルな動きで満たされたジョーナの口が意味することを考えると、赤ちゃんの口と母親の乳首との間の身体的、情緒的なつながりが頭に浮かびます。そこでは、ジョーナが自分に与えられた豪華な食事についておばに「おしゃべりしている」のだろうと推測したくなってしまいます。動きや微笑と一緒に生まれるさまざまなクーイング[2]は、声の音楽やじっと見つめ合うことがジョーナにとってその経験の本質であることを暗示しています。母親がジョーナに物語を頻繁に読んであげていることや、父親がおむつを替える時に周囲で起きていることをすべて話していることを知ると、それは当然のことでした。

しかしながら、赤ちゃんがストレスにさらされると、ジョーナのような身体的な体験と情緒の統合はいとも簡単にばらばらになります。

ポリーは生後8カ月の時に両親が短い休暇で家を空けたため、初めてベビーシッターに預けられました。ポリーは両親の不在中、24時間のうち16時間は眠っていました。ベビーシッターは、ポリーは自分の周りに人がいることにまったく気づいてないかのように、「見つめてばかり」だったこと、そして熱を出したことを説明しました。ポリーはミルクを飲むことはできましたが、ただ機械的に飲むだけでした。もはや食事をすることを誉めてもらえるとか、喜んでもらえるとかといった気分とは何の関連もありませんでした。それはまるでポリーの心的生活が数日の間停止し、死んでいたかのようでした。母親と父親が戻ってきた時にポリーはやっと回復しました。

生後数日の赤ちゃんでさえも、まさに最初の段階の接触や、アイデンティ

2 　生後2カ月頃の乳児が「あっ、あー」「うー」などの母音を発することを言う。生後4カ月頃から始まり、多音節から構成される喃語とは区別される。

ティの感覚の始まりを提供してくれていた人を失うと，それを覚えていることがあるのです。

10歳の少女モーリーンは，生後数日で養子に出されました。モーリーンは週1回の心理療法を受けていましたが，1年目の心理療法のセッションはモーリーンも困っていただけに，とても重要なものでした。これに比べれば，セッションのために学校の授業を休まなければならないことは大きな問題とはなりませんでした。

しかし，1年ほど経つと，モーリーンはクリニックを受診するために学校を休まなければならなかったことを今は後悔していると表現し始めました。モーリーンは明らかに元気になっており，このことはそろそろ心理療法の終結を考え始める時期が訪れたことを示していました。セラピストとモーリーンが終結について話し始めた時，セラピストは終結に対してはあらかじめ十分に計画するつもりであることや，終結に向けて作業をする時間は充分にあることを慎重に強調しました。

翌週，セラピストがモーリーンを待合室に迎えにいくと，モーリーンは母親のひざに顔をうずめて泣いていました。モーリーンは泣き止まず，珍しく面接室に行きたがりませんでした。母親が促しても効果はなく，その後セラピストは母親にも一緒に来てくれるように頼みました。以前，面接室でモーリーンは泣きながら30分も母親にしがみついていたことがありました。母親が部屋を離れようとすると，いつもモーリーンは母親の身体になおいっそう強くしがみつきました。セラピストは次第にモーリーンに起きていることについての意見をまとめ，ようやく母親に部屋を出ても大丈夫だと伝えられると感じました。

その後，セラピストはモーリーンに自分が先週モーリーンとお別れする話をしたので，モーリーンにとってセラピストは一緒にいて安心だと思えない人に変わってしまったのであろうと伝え，モーリーンがセラピストに感じている恐怖について話しました。セラピストは自分がモーリーンを世話することができず，養父母に預けたずっと昔の最初のお母

さんになったような気がするのではないかと伝えました。自分を手放そうとしているお母さんと一緒にいて赤ちゃんが安心できるはずがなく、モーリーンも心理療法が終われば自分に別れを告げるであろうセラピストと一緒にいて安心できるはずはありません。セラピストが話しかけると、モーリーンはおとなしく熱心に話を聞き、袖やジャンパーのなかに顔を隠すことなくセラピストを見つめました。モーリーンは自分のなかにある感覚に完全に圧倒されることなく、これを**受け入れる**ことができたのです。

　セラピストは、モーリーンには原始的な類の古い記憶や、自分を出産した母親を喪失した記憶、母親が自分を譲り渡した記憶などがあるのだろうという仮説を立てました。モーリーンは無意識に、この早期の大惨事が再び起こらないようにするためには、しがみつくことが絶対的に必要であると信じていました。最早期でのこの安心感の崩壊はモーリーンの症状のひとつ、夜尿の一因だったのでしょう。それは、モーリーンにとって自分の感覚をしっかりと保持することがいかに難しいかを表わしていると考えられました。

　生後数年のことを意識のなかにたくさん思い出せる人はほとんどいませんが、感覚のなかに記憶があると考えられ、元々の状況と類似する出来事によってその記憶が引き出されると、混乱した形で爆発することがあります。自分では十分に気づいてなくても、どこかに認識しているような感覚がともないます。翌週にはモーリーンはこのエピソードを忘れ、まったくいつも通りに接してきました。しかしながら、こうした「忘却」はモーリーンの後の人生に喪失に関する脆弱性を残すことになるでしょう。それゆえに、心理療法の終結にまつわる別れに対する反応を扱うことは、モーリーンの治療の最終局面においてきわめて重要な部分を占めました。

▶ 考える能力の発達

出生時の外傷や先天性の障害によって脳に与えられた身体的損傷が恒久的な障害を引き起こすことがあります。さまざまな身体的問題とは別に，時にはこころや思考がもっと微妙な形で発達し損ねることもあります。こころという生命の発達の失敗には心理的要因が考えられることもあり，援助の必要性を検討する時にはあらゆる身体的，心理的要因の可能性を慎重に考慮することが重要です。大きな病気や，事故，身体的ネグレクトや虐待は情緒的にも大きな影響を与えます。ほとんどのこどもたちにはレジリエンスの強さがありますが，時に両親が自分自身のこどもの頃から抱えている問題と闘っている間に経験する困難が，こどもに大きな影響を与えることもあります。

　早期の人間関係における諸問題は，脳細胞の連鎖に直接的影響を及ぼすため，心理学と神経学が重なり合う境界領域にあることは今や周知のことです。それぞれの個人の発達はその人独自のものであり，平均的に期待されている発達から外れてしまうことも多くあります。赤ちゃんの発達速度に関することとなればなおさらです。心理療法の構造では，定型の発達を覚えておくことが大切です。こどもが歩き，話し，読み，数を数え，抽象的に考えることを学んでいく発達速度に大きな差があるのは，疑いのない事実です。発達が遅かったり，遅れているこどもが必ずしもその後，ビリになるわけではありません。心理療法では度々，こどものこころが機能し始める様子やこどもがこころをもっていることに気づき始めることのできる様子が観察できます。これらの諸段階は言葉の使い始めや象徴的な遊びの初期段階を通して生じてきます。

　心理療法では，こどもにそれぞれ自分が使用する個別のおもちゃや遊び道具の入った小さな箱が用意され，同じ部屋で決まった時間に会うことになっています。構造が信頼できるものであることは，こどもたちが自分がどこにいるのかを知る援助となります。その構造の信頼性は，心理療法がある特別なことを達成するために個別に設けられた重要な時間であることを明らかにするために役立ちます。

ピーターは9歳で，平均以上の知能をもっていました。ピーターの学校，そしてやや年老いた両親はピーターが読み書きの学習が苦手であることに困っていました。ピーターは毎週セラピストに会いに来ることに同意しました。心理療法が始まって間もないセッションで，ピーターはきれいな字で英語の練習帳と書かれたノートをもってきました。ピーターが書いた2ページの物語をセラピストが読もうとした時，セラピストはピーターがひとつの単語すら書けないことに気づきました。遠くから見ると書いたものはきれいに見えましたが，近づいてみると単語はどれも文字の寄せ集めで意味をなさないものでした。しかし，それぞれの文字はきれいな形で，単語の一つひとつはそれらしく見えました。「それぞれの単語」は正しい散文と同じくさまざまに異なる長さで，「文章」のなかに並んでいました。

　ピーターはいつも時間通りに喜んでやって来て，テーブルの反対側に腰かけ，黙ったまま動かず，セラピストや面接室，おもちゃにはまったく関心を示しませんでした。ピーターは自分の内側で迷子になっているようでした。セラピストは何週間もの間，何が起きているのかを理解し，接触をもとうとしましたが，ピーターの身体の状態や姿勢，表情，そして自分がピーターといることによって自分のなかに引き起こされる思考や感覚に目を向け，そこから拾い集められるものを利用するしかありませんでした。

　ピーターの身体は若干大きく，発育の良い少年でしたが，心理的に言えば小さく未熟な存在であるとセラピストには感じられました。セラピストは，ピーターが人生のなかでまだ本当に始動していない部分を自分に見せてくれるだろうかと心配していました。つまり，ピーターは動くこともできず，いまだに抱き上げられて連れまわされることに依存しており，ものを見せられたり，食事を与えられたりする状態でした。ピーターは何の意思も目的ももっていないようでした。もしセラピストとピーターのふたりが何かしようと思えば，ふたり分を補うこころをセラピストがもたなければならないように感じられました。セラピストは

ピーターの受動的な部分についてピーターに話しかけました。それはどのように世話すればよいのかを了解しているセラピストを望む赤ちゃんのような存在の部分でした。

セラピストの期待は，自分がピーターについて語ったことをピーターが認識できるようになり，これによってピーターが自分のことについて知っていく過程をガイドすることでした。

しかし，それはそう簡単なことではありませんでした。奇妙な形の心理療法が続きました。セラピストは決まって自分が自分を見失ったような奇妙な感覚になることに気づきました。完全にしっかりと目覚めているのに，セラピストは自分の周囲のことにほとんど気づくことなく，時間を通り抜けて流されているような感覚に陥りました。

このことを振り返ってみた時，セラピストは学校の練習帳を思い出しました。ピーターの書いた物語はちゃんとした物語のように見えていました。しかし，実際にはすべてがごちゃごちゃでした。一見してそれは適切な心理療法のセッションのようでしたが，何の意味もなしていませんでした。こうしたセラピストの混乱した体験は，ピーターがとても原始的かつ非言語的な方法でコミュニケーションを行なっていたことを示していたのかもしれません。おそらくピーターが抱いていた非現実的ないくつかの感覚は，きわめて些細な方法や声の抑揚によってセラピストのなかに似た感覚を巻き起こしたのでしょう。セラピストはピーターの乳幼児的で受動的な部分を示す行動に対して，当初の理解はあまりにも洗練されすぎていたと考えました。

そして，セラピストはピーターはセラピストのこころのなかに入り込み，そこで丸くなって寝ることができるという原始的な信念をもっているのだろうと考えるようになりました。ピーターはこのようにしてセラピストの一部となり，ふたりの間に分離や距離があることに気づかないでいられるようにしたのでしょう。この考え方がセラピストのこころのなかで形をなしてくるにつれて，セラピストは突然に頭がすっきりとして，地に足がついたような気がしました。セラピストは確かにこの考えによって，自分自身の考え方を

取り戻したような気がしたのです。そして、セラピストはピーターに、ピーターはまだ生まれる準備が整っておらず、セラピストのこころのなかに棲み、考えるこころをまだもたない赤ちゃんのように小さいままでいたいと願っているのでしょうと話しました。ピーターはまるで新たな考えが自分に意味をなしたかのように、セラピストを熱心に見つめました。

セラピストが時々何を考えているのかとピーターに尋ねると、ピーターは時折文章で答えました。一度、ピーターはセラピストの問いに「もし僕が学んだとしたら」と答えました。また、「待つのは僕の楽しみのひとつだよ」と答えた日もありました。

これらの奇妙な返答は印象的でした。セラピストはこれらのコミュニケーションに意味があることを願いましたが、それはピーターが書いていた偽物の文章と似て疑わしいものでした。またセラピストはピーターが自分と一緒に味わう「待つ楽しみ」を認識し始めているのだろうかと考えました。ピーターが動いたり、話したり、生きているという証拠を示したりするのを待ちながら、長い時間を過ごすのは拷問のようでした。とにかく、ほとんど沈黙しているこの少年も何かを考え、何か言おうとしているかのように見えたのです。

心理療法で最初の長い休暇が近づいてくるにつれてピーターの不安の程度は強くなりましたが、ピーターがそれをあまり強く感じていないのは明白でした。セラピストは心理療法で起きていることに関してより明確に理解し始めていましたが、その時には自分の考えの筋道やセッションの連続性を生き生きしたものに保てないと感じ始めていました。話さず、ほとんど動きもしないこの少年にとって、一つひとつのセッションは潜在している感覚を生き返らせるための闘いでした。それを可能にするには、すでに木曜から次の木曜のセッションまでの時間の隔たりは長すぎると思われました。セラピストは頻度を増やすことで、もっと確実に接触が維持できるようになることを期待して、セッション

を週に2回に増やすことにしました。セラピストはピーターがこの余分に増えたセッションを，セラピストへの愛着のように真に生きている確証と感じられるかもしれないと考え，以前よりやや緻密なコメントや質問を始めました。

　ある日，ピーターはかなり年上の姉の部屋の窓の外にある木のことを考えていたと話しました。セラピストは，やや積極的なアプローチでそれを説明してくれるよう頼み，もし言葉が見つからなければ絵を描いても構わないと，そこに備えてある鉛筆と紙を指さして伝えました。

　ピーターは絵を描くことが得意であることが分かりました。この後に続く何回ものセッションで，ピーターは最初の25分，ほとんど身動きせず黙ったままでした。いつものようにセラピストは何が起こっているのかを理解することでコミュニケーションを確立しようと試みました。そして，およそ25分が経過するとピーターはそれがまるで合図であるかのように，「さて，絵を描いてもいいですか」と尋ねるのでした。セラピストが最初から絵を描いたり話したりすることを望んでいることは自明だったために，この質問は奇妙なものでした。ピーターは，過去や未来に行って冒険をしているが現在には決して姿を現わさない少年が出てくるという複雑な漫画を描きました。

　これらの絵を描いたセッションから，セラピストはピーターが理想的で充足された過去に囚われたような感じでいる様子をより完全に理解することができました。おそらくピーターの空想では，これはピーターが現実の人間でいることが困難な世界のなかに生まれてくる前のことのようでした。ピーターは想像のなかで，過去あるいは時には空想した未来のどちらかに生きており，いまここでの自分自身である必要性や，他者のいる世界とつながるという大きな課題に挑む必要性を回避していました。

　ピーターの描く絵は徐々に現在への第一歩を表現するようになりました。こころを停止させてそれ以上のことをさせないようにする方法も含め，ピーターは自分のこころの動き方に大きな関心を抱くようになりました。ピー

ターは日々の情緒にもっと触れるようになりました。

　ピーターはなぜこのような状態に陥っていたのでしょうか。セラピストにはふたつの考えが関わっているように思えました。ピーターは愛されてはいましたが，望まれて生まれたこどもではありませんでした。両親はピーターを身ごもった時，自分たちが赤ちゃんを作るなんてとんでもないと考えており，母親は体調が悪く，出産後もしばらくの間は落ち込んでいたのでしょう。母親はおそらくピーターをとても遠くに感じていたのでしょう。こどもと両親の間にある種の相性の悪さもあったと考えられます。両親は普通の人たちでしたが，やや想像力に欠けるところがありました。対照的に，ピーターはちょっと変わった，しかしあふれる知性をもっており，ものごとを普通とは違う捉え方で見るところがありました。ピーターは自分を理解してもらうのは難しいことだと気づいており，とても孤独で切り離されたように感じていたに違いありません。

　ピーターの「待つのは僕の楽しみのひとつ」というコメントは，ピーターが自分を表現する突飛で特筆すべき方法の一例にすぎません。セラピストは，これはベケットの戯曲の特徴としてふさわしいと考えました[3]。ベケットの作品は詩的に乏しく，読者への要求も厳しい，つまり演劇的な独創性はあるとしても，大衆受けするものではありません。ベケットは，言葉のないこころの状態と類似するもの，つまり「感情のなかの記憶」や「感情のなかの不安」を呼び起こすことに成功しています。ピーターのいくつかの奇妙なコメントや描画のなかには，同じような言葉では表わせない状態を呼び覚ます方法が含まれていました。

▶情緒的サポートの必要性

　3　サミュエル・ベケット（1906〜1989），アイルランド生まれのフランスの劇作家。不条理演劇を代表する作家のひとりで，代表作は『ゴドーを待ちながら』。

情緒的要因は身体的原因のほかに，発達の遅滞を引き起こすことが知られ，しばしば事態を悪化させます。

　　アフリカ系のカリブ人の子孫であるウィンストンは16歳でしたが，8歳の時に母親に捨てられた後，施設で育ちました。ウィンストンは学習障害で，IQは平均以下でした。しかし，ウィンストンにとって，より大きな問題となっていたのは重篤な抑うつでした。

　ウィンストンはずっと自分を探しているだろうと信じていた母親に強い愛着を感じていました。ウィンストンは母親は何か用事で外に出かけ，自分のことをうっかり忘れて，道に迷い，その時，福祉サービスに戻って自分を引きとる方法を知らなかったのだろうと考えていました。ウィンストンが最後に母親に会ったのは，実際は8年も前のことでした。ウィンストンは父親や異母きょうだいたち，おじやおばたちとは何とか接触をもちつづけていました。

　不幸にもウィンストンの最初のセラピストはこの心理療法の終結前に離職しなければならず，次のセラピストが見つかるまで時間が空いてしまいました。この一連のことで，ウィンストンは母親の喪失をそっくりそのまま繰り返すこととなり，自分をしっかり世話してくれる人はいないという感覚を強くしました。ウィンストンが新しいセラピストとセッションを始めた時の印象は無気力な状態で，こころのなかは何も動いてないという感じでした。ウィンストンは多くの時間を深い絶望のなかで過ごしていました。心的生活が存在していないことは，ウィンストンが施設で暮らすことになった時の，自分が投げ捨てられたような感覚と関連しているようでした。

　その2カ月後，ウィンストンのソーシャルワーカーが離職し，同じ頃に養母がウィンストンの世話を別の家族に託して家を出ました。その結果，クリニックに連れてくる手はずが整わなくなり，ウィンストンは何カ月もの間，姿を現わしませんでした。いよいよという時になってウィンストンの養母の

娘がセッションに連れてきました。養母の娘は自分も小さいこどもの母親でしたが、ウィンストンがひどく落ち込んでおり、自分をどう表現したらよいか分からず、孤独を感じているので、ウィンストンにはクリニックに来る必要があると固く信じている、と最初に語りました。養母の娘はウィンストンに何かを感じていたのです。自分の元気な幼いこどもとウィンストンとの違いはとても明確でした。ウィンストンはクリニックに行きたいと言えずにいたようでした。しかし、もし誰かがウィンストンの要望に気づいて、精いっぱい努力すれば、ウィンストンは黙って従っていたことでしょう。

　当時、ウィンストンの新しいソーシャルワーカーはまだウィンストンの担当になったばかりで、ウィンストンがひとりでクリニックに通えると考えていました。しかし、ウィンストンは決まった時間に学校を出て、決まった電車に乗り降りしなければならず、大半はセッションにかなり遅刻し、駅や電車の時間、地下の出口の話に終始しました。

　ウィンストンは時間通りに到着できなかった理由を説明できるようになりました。たとえば、それは駅に向けて出発はしたが、店を通りすぎ、学校で必要なフォルダーをちょっと見にいったりしたというものでした。そしてウィンストンは店に入って文具を買い、結局セッションの時間の半分が経過した頃に到着しました。ウィンストンは自分にとってふたつのことを同時にこころに留めておくことがいかに難しいかという話題を熱心に語りました。ウィンストンは、家でも何か用事を頼まれても、それをやっている間に自分の注意が他の何かに逸れ、いかに元の用事を「忘れて」しまうかを悲しげに説明しました。ウィンストンのこころのなかでは、母親が道に迷っているかのようで、ウィンストンは母親を「人を忘れて、道に迷ってしまった誰か」として見なしているようでした。これはウィンストンが、自分は母親によって捨てられたというきわめてこころの痛い現実を否認する方法でした。ウィンストンはこのようにしていつか母親が自分を迎えに戻ってくるという強い思いを抱きつづけたのです。

セッションに遅れて到着したまた別の日，ウィンストンは自分が出発する駅から並行して走っているジュビリー線とメトロポリタン線の電車の路線について話しました。駅のホームでウィンストンはメトロポリタン線の電車の行き先や，それがどこから来たのかを考えていました。結局，ウィンストンはジュビリー線の電車を何本も乗り過ごすこととなり，いつものように遅刻しました。

セラピストはウィンストンには両方の電車の路線が見えたはずであると指摘しました。ふたつの線路があることを知って，ウィンストンは戸惑い，一方の路線のことで頭がいっぱいになったのでしょう。メトロポリタン線の路線のことで頭がいっぱいになれば，セッションの時間を半分失うことにウィンストンは気づいていました。同じようにして，母親が戻ってくるという考えにはまり込むことは，ウィンストンの人生が過ぎ去ってしまうことを意味していました。

ウィンストンはセラピストに心理療法が終わる時間をとても細かく尋ねるという反応を示しました。このことは，セラピストがセッションの時間を延長してウィンストンが失った時間を補ってくれないことをセラピストに思い出させるためのものであろうと考えられました。

以前はセラピストが伝えなければ，ウィンストンがこうしたことに気づくことはまったくありませんでした。しかし，今やウィンストンはひとりでこれらのことを扱えるようになり，セラピストはウィンストンのこころの成長を感じていました。その次のセッションの最初，ウィンストンは時間通りに到着しましたが，セラピストが1分遅れてしまいました。ウィンストンは必死に自分の時計を見ました。ウィンストンは自分の時間の感覚を獲得しており，それは他の人にもその人自身の時間の感覚があることを感じられるきっかけとなりました。その後，ウィンストンが病気でセッションを休まなければならなかった時，ウィンストンはセラピストに電話をかけ，来られないことを説明しただけでなく，セラピストが状況を知りたがっており，電話をしなければセラピストが心配するであろうと考えたことを説明しました。ウィンストンはようやくセ

ラピストを、自分を思いやってくれる存在と見なし始めたのでした。

ウィンストンが無気力な状態から回復できるようになるには、他の人が自分のことを十分に長い期間思っていることを知る必要がありました。ウィンストンは自分自身のことを、自分が生きている環境や、忘れられたり冷たく扱われていると体験している環境と同じように扱っていました。学ぶことができないという問題が原因で、特にウィンストンは見捨てられ感や混乱に対して脆弱でしたが、ウィンストンの世話をする上で両親が数多くの問題を抱えていたという事実がそれをさらに悪化させていました。ウィンストンのこころの鈍さは自分の状況の苦痛に対する防衛でした。ウィンストンは連続性という日常の感覚をもつことさえもままならず、ウィンストンには自分の人生についてのストーリー性も欠落していました。最終的に、ソーシャルワーカーや養母、セラピスト、その他の人々などの他者がウィンストンのことを、こころをもち、未来のあるひとりの人間として扱い、まさにその手を放さないようにすることが重要でした。いつもあらゆる状況がウィンストンの世話に当たる人々を混乱に陥れ、ネグレクトや不注意を招いていました。ウィンストンの人に対する信念は、他者から長きにわたり示されてきたもので、ひとりの人間としてほとんど扱われることのなかった境遇からウィンストンを引っ張り出すチャンスもほとんどなかったために生じたに違いありません。

こころが活動し始めるのと同じように、こころは無活動にもなります。そしてこころの（そしておそらく脳の）成長を促進、妨害する状況は重要です。子宮内の圧倒的な体験によってこころの潜在能力は未成熟なままに活動するよう押し出され、出産後の情緒的影響がこころの成長を遅らせる可能性も考えられます。しかし、人間のこころはこうした方法でいとも簡単に影響を受ける一方で、新たな始まりに対し莫大な潜在力をももっています。こころの中身や機能は静的なものではありません。こころは自分自身との関係性、つまり情緒的な意味や価値からできている内的世界のなかの力動的な要素です。そしてまたこころは、他者、心理療法、身体的環境、文化といった外界との関係性のなかの動的な要素です。人は生涯を通してずっと自分たちのこころ

の様相に驚かされつづけることもあるのです。なぜなら，人のこころは「他のもの」すべて，つまり自分の意識を広げてくれる自分でないものと接触することによって活性化する，力動的な潜在力をもっているからです。それゆえに，新しい考え方や徹底して考え抜く人たちがきわめて重要なのです。

第 2 章

遊び（プレイ）

> 都の広場はわらべとおとめにあふれ、彼らは広場で笑いさざめく
> （「ゼカリア書」8・5）

▶ はじめに

　どんな小さな赤ちゃんであっても遊び方を知っています。母親は赤ちゃんのたいした意図もないばらばらな動きを真似して精巧なものとし、それらに何かしらの秩序を与えます。すると赤ちゃんは真似されたものを、さらに真似して変化させていきます。さらに次には、母親がこれをまた真似します。これは遊びなのでしょうか。ここには確かに遊びとしての特徴が含まれていると考えられます。後に、赤ちゃんが自分たちの椅子から物を投げて親にそれを拾わせようとし、時に笑い、はしゃぎながらその行動をただひたすら繰り返すようになれば、これは確実に遊びと見なすことができるでしょう。

　遊びは幼少期や青年期にもっとも熱中するものですが、それは人の活動性の一部として一生涯残っていきます。実際に、大人になっても遊ぶことに熱中できる部分の残っている人たちが、もっとも人生を満喫していると思われ

1　本章では「Play」という用語に関して、気晴らしとしての「遊び」、あるいは心理療法などの治療場面で顕著となる無意識的コミュニケーションを「プレイ」と訳し分けた。また、本章のタイトルの「Play」についても遊び（プレイ）とした。

2　本章では「Game」という用語については、そのままゲームとした部分と Play という用語同様、無意識的コミュニケーションの意味を含意させているところについては「プレイ」と訳し分けた部分がある。

ています。演劇という意味で使われるプレイという用語は、人が文化的にこどもの遊びと、特に芸術など大人の活動とを関連あるものと考えていることを示しています。こうした活動は人間の文明や文化に織り込まれており、社会の広い分野で重要な役割を果たしています。このようなものは大人がこどもの遊びを派生させたものと考えられます。また、遊びという概念は楽しさとも関連しています。遊びには喜びや笑いが付きものですが、大人の遊びにはかなり熱心に取り組む活動となるものもあります。それはこどもの遊びにもかなり真剣なものがあるのと同じです。

　　　　ある少年の父親は落下によるひどい怪我を負いました。その少年は、男の人が落ちて助けられ、病院に連れていかれるプレイを何度も繰り返しました。

　ここで繰り返されたプレイには楽しさの要素はほとんどありませんでしたが、それは明らかに遊びでした。こうした遊びはこどもが生活のなかで恐怖を感じた出来事にうまく対処しようとする目的で行なわれます。また、ひとつの遊びが繰り返される場合、その出来事がそれを体験したこどもにとても大きく影響を及ぼしつづけていることを示しています。
　また、遊びは動物の世界にも広く見られます。遊びはあらゆる哺乳類に認められ、鳥にも似たようなものが見られます。犬が追いかけっこをして人間と駆け回るのを見るだけでも、犬がいかに熱心に遊んでいるかが分かります。野生のイルカが追いかけっこをしたり、年上のイルカを試している様子も観察できます。ある観察者が水槽の外に立って、イルカに煙草の煙を吹きかけると、水槽内のイルカのこどもが母親のミルクで口をいっぱいにし、それを観察者に向かって「吹き」返してきたこともありました。
　高等な哺乳類の遊びはもっとも体系的に研究されています。幼いチンパンジーは母親との長期にわたる関係性という文脈のなかで遊びを開始します。これは2匹の間の直接的な相互作用だけでなく、母親チンパンジーが提供する安心感とも関連していると考えられます。

幼いチンパンジーがシロアリ「釣り」をしている母親の側に座っている様子が見られることがあります。チンパンジーの母親は棒の太さを慎重に選び，樹皮を取り除き，唾液で濡らします。そしてぴったりの大きさの穴からシロアリの巣のなかへと棒を押し込みます。チンパンジーの母親は引き抜いた棒にびっしりと付いたシロアリを舐めとっておいしそうに食べます。母親の隣に座っている赤ちゃんチンパンジーは，最初は棒で遊んでいますが，樹皮を取り外し，それをシロアリの穴に突っ込みます。この行動はかなりゆっくりですが，シロアリ釣りという十分に自立した活動に展開していきます（付録写真3）。

　ジェーン・グドール Jane Goodall は著名な霊長類の研究者ですが，グドールは孤児となってきょうだいに育てられたチンパンジーがいつまでたっても「釣り」を正しく学べないことに気づきました。安全な状況を提供する母親がいなければ，チンパンジーの学習能力に障害が生じる可能性もあるのです。霊長類の研究者たちは，遊ぶことの有用性のひとつとして，人が重要な活動を学ぶ間に，遊ぶことによって成功しなければならないというプレッシャーから解放され，それらの活動の負担が軽減されるということに気づきました。現代人に置き換えるとすれば，それはコンピューターゲームで遊ぶこどもにも当てはまることかもしれません。若者たちの多くにはこどもの頃からコンピューターが浸透しており，そうした若者はコンピューターに触れることをとても心地よく感じます。しかし，コンピューターで遊んだことのない人にとっては，決して同じようにはいきません。このように，遊びは幼い動物が世界に存在するものに適応するのを助けるのです。

　同じく，遊びのもうひとつの重要な機能は社会性の発達にあります。動物は遊びのなかで互いに関わり，攻撃性をコントロールし，関係性を調整していくための学習をします。たとえば，犬やイルカ（他のきわめて社会的な動

3　ジェーン・グドール（1934〜），英国の動物行動学者，霊長類学者であり，チンパンジー研究が著名である。日本にもグドールが設立した野生動物の研究，教育，保護団体ジェーン・グドール・インスティトゥートの支部がある。

物）の遊びは親密なやりとりを行なうための能力の発達と関連し，この能力は大人になってからの生活に重要な役割を果たします。

　チンパンジーにはとても複雑な社会構造があり，チンパンジーが遊びを親密なやりとりを行なうために使っていることは明らかです。チンパンジーは「プレイフェイス」という特別な表情を使います。これは自分たちがしていることは「ただのふり」であるということを示す合図です。この表情を使うことで，互いに追いかけたり，噛んだり，引っ張ったりすることを深刻な攻撃性ではなく，遊びによる互恵的な仲間作りへと結びつけていきます。一般的に，動物の種属によって決められた乳幼児期が長ければ，そして大人のこころがより複雑なものであれば，遊びはそれだけもっと複雑で多様で，重要なものになります。人間は依存期間がとても長く，心的能力の発達が際立っています。特に人間は言語能力の発達が著しく，動物界のなかではるかに優れ，もっとも複雑な遊びのレパートリーをもっています。

　人間の遊びに関しては，とても興味深い実証研究がいくつか行なわれており，人間にとっての遊びの**意味**について，より発展的に考えていくこともできます。本章では人にとって遊びがどんな意味をもつのかに焦点を当て，遊びが人間の発達に果たす役割を見ていきたいと思います。こどもが大きくなるにつれて遊びが進展する過程や，遊び自体が本質的に言語やコミュニケーション手段であるということについても考えてみるつもりです。こどもの精神分析家や心理療法家は，こどもを悩ませている問題や，あるいは反対にこどもたちに望ましい影響を与えているものを理解しようとしますが，こうした専門家は自分たちの立場から遊びを利用しています。こどもたちのなかには遊ぶ能力そのものに障害のある子もいます。遊びはこうしたこどもたちの発達にどのように影響するのでしょうか。また，コンピューターやビデオゲームなど，こどものおもちゃやゲームの製造，販売を通して，大人もこどもたちの遊びに強い影響を及ぼしています。これらの影響はどのようなものなのでしょうか。

▶ 遊びが発達に果たす役割

　今までの疑問に加え、最早期に母親と赤ちゃんとの間で行なわれる模倣の「やりとり」は明らかに楽しそうですが、はたしてこれに遊びの要素があるのかという疑問が湧いてきます。ここからが遊びの始まりであると分かる決定的な起点は存在しないと考えられます。遊びは母親と赤ちゃん、または親しく関わっている他者と赤ちゃんの間で生じるじゃれ合いの相互作用のなかで発達します。おそらく、最初に母親がこの活動を始め、つまり演出し、赤ちゃんはそれに喜んで参加します。しかし、徐々に赤ちゃんがより主体的に支配するようになり、遊びの主導権をもち始めるのです。

　主導権が移るタイミングは、赤ちゃんの遊ぶ能力の発達に重要とされる前提条件と強く関わっています。つまり、それは主として赤ちゃんが自分は母親と分離しているという感覚をもつための能力の始まりとなります。自らが他の人とは分離したひとりの人間であるという感覚が徐々に発達してくると、赤ちゃんは世界を経験しながら、自分の身の回りに起きることを前よりさらに支配したいと思うようになり、想像力を発達させることが可能になります。こうした状況が生まれるためには、赤ちゃんはひとりでいることに多少なりとも耐えられるようになることが必要であると考えられます。

　「いないいないばあ」は最早期から行なわれる遊びのひとつですが、これには見えなくなることと見えるようになることが含まれています。そのことには、遊びの機能のひとつに関して、次のような興味深く重要な見解を示しています。絶対的に重要なのは母親が顔を隠して再び出てくるまでのタイミングですが、それはほとんど期待通りにはいきません。短すぎてもあまりに予想通りすぎても、赤ちゃんはすぐに飽きてしまいます。期待よりも長すぎると赤ちゃんの遊ぶための能力は押しつぶされ、代わりに母親はどこにいるのかという現実の不安が生じてきます。

　正しいタイミングを捉えられれば、それは大きな喜びとなります。赤ちゃんがのどを鳴らしたり、くすくすと笑ったりすることは強く伝わるため、親

戚の集まりや他にそれを見ている人たちもそれを楽しげに見つめるでしょう。幼いチンパンジーたちがシロアリ釣りのリハーサルをするのと同じように、この一見どこにでもある遊びは母親の不在への対処という中核的で時に不安な関心事を、安心できる方法でリハーサルできるようになる機能をもっています。いないいないばあは顔だけを隠します。かくれんぼはいなくなったふりをするので、これは正真正銘の遊びです。しかし、赤ちゃんがかくれんぼで「遊ぶ」ことはありません。それは母親が全身を隠すことになってしまうからです。赤ちゃんの視点から見れば、隠れた母親はいなくなったふりをした母親ではなく、現実としていなくなった母親になってしまうのです。いないいないばあが正しく行なわれれば、赤ちゃんは環境の変化に対処する能力が発達しているという感覚をもてるようになります。

　母親の顔が消え、ひとり残される赤ちゃんには「ちょうどぴったり」の時間の長さがあるという考え方からは、あるルールが導き出されます。たとえ簡単なものであっても、遊びにはすべてルールがあります。ルールは実質上の構造を意味し、赤ちゃんの不安をコントロールし、見捨てられ恐怖を安全なものに変えます。見捨てられ恐怖は、死そのものの恐怖に先立つものです。いないいないばあにはいくつかの似たようなバリエーションがあります。それらのひとつをフロイトは「糸巻き車遊び」[4]として記述しました。フロイトの孫の赤ちゃんは自分のベビーベッドに結びつけられていた糸車を放り投げていました。そして赤ちゃんは糸巻き車から出ている糸を引っ張って糸車を引き戻していました。フロイトはこの遊びのなかで孫が象徴的に母親をコントロールしている、つまり母親を失っては取り戻していると考えました。おそらく糸巻き車（母親）を激しく投げつける行動のなかにはいくらかの攻撃性も存在していたでしょうが、その時、赤ちゃんは安心して糸車を無傷のま

4　ジークムント・フロイト（1856〜1939）、オーストリア出身のユダヤ人の精神分析家、1938年には英国に亡命した。精神分析の創始者であり、無意識の発見、自由連想法、精神力動論などフロイトの提唱した概念や技法、研究は後の精神医学、臨床心理学の基礎を作った。

まで取り戻すことができたのです。

　ドナルド・ウィニコット Donald Winnicott は小児科医でもあった著名な精神分析家ですが、こどもがどのようにして母親への絶対依存から徐々に移行するかということについての考えを発展させました。こどもは多少なりとも基本的安心感が発達すると、母親、その身体、声、食事が自分の情緒の中心になっている人生最早期の世界から、それらとは分離していると感じられる世界へ移行し始めます。つまり、ほぼ母親でもなく、ほぼ自分でもない世界へ移行し始めます。ウィニコットはこの領域を「移行空間」と呼びました。

　ウィニコットが「移行」と呼んだのは、発達的にそれが確固たる外的世界と、赤ちゃんが母親に強くまとわりつく状態の間に存在するからです。赤ちゃんの移行空間は、最初は親指や毛布、おそらくはクマのぬいぐるみなど、物である対象と結びついていると考えられていますが、これらが有名な「移行対象」です。赤ちゃんにとってそれらは自分の所有物として経験されています。遊びが生まれてくるのはこの移行空間のなかです。ウィニコットは両親がこの空間を赤ちゃんの想像力が生んだ場所、赤ちゃんの場所として扱い、いかにそれを直感的に尊重しているかを記述しています。移行空間は外的現実と同レベルで扱われているわけではありませんが、その状態が発展しなければ、外的現実を取り扱うこともできないものです。

　スーパーマーケットで幼い少女が父親と話しているのが聞こえてきました。少女は自分が大きくなった時のことを生き生きと話していました。少女は途中、「私は本当は男の子なの。そして大きくなったら男の人になるのよ」と話していました。少女は大真面目に話していましたが、多少の冗談も混じっていました。これが遊びの一種であるこ

5　ドナルド・ウィニコット（1896〜1971）、英国の小児科医、精神分析家。英国精神分析協会における中間派の代表的存在とされる。「移行対象」「ひとりでいられる能力」「対象としての母親／環境としての母親」「母親の原初的没頭」「思いやりの能力」など乳児発達における多くの概念を提起した。

とは確かでした。少女の父親は繊細にも，少女の話に否定も同意もせず，「ああ，分かったよ」と優しい声で応えました。父親はこのようなやり方で，自分は少女が空想していることに気づいていながらも，それを尊重すること，そしてそれをとがめるつもりのないことを伝えていたのです。

　この外的世界に隣り合った世界という概念は，ある意味，あらゆる活動が可能な虚構の世界であり，通常の現実的要求が表面化することもありません。この考え方は人間の遊びの絶対的な基本要素のひとつです。それゆえに，それは想像力を自由に発揮することが許される世界です。それだけでなく，それは実験室のように機能させることもできます。それは異なる行動をした時に起こりうる結果を調べるための実験を行なうことのできる世界でもあります。

　発達上の難しい課題のひとつは強く矛盾する気持ちへの対処法です。矛盾する気持ちというのは，ある瞬間には愛し自分のものにしたいという気持ちと，また別の瞬間には憎み排除したいと思う気持ちです。遊びはこうした矛盾を許容することができます。フロイトの孫は糸巻き車という形で「母親を放り投げる」ことができましたが，次の瞬間には母親を取り返したのです。

　実際，その特別な活動の機能のひとつは，ふたつの願望をひとつの遊びのなかに取り込み，そのふたつを結びつけることです。このようにして，幼い少年は矛盾したものが両立しうる場所をもてたのです。人は自分のなかに矛盾を抱えながら生きなければなりません。そうした矛盾に抑制されすぎると，人はそれらの葛藤から逃れて安心感を得ようと，自分たちの想像力や行動を制限せざるをえなくなります。こうした状況に陥ることは避けるべきなのです。

　想像力は危険にもなりうるという考え方は，遊びの象徴性に関する論議を提起します。**ふりを含む遊びを行なう**ということは，遊びで行なわれていることと，それが象徴するものとの区別が可能でなければならないことを意味しています。赤ちゃんは母親の顔の記憶を保持できるようになってはじめて，いないいないばあができるようになりますが，その時間は母親の顔が再び出てくるのを自分のこころのなかで何となく予期できる程度のものです。これ

が待つ時間があまり長くなりすぎてはならない理由のひとつです（そして，これは最後の人が見つかるまでに20年を要するモンティ・パイソン Monty Python の「かくれんぼ選手権」を，大人が面白く感じる理由のひとつでもあります）。

現実と象徴の区別ができず，いつまで経っても「ごっこ遊び」ができないこどもたちもいます。こうしたこどもたちは想像力を働かせたり，発達させることができていません。なぜなら，遊びは現実と象徴の区別ができるようになり，その結果，整理がなされ，さらに相容れない願望による緊張状態に対処し始めるひとつの領域だからです。

生後11カ月のビリーはベビーベッドに寝ていましたが，目を覚ますとフィッシャープライスのおもちゃで遊び始めました。そこには大小2匹のクマのぬいぐるみもありました。ビリーは黄色とピンクの筒状のおもちゃを回して，観察者のほうを見て笑いました。そして，ビリーは強く押すと鈴が鳴るプラスチックのドーム型のおもちゃに集中しました。鈴を鳴らすことはビリーには難しかったのですが，ビリーは止めませんでした。ビリーは遊びを楽しみながら，観察者と一緒にいました。

そして，ビリーは突然大きなクマのぬいぐるみが視界の片隅にあるのに気づいて睨みつけました。クマのぬいぐるみの存在によって，おもちゃと格闘する意欲を失ったようでした。ビリーは遊びに戻ることができずにクマを掴むと，ベビーベッドの柵の隙間から床に押し出しました。

ビリーは狂喜して笑い，おもちゃに戻りました。ビリーは興奮しておもちゃを叩きつけるようにすると，最後には鈴を鳴らして，歓喜は絶頂に達したようでした。しかし，そのすぐ後にビリーは躊躇し，ベビーベッドの端のほうへ行きました。

6　1930年に設立された米国の乳幼児おもちゃメーカーの老舗。

ビリーは床に落ちたクマを見つめ，それを指さして「叫び」ました。クマがビリーの下に戻されると，ビリーは再びそれを叩き始め，すぐにもう一度柵の隙間から押し出してしまいました。そして再び楽しそうにおもちゃの真ん中を押して鈴を鳴らしました。この一連の動きは，ビリーが小さなクマのぬいぐるみを見つけて柵の隙間から再び押し出すまで続きました。まさにビリーはおもちゃや観察者を完全に自分のものにし，自分が領主であると想像しているようでしたが，気分はかなり落ち込んでいるようで，最初のように再び熱中することはできませんでした。

　この一連の遊びは，ある意味フロイトの糸巻き車の遊びを複雑にしたものであり，そこでは明らかに小さなドラマが起こっています。ビリーは遊びを楽しんでいるのです。そのなかでは，ビリーはある賞をもらった勝者であり，敗者はおそらくおもちゃか女性観察者ではないでしょうか。それはお祭り会場でボタンを押してベルを鳴らし，女友だちの注目を浴びようとするようなものでした。この勝利は，ついさっきビリーが離乳後に手放した母親を再び取り戻したことを象徴していると言ってもよいでしょう。しかし，ビリーを邪魔するものがありました。つまり，厄介な存在が，究極のご褒美を得ようとするこの試みを邪魔しているのです。
　それはクマのぬいぐるみの視線でしょうか。クマはかなり優勢なライバルのようにビリーの取るに足らない努力を冷笑しながら，ビリーを見下ろしていたのでしょうか。おそらくライバルとはビリーの父親でしょう。ライバルが誰であれ，ビリーはライバルをやっつけた後，はじめて自分の勝利を喜ぶことができるのでしょう。しかし，それも良心の呵責なしに，クマを置き去りにすることのできる関係性がビリーとクマの間に存在していれば，という条件つきです。しかし，ビリーはクマを取り戻さなければならず，そうなれば，この世界に君臨したいという要求をあきらめなければなりません。しかし，あきらめることもそれほどうまくはいかないのです。ビリーが自分の立場を放棄した途端に，古い野望が再び現われてきます。今度は，これまで静かにしていたとても小さなクマのぬいぐるみさえも追い出さなければならな

くなるのです。小さなクマはおそらく赤ちゃんの弟であり，それはビリーが今手放したばかりの母親の乳房をひとり占めしようとする存在だからでしょう。しかし，この小さなドラマの結末は涙でした。ビリーは打ち負かした敵に対する悲しみや罪悪感，もしくは自らの闘いをあきらめた悲しみに苦しまなければなりませんでした。完璧な状況はどこかに行ってしまいました。

　この一連の遊びを追っていくと，ビリーはあらゆる人々を困らせて多くの偉大な文学の主題となっている特徴をクマに投げ込んでいると考えられます。ビリーはとても直感的に自分が夢中になっているものを表現する方法を見出していますが，他に試行する手段をもちあわせていません。ビリーがそれをするにつれ，これが遊びなのか「現実生活」なのかという疑問が頻繁に見え隠れしてくるのです。

　大きなクマのぬいぐるみが最初に侵入者と見なされた時，それは遊びだったのでしょうか，それとも錯覚だったのでしょうか。それはふたつの縁の上をさまよっています。これが遊びのなせる最たるものです。このようにして，遊びは現実生活のドラマや不安に共鳴することができます。それは空中ブランコの名手でさえも落ちるのではないかと人が恐れるような，まさにその場所で行なわれる最高の空中ブランコの演技のようなものです。遊びは不安を生じさせますが，それは大きすぎても圧倒的でもいけません。不安に圧倒されると，遊びは押し潰され，涙のうちに終わってしまいます。さらにそうなると，いわば象徴する能力，遊べる空間や移行空間を有する能力の崩壊という道筋が待っています。

　動物界でも具体的な物を使った遊びの機能は大切ですが，人間の遊びにはさらに特別な機能があります。つまり，それは激しく葛藤に満ちた情緒の世界，人の複雑なこころや社会構造の探索を手助けする機能です。もちろん，遊びだけがその唯一の方法なわけではありません。その探索は，特に自分たちの世話をし，育ててくれる人たちの関係性のなかで進められていきます。実際に保護され適度に安全であると感じられる環境のなかにいなければ，遊びは生じません。しかし，これらの状況が整うと，自分の内側にある想像や外側にある外的生活から生じる多彩な状況や出来事を探索する手段を得られ

るのです。

　また，遊びは現実の出来事，特にストレスの高い出来事と結びつく複雑な内的感情を表現する手段としても機能します。このように困難なものを表現する手段は，遊び手と同じく，それを側で見ている人にもたくさんの情報を与えると考えられます。

　　　あ る母親が娘の育児相談のためにクリニックを訪れました。幼い少女が抱えている問題の大きな原因は母親の重い病気でした。その娘は母親の病気に明らかな苦痛や関心を見せてはいませんでしたが，学校で問題を起こしていました。母親が病気について説明している間，小さな少女はドールハウスで遊んでいました。精神科医はその少女が人形のひとつを机の上に寝かせ，その間，鉛筆を人形の側面に押しつけていることに気づきました。少女は自分が何をしているか話さず，話すこともできませんでしたが，その時，母親が肝臓の病気を患っていることや，肝生検を受けていたことが明らかになりました。もちろん，その幼い少女は肝生検には同席しておらず，その話を聞かされてもいませんでしたが，大人たちがそのことについて話しているのを耳にしたことがあったのでしょう。こころのなかにあったこの会話が明らかに少女に不安を抱かせ，少女がそれまで言葉にできなかったものがプレイのなかで表現されたのでしょう。

もうひとつはある男の子のケースです。その母親は妊娠早期の段階にありましたが，その後，流産してしまいました。

　　　母親は羊水穿刺をすることを決心していました。そのため，両親はその結果が判明するまでは4歳になる息子に妊娠のことを伝えないでおこうと考えていました。この結果を待っている間に，両親は幼い少年が何度も小さなおもちゃのうさぎをセーターのなかに押し込んで，それを股間から落下させていることに気づきました。これは少年の

いつものプレイとは違っていました。このプレイが赤ちゃんの出産や,おそらく流産,もしくはその両方を象徴しているのは間違いないようでした。

　両親はこのプレイについて尋ねることで,これを邪魔することはありませんでした。しかし,少年も自分が赤ちゃんのことを心配していることは意識できていなかったようで,そのことについて両親に尋ねたりすることはまったくありませんでした。それにもかかわらず,少年は赤ちゃんが生まれるという考えに囚われているようでした。もちろん,4歳のこどもがこうしたことを考えることはよくあります。しかし,この特定の時期にそれが現われてくるのは,この少年が対処しなければならない考えや感情をもっているだけではなく,母親の危険な妊娠に関わる（大人たちはこどもがきっと気づかないだろうと考えているような）会話のなかから拾った不安を抱えていることを意味していました。少年の遊びは自分自身に対して,そしておそらくは両親にもこれを表現したいという内的なプレッシャーの下で現われてきたと考えられました。

　これらのふたつのケースでは,こどもたちは身近にある対象を用いて,その状況を表現しています。うさぎは赤ちゃんを,人形は少女の母親を,鉛筆は肝生検で使用される針を表象するために使われていました。ビリーは重要な他者を表象するためにクマのぬいぐるみを用いました。プレイでは目の前に他者がいなければなりません。いないいないばあは,大抵は大人や年長のきょうだいが相手です。

　こどもの言語表現が豊かになると,自分が考えていることを演じてもらうために他者を利用することができるようになります。こどもが両親に対して,「トラになってよ,トラは僕を追っかけて食べようとしているんだよ。でも僕は逃げるんだ」と言うこともあります。こうした遊びは,遊びを通して人と人が互いに関わり合っていく可能性に結びついていきます。これには新たな能力が必要とされます。つまり,一方のこどもはある考えをもち,もうひとりのこどもに協力してもらう必要があるのです。

カーテンをマントのように自分に巻きつけた小さな少女がセクシーに庭を歩いていましたが、その側では弟がそのマントの裾をもっていました。少女は弟のほうを振り返って、「あなたはそんなことをしなくてもいいのよ。あなたは私のボーイフレンドなんだから」と言いました。

　確かにこの少女が想像していたのは、架空のボーイフレンドから後を追われて慕われているということだけでなく、明らかに服従させているということでした。このような将来の望みの試行は、慕ってくれるボーイフレンドを演じてくれる人の存在によってはるかに生き生きとします。こうした遊びはひとりのこどもが赤ちゃん役、他の子が母親や父親を演じるごっこ遊びのひとつです。これらは王様や女王、王子、王女の出てくるおとぎ話として巧みに作り上げられることもあります。時には、お医者さんと看護師さんの遊びにまで発展し、こども同士で性的な活動が演じられることもあります。

　これらの遊びが現実的になりすぎたり、競争心や想像上の性行動にうまく対処することができなくなると、時に遊びが崩壊してしまうこともあります。小さな赤ちゃんを世話する小さな母親は弟の競争相手となる姉でもあり、いったんそのような感情が表面化すると、間もなく遊びは崩壊して遊びは終わりを告げます。ウィリアム・ゴールディング William Golding の『蠅の王』のなかでは、遊びや象徴としての性質を失ってしまったプレイが鮮明に記述されています。大人のいない無人島に隔離された世界に直面し、生き残れるのかどうかにおびえ、こどもたちの伝統的な遊びである部族たちの戦いや、カウボーイとインディアンの戦争は崩壊し、本物の殺人が起きてしまい

7　ウィリアム・ゴールディング (1911〜1993)、英国の作家。代表作はここで取り上げられている『蠅の王』。この作品はジュール・ヴェルヌの『十五少年漂流記』を、架空の未来に移して少年たちのなかにある悪を描いたものである。1983 年にはノーベル文学賞を受賞した。

ます。これは大人によって書かれた物語で，本当に起きたことではありません。しかしこの物語は，すべてのこどもたちの遊びの奥底に流れているリアルで原始的な暴力性や，遊びとしての性質が崩壊すると何が起きてしまうのかという普遍的な怖れについての神話と考えることもできるのです。

▶ 心理療法としてのプレイ

　こどもには遊びを使って自分たちを表現する能力があり，心理療法家や分析家たちは，こどもたちを混乱させ困らせている問題を理解するのに役立つ言語として，その能力を利用しています。セラピストは会話をしながらプレイについても熟考し，それがどんなことを意味している可能性があるのかをこどもに伝えます。こうして対話が始まります。その目的は大人の患者が感情や空想について無意識的に話すのとまさに同じ方法，つまりセッションの間に生じる「自由連想」のように，こどもの問題の本質について探索を可能にすることです。こうした類の作業には小さなこどもでさえも魅了され，この作業から得ることのできる安心感によって動機づけられることもあります。この安心感は厄介な症状の消失からのみ生じるわけではなく，苦痛の原因となっている何かを表現できる方法を見つけられた満足感からも生じます。

　フレディと呼ばれる6歳の男の子のアセスメントでは，次のようなひとコマが見られました。フレディは他児との関わりや遊びに問題を抱えているということで紹介されてきました。フレディは養子で，養子に出される前はかなりの身体的および心理的虐待に苦しんでいました。セラピストはアセスメントのセッションについて次のように記載しています。

　　フレディは私を見て明らかに不安そうでしたが，私と関わりたがっているようでもありました。フレディは，学校で一番好きな時間は「チョイス」と呼ばれている自由時間であると話し，指示されたり，身動きのとれない気分が好きではないことを暗に示しました。問

第 2 章 ── 遊び（プレイ）　061

描画 1　遊びを通して自分を表現するこどもの能力は，大人の自由連想と同じような方法でセラピストがこどもたちを困らせているだろうことを理解するのに役立ちます。

　もなくして，フレディは絵を描きたいと言ったので，私はクレヨンやサインペンの場所を教えました。フレディは絵を描き始めました（描画1）。描画はフレディのなかにある不安を表わしているようでした。フレディは私から一番離れた部屋の隅で，絵の下のほうにとても慎重に草を描き始めました。とても長い時間が経過したようでした。その絵はフレディの自分を表現したいという願いと，またその一方ですべてを隠しておきたいという相反する願いを表現しているようでした。
　やがてフレディはどうにか右側の草をかなり大雑把に，また満足げに描き終えると，絵の主要部分を描き始めました。フレディは再び私が座っているところから一番遠い部分でもある画用紙の端っこから木を描き始め，自信をもち始めたようでした。フレディはまず木の葉を，続けてりんごを描くと言いました。幹を描くと，そこに丸い穴を描き込み，「これはふくろうのお家だよ」と笑いながら話しました。
　フレディは絵を描き進め，木に軸の付いたりんごを丁寧に加えました。

その後，満面の笑顔というよりはいたずらをしているような表情を浮かべ，「あっ，クモを描こう。クモには目が 8 つあるんだ，それと足も 8 本」と言いました。フレディはクモを描き，それが「毒グモ」であることを書き添えました。フレディはクモについての知識を披露し，アイビーのような植物を木の正面に描きました。それはぐるぐると木に巻きついていました。フレディは「これは木を絞め殺す植物なんだ」と話しました。私はそれに応じて，その木はすくすくと成長して，よいものを生み出したいというフレディの願いを何か表わしているのかもしれないねと伝えました。しかし私は，フレディがたとえばそれまですでに抱えてきた問題のように，現実的な問題を抱えていることも示しているのだろうと考えました。それはフレディの成長を阻害していると考えられるものすべてであり，またフレディにとって，毒グモや絞め殺してくる植物のように，つまりフレディのもっと健康な部分を害してしまうかもしれないもののようでした。

　フレディは「ママは木が絞め殺されてしまわないようにすることができるんだ」と答えました。その後，その絵はある意味，幼児にとって典型的な方向に展開していきました。こどもの絵は単に完成状態に向かって近づいていくというよりも，むしろ描きながら物語が変化していきます。フレディは『ピーターとオオカミ』に出てくるオオカミを描きました。しかし，この絵のなかではオオカミがピストルを持っていました。フレディがピストルを描くと，次にそれはオオカミと木をつなぐリードになりました（フレディはこのオオカミを「飼い馴らされたオオカミ」と呼びました）。そうなると，木は誰か他の人，おそらく父親という表象にもっと結びついたものであると考えられました。ピストルを持つことのできるオオカミは，荒々しさ以外に自分の能力は当てにならないというフレディの強い恐怖を表現していました。フレディは描画の意味を変えようとしたようでした。その結果，オオカミとして表現された明らかな危険は，最後にはオオカミが飼い馴らされているという理由から，心配するほどのものではなくなったのです。

フレディのアセスメントには別の面もありました。それは不適切な養育を受けていた早期の経験に起因するものであり、フレディが他者に助けてもらうことを好意として受け取ることができず、ひとりで何とかしようとすることを学んでしまったことがフレディの大きな問題のひとつであることを示していました。フレディのプレイ中の発言からは、フレディが「もしオオカミのような部分が自分のなかにあるのならば、それを飼い馴らしたり、コントロールできるようになるためには現実的な援助が必要である」と考えているように見えました。

こどもの年齢が上がり、成長して、6, 7歳くらいになって大人から大きく自律するようになると、こどもたちは大人と一緒に遊ぶことが減り、大人が近くで見守ることも減ります。そして、遊びは以前よりもルールに則した別の種類の遊びへと進化します。実際多くの場合、ルールがあることによって面白さはかなり増してきます。さらに、大抵の遊びは自然に発生するものですが、こどもは同じ遊びを繰り返すことをより好むようになります。

時に両親は少し前まで賢く想像性に富んでいたこどもたちが想像力を失い、以前より柔軟性を失ってしまったと、かなり動揺することもあります。それはおそらくコンピューターゲームで遊ぶ時間がもっとも増えてしまう時であり（特に男児が）、大抵こうした遊びはもっとも望まれていないものです。想像力にあふれた遊びに単純に構造を与えることは抑制につながります。それとは対照的ですが、コンピューターゲームが想像力にあふれた遊びを抑制するかどうかは、おそらく乳幼児の感情や幼少期の早期の感情に属している感情をどのように取り扱うかということに左右されます。

　　ジョンは自然科学に関心のある少年で、幅広い昆虫の知識をもち、世界に関心を示して世界のいろいろな場所の時差を知りたがっていました。ジョンは扮装してさまざまな役を演じることがとても好きでした。ジョンは、以前海賊のヘルメットや斧のおもちゃをもらった時、両親に図書館に連れていってもらい、海賊の使うアルファベット（ルー

ン文字）を調べて勉強し，最終的には友人に秘密のメッセージを書いて送れるようになりました。学校ではジョンは想像力たっぷりの物語を書きました。しかし，8，9歳くらいになるとほとんどこうしたことをしなくなりました。ジョンは読書を続けましたが，読むのはひとりのSF作家に限定されていました。友だちと一緒にいる時のジョンの遊びは，大抵コンピューターゲームや戦いごっこに限られていました。それまでの関心のなかでは，自然科学のように，継続しているものも少しはありましたが，ほとんどはどこかに消え失せたようでした。しかし，青年期になるとジョンは再びより自分の関心を広げるような様子を見せました。

かつて，街が今よりもこどもたちにとって安全に育つことのできる場所であった昔は，6，7歳以降のこどもたちが皆で参加する遊びは屋外で行なわれる遊びがほとんどでした。アイオナとピーター・オーピー Iona & Peter Opie は，あらゆる年齢のこどもたちが道端で遊べる遊びを何百と集めましたが，その大半は学童期のこどもたちの遊びでした。特に誰が「it」や「he」かを見つける「鬼決め遊び」（もしくは数え唄）など，いまだにその多くは生き残っています（付録写真4）。

　　ずいずいずっころばし　ごまみそずい
　　茶壺に追われて　とっぴんしゃん
　　抜けたら　どんどこしょ
　　俵のねずみが　米食ってちゅう　ちゅうちゅうちゅう
　　おっとさんがよんでも　おっかさんがよんでも　行きっこなしよ

8　北欧古代文字，古代ゲルマン人の文字。

9　アイオナ（1923 〜）とピーター（1918 〜 1982）のオーピー夫妻は，英国の民族学者で児童文学やストリートカルチャーの研究で著名である。『マザー・グース』はオーピー夫妻が編集したものである。

10　ゲームの前に，鬼を決めるために唱えられるわらべ歌。

井戸のまわりで　お茶碗欠いたのだぁれ[11]

　少年や少女の遊びは最終的に多様化してきます。まだコンカーズやビー玉[12]で遊んでいる少年たちもいますが、多くは携帯ゲーム機を好むようになります。少女たちは数え遊びやまりつき、石蹴りやスキップで遊びつづけますが、おもちゃ産業によりいっそう影響を受けるようになります。少女たちは現代の流行、マイ・リトル・ポニーやバービー人形、ファービーを追いかけることが多くなります。

　さて、こうしたルールの利点は、すべてのこどもが対処法を学ばなければならないような、強力で新しい衝動をコントロールするための方法となることにあると考えられます。環境と自分たちの両方を制御するために、こどもたちは衝動をコントロールする必要があり、こどもたちはそのことに強くこころを奪われています。うまくいけば、それは興味深く、豊かな内容の遊びにつながることもあります。そうでなければ、すべての生活から遊びの要素がなくなり、生活は意味の乏しい繰り返しとなることもあります。

　この年齢のこどもたちが心理療法のなかでとりわけ自分たちの衝動のコントロールを心配することは、驚くべきことではありません。こどもたちは、こうした心配をするあまり、自らの関心事を情緒的に有効利用することができなくなっているのです。たとえば、9歳のジョーは心理療法の時間をきちんと整理された分類に分割し、ジョーが感じているであろう気持ちを自発的に表現する空間をほとんど残していませんでした。

　　4：00～4：05　　自分の問題について話す
　　4：05～4：35　　自分の出来事について話す

11　ここの原文は"Ip dip sky blue, Who'sit? Not you. God's words are true, it must be you. Ippy dippy station, my operation, O-U-T spells out so out you must go!"である。言葉遊びのような側面をもつ鬼決めの歌であるため、ここでは日本の鬼決めの歌を訳として載せた。

12　紐に通したトチの実を振って、相手の実を割る英国のこどもの遊び。

4：35～4：50　　遊び

　ジョーが自分の問題のために5分間しか割り当てなかったことは、問題が表面化しすぎないように望んでいることを明らかに示していました。しかし、忍耐強さと理解、丁寧な解釈によって、ジョーはこれを延長して「自分の夢について話す」時間を割り振ることができるようになり、時には遊びのための時間の5分を「自分の気持ち」に割けるようになりました。

　ある少年は幼児期から心理療法を始め、何年間も心理療法を受けつづけていました。その少年は大きくなり、8歳になると、まったく話さないという手段によってコントロールの必要性の増大に対処しました。それにもかかわらず、その少年は自分の問題をとてもうまくはっきりと伝えることができました。描画2はコマ割り漫画の形式で描かれた簡単な絵です。この年齢のこどもたちはこうした形式を好みますが、おそらくそれは型にはまった形式や少しふざけた感じによって、他の方法だと露わになってしまう生の情緒がやわらぐように見えるからでしょう。

　フィリップはセラピストの部屋の大きな机に寄りかかりながら、セッションの最初の15分間、いつものように黙々と絵を描きました。フィリップが自分の絵をセラピストに渡した時、セラピストはポストから突き出している頭の角度が机にだらりと寄り掛かっている時のフィリップにとても似ていると伝えましたが、フィリップはそれに対して何も言いませんでした。セラピストは郵便受けのなかにはまっているのはフィリップなのでしょう、だから普通のコミュニケーションができなくなっているのでしょうと伝えました。絵のなかではポストもいっぱいになっており、そして事実、母鳥は巣として使いたいから、この人を出してほしいと怒っていました。

　9歳の少女の描いた絵（描画3）にも、このくらいの年齢のコントロール願望の強さが示されています。これは細心の注意を払って描かれた魅力的で

第 2 章 ── 遊び（プレイ）　067

描画 2　こどもは普通，コマ割り漫画の形式に魅了されていると考えられます。型にはまったその形式は考えを伝えたりするのに適しており，実はそれは大人にも言えることです。

ユーモアにあふれた絵です。しかし，フレディの絵に表われているような自発的な側面は見られず，無意識的な素材を利用している感じも見られません。ここに見られるのは，怪我や雨からしっかりと自分を守っているとても慎重な生き物ですが，道路を早く渡りたがっており，車の往来には気づいていないようです。

　フィオーナは自分が「あまり話さない」ことや，そのことにわずかな罪悪感を抱いていることに気づいています。車の往来はフィオーナが抱いている

描画3　フィオーナの絵ではカメが携帯電話を持っています。絵の端にある車の警笛の音は車の往来を表わしています。9歳のフィオーナは自分が「あまり話していない」ことに気づいています。

せっかちなセラピストというイメージと、その背後では自分自身のせっかちさを表象しているのでしょう。フィオーナは細心の注意を払って自分と自分の世界を抑え込んでおり、それを解放することがとても難しいことに気づいています。これは不適切な養育をする親や、それによって生じるあらゆる緊張に対処するフィオーナなりの方法です。同じように、フィオーナはとても丁寧に絵が描かれたノートをもっていました。最近のことですが、心理療法の休みの直前に、フィオーナは生まれてからずっと住んでいた家から突然に引っ越さなければならないかもしれないという状況に直面しました。このことはノートがばらばらになったということによって、とても鮮明に伝わりました。ノートは自然にばらばらになっただけでなく、フィオーナがページを

引っ張ったためにそうなったのでした。それはまるでフィオーナが，その状況に対する怒りが露わになるのを認めているかのようでした。フィオーナは後にそのページを糊で貼りつけて戻せることに気づいて，それをやり終えた時にはとても安心していました。

　思春期はこどもにとって新たな時期の到来を告げます。思春期のこどもたちは多彩な方法によって，こどもであることを止める時，幼少期の意味での遊びはほとんど終わるか，少なくとも顕著に減少します。その代わりに顕著になるのは，青年たちがこれから移行しつつある大人の世界を利用しようとする様子です。青年たちの行動は大人の世界の「アズイフ」的な特質を帯び▼13るようになります。しかし，青年たちのおもちゃにオートバイや車のような危険性が潜んでいる場合，大人は青年たちがそれらを使うことで生じる危険性を心配するようになります。危険なことが起こりうるのはもちろんのこと，しばしば悲劇的な結末を迎えることもあります。

　1960年代に，青年の死亡率に危機感を抱いた運輸省の委託を受けて，バイクに乗る青年たちに関する古典的な研究，「バイクの上の成長」が実施さ▼1れました。その研究では，バイクに乗る若者たちがオートバイを交通手段としてではなく，むしろ力強く，有能でありたいという自分たちの願望と等しい価値をもった，空想の対象として扱っていることが示唆されました。青年たちは自分たちのバイクについて官能的な，ほとんど性的な言葉で語っていましたが，インタビューにやってくる時には，「万が一道に迷うと困るから」と，バイクに乗らずにやって来たのです。

　青年たちの他のドライバーたちに対する関係のあり方は自殺衝動に近いものでした。お気に入りの遊びのひとつは1台の車のすぐ後ろや横，つまりドライバーの死角にバイクを走らせることでした。これは単に支配的な感覚を

13　アズイフ人格とはフロイトの弟子ドイチュが記述した用語である。幼少期の環境不全を要因として引き起こされるとされ，外界に対する過度な受動性，他者や集団への激しい同一化，被暗示性の高さなどを特徴とする。現実検討力は維持されているため，一見，正常な印象を与える。

与えるだけではなく，車のドライバーが衝突する原因にもなりました。それゆえに，青年たちはドライバーのほうが責めを負うべきだと思っていました。ある時には，ドライバーとの競争はまさしく危険なものでしたが，もっと直接的なものにもなりました。青年たちはドライバーの前に割り込んだり，「ドライバーたちをばらばらにしてやるんだ」と叫びながら，強い興奮を感じていました。特に権力をもった男性に対して表現する，こういう形での競争心やそれに関連する暴力性は実にきわめて危険な方法で演じられます。大抵の場合，これは遊びの追求というよりも，むしろ破綻を表わしているようでした。

「バイク族」のひとつでモッズというグループは，どこから見ても随分と遊び半分な状態で，自分たちのスクーターを鏡や旗，デビド・クロケット David Crockett[14] のヘルメットで覆っていました。自分たちのバイクをカスタマイズし，皮ジャンを飾りつけている者たちと同じように，青年たちはバイクを通して自分たちのアイデンティティを色とりどりに表現していました。青年らは暴力に対して強がっていたり，恐怖を感じていたりしているにもかかわらず，こうした行為の多くは遊びとして行なわれたものでした。かなり極端な場合を除けば，大抵の遊びは危険すれすれにいる青年期の特徴を有しているようでした。まさに危険すれすれという範囲内を何とか維持することができていれば，おそらく遊びは青年らの権力への競争心や危険な葛藤をある程度，解決する援助となるでしょう。

▶ 終わりなき移行空間

1998 年のバズ・ラーマン Baz Luhrman[15] の映画版「ロミオとジュリエット」

14　デビド・クロケット（1786 〜 1836），米国の軍人であり政治家。テキサスの独立を支持して，アラモの戦いで玉砕した米国の国民的英雄。

15　バズ・ラーマン（1962 〜），オーストラリアの映画監督。監督作品には，他にも「ダンシング・ヒーロー」（1992），「ムーラン・ルージュ」（2001）などの作品がある。

においても，大きな集団のなかで生じ，多くの覗き見行為や露出行為が含まれるドラマ，暴力，愛や情熱は，常にリアルな暴力があふれ出す瀬戸際にあります。青年の行為が実際に暴力につながると，象徴する能力や移行空間に存在する能力といった遊ぶ能力のなかで，ひとつ，もしくはそれ以上の必要な要素が欠けてしまいます。このようなことが稀にしか生じ**ない**ことは驚きに値します。現代の動物行動学の祖であるコンラッド・ローレンツ Konrad Lorenz は，人間と動物の違いは人間が好奇心をもちつづけられるがゆえに，一生を通して発達しつづける点であると結論づけました。これは他の動物には当てはまりません。「老犬には新しい芸を教えられない」という諺は人間には当てはまらないのです。人は死ぬか，ひどい病に倒れるか，衰弱するまで好奇心を抱きつづけるという性質があるのです。それゆえに，大人の遊びを探究するためには，こどもに見られる好奇心の発達やその結果を辿っていくべきです。それは，仕事とは別に熱中する莫大な数の趣味や関心のなか，あるいは芸術への関心などを通して表現されています。それを仕事というフィールドで表現している人たちもいるかもしれません。科学者が自分のために考えを追究すること，自分の関心を追うことを許されれば，結果はかなり奥深く独創的な発見となるでしょう。発見された当初は何ら重要な価値のないものもあるかもしれませんが，それらが後になって世界を変えるかもしれません。こういった類の活動は仕事でもあり，遊びでもあり，もっとも真剣に取り組まれた遊びの典型例となるのです。

原註

i   I. Menzies-Lyth, Motorcycle : Growing Up on Two Wheels. H.S. Klein Ed., in *Sexuality and Agression*, 1969.

---

16   コンラッド・ローレンツ（1903 〜 1989），オーストリアの動物行動学者であり，刷り込みの研究が有名である。近代動物行動学を確立したとされている。

第3章
こどもと純心さ

　大人には赤ちゃんをよいものであると信じたいという強い願望があります。生まれたばかりの赤ん坊を見ると、自然に純粋という考えが脳裏に浮かんでくるでしょう。新しい人生の始まりは、内部、外部の双方から人間を侵襲するものにまだひとつも触れていません。そして、大人には赤ちゃんを守り、理想化したいという願いや赤ちゃんへの特有の反応が引き起こされます。このことは家族に生まれたばかりの赤ちゃんや、日常生活での小さなこどもとの接し方に見られますが、こうした接触は人々の将来に何かよりよいものがもたらされるという希望を与えます。人々が自分自身の生命と感じているようなものがまだ損なわれていない新たな生命が提供する新しい出会いは希望の源です。

　とりわけ、愛し合っているふたりの性的な関係のなかから生まれた赤ちゃんには、自分たちの関係が創造的なものであってほしいというカップルの願いが託されています。カップルの各々は、自分たちの一部が赤ちゃんのなかにあり、成長していく赤ちゃんのなかに自分たちの性格や能力のよい部分を見たいと望んでいます。両親のこうした理想主義も、幼少期は純心であると信じたいという願いに影響しています。人はギリシャ神話に出てくるナルキッソス[1]のごとく、鏡を覗き込むように自分たちのこどもをしばしば見ます。そこには、欠点を見ることなく、美しい部分だけを見るのです。やがて、これらの完璧でありたいという心底からの願いは人生の雑多なあらゆる現実に直面することになります。そして、親も赤ちゃんもお互いがともにする人生

　1　ギリシャ神話の主人公である若く美しい青年。ナルキッソスは、湖の水面に映った自分の姿に惚れ込み、命を落とした。ナルシシズム（自己愛）の語源となった。

には愛情と同じように否定的な感情も生まれることを知るのです。

　人が赤ちゃんにバラ色の想像をするもうひとつの理由は、自分が抱いている大きな不安が赤ちゃんの誕生によってやわらぐためです。赤ちゃんによって、人は自分が性的、身体的に問題がなかったと感じることができます。つまり、助産婦が母親に手渡してくれる愛らしい赤ちゃんは、母親に子宮が正常に機能しており、種をまく性交はすばらしいことであったと感じさせてくれます。おそらく人々は気軽に誕生の奇跡の話をしているのでしょうが、それに実際に関わった人たちにとって、赤ちゃんの誕生は実に奇跡的な出来事だと感じられるものなのです。この奇跡的性質は受胎告知と後のキリスト誕生を描いたキリスト教世界全体における宗教的芸術のほとばしりのなかに表現されています。後光のさした赤ちゃんは、最高の出産によって呼び覚まされた反応と共鳴しています。

　赤ちゃんが不幸な状況で生まれた場合には、あふれる希望は盛り上がることなく失われてしまうでしょう。たとえば、母親があまりに若すぎたり絶望的な状態に苛まれ、自分たちが母親になる能力をもっていると信じることができず、赤ちゃんを買い物かごに入れて捨ててしまう場合や、赤ちゃんが病気であったり、障害を負っている場合などです。一見して不完全な赤ちゃんは、自分たちが切望していた安心を与えることはまったくなく、その代わりに自分たちの行ないがこのようなこどもを生み出したのだと、両親の無意識的不安を掻き立てます。この激しい苦痛から、先天性障害に対するかなり混乱し歪曲した理解が生み出されます。たとえば、障害のある赤ちゃんを原罪や前世で邪悪な行為をしたことの印と考えてしまうのです。非難してほしい、罪の意識を自分も分かち合いたいという人間の衝動は極端に深く浸透し、こうした原初的な理解や衝動によって激しく掻き乱されることになります。

▶ こどもと性欲

　さて、こどもは一体どのような存在なのでしょうか。もし、人がこどもた

ちを自分たちの延長、もしくは自分たちの先入観や偏愛の延長としてではなく、ありのままに見たらどう見えるのでしょうか。こどもは純心であるという考え方には特別なふたつの側面があります。それは、こどもを性別もなく、生得的によいものとして考える視点と、憎悪や怒り、攻撃性などといったものをもった存在として考えるという視点です。

　日常生活における観察は、人がこれまで赤ちゃんに関して想像してきた多くの信念と一致しません。まず、こどもたちの性欲について考えてみましょう。何が性的で、さらには何が官能的なものでないかを識別するのは必ずしも容易ではありません。特に官能的であるかどうかは、より定義しにくいものです。しかし、現実を見ないと決め込まない限り、小さいこどもたちが性的な存在ではないと見なすことはできません。息子である赤ちゃんの勃起や、娘である赤ちゃんが恍惚として身をくねらせているのを見ている母親が難なく気づくように、小さい赤ちゃんたちの身体的興奮状態はしばしば性的側面を明らかに示しています。

　この「乳幼児的」体験と、後に思春期や性器の発達がなされた時の性の発現との間には、連続性だけではなく、とても重要な違いがあります。もう少し大きくなって、幼稚園や小学校の低学年に見られるこどもの遊びには性的なものへの関心が多々含まれています。お医者さんごっこは異性の性器を調べるための、伝統的に確立された方法のひとつで、そこには普段は許されない親密性があります。同じように、より際どいレクリエーションの場やパーティーゲームは、こどもの興奮や歓喜、覗き見主義にとって安全な手段や枠組みとなっています。ルールに沿ってゲームとして遊ぶ範囲内であれば、こどももルールの存在があることで、自分の性衝動についての差恥心や恐怖により対処しやすくなります。

　こどもたちの性的な遊びの本質や特質は、今や日々の経験の一部となっているテレビによっても影響を受けます。テレビはかなり性的な特色をもつ視覚的文化です。1990年代のこどもたちは前の世代よりも、性に関してはるかに多くの情報を手に入れることができます。こどもたちがメディアで表現されている青年や大人たちの関心事にさらされていることに自分でどのよう

に対処するかは、こどもたちのものの見方によって異なります。こどもたちは精神的なものよりも世俗的現実を重視し、表面的なものの見方をするのです。こどもたちの現実に対する知識は予想以上に浅いのです。

　こどもたちの性的な本質を認めることは、こどもが純心であるという考えの支障になると考える人もいます。そのため、人が幼少期の純心さについて語る時には、自分たちが重要かつ現実なことについて言及しているのだと強調することが大事です。こどもが実際に性的に未熟ではないと認識した場合に、それは人々にとても大きな混乱を引き起こすことになります。大人たちがこどもを自分たちの性的な営みに巻き込んでしまう時、大人たちは世代間に存在しなければならない境界を超えてしまいます。大人は世話し保護する役割を担う必要があり、それが裏切られると、おそらくこどもの一生にずっと根深い混乱を残すでしょう。たとえそれが身体的暴力ではなくても同じです。

　小さなこどもが日常生活での健全な性的感情や家族内でのこどもの立場を示すには、現実生活から例を挙げるのが最適でしょう。スーザンとフィルの2歳になるひとり息子、ニッキーの観察から少し抜粋してみましょう。その観察はニッキーの自宅に訪問し、1週間に1度、1時間行なわれるもので、観察者はニッキーの発達の研究素材として、観察者が見たものを記録します。

　ある日、ニッキーは観察者に挨拶をした後、母親にこれで遊ぶようにと渡されたばかりの郵便物でピストルを作ってほしいと必死にせがみました。そのきらきら光る紙は、後で屑かご行きになるものでしたが、観察者は紙を丸めて折りました。ニッキーは紙をダメにしたと文句を言い、元通りにするよう要求してきました。観察者にはニッキーが何をしてほしがっているのかが分かりませんでした。すると、ニッキーはがっかりして、母親のほうを向き、それを直してほしいとしつこく要求しました。母親もどうしてほしいのかを正しく理解することはできませんでした。その時、父親のフィルが帰ってきました。ニッキーは熱心に父親に頼み、父親の作ったピストルに喜びました。

　ニッキーは父親と遊んでいましたが、少しすると真っ二つに分けられ

てしまったブロックの家を見て，混乱を露わにしました。父親が家とガレージを作るために元の家を分割したのです。ニッキーは家が壊れてしまったから直さなければならないと，強く主張しました。父親は家が壊れていないとニッキーを説得することができました。父親がガレージに階段を作っている間，ニッキーは意欲的にたくさんのブロックを使い，大掛かりな 2 階建ての家を作りました。おもちゃの男性は全員誇らしげに家の屋根の上に配置されました。

この記録のなかで，ニッキーは自分の男性性を主張することに関心をもっていますが，それが傷つくことを不安に思ってもいます。女性たちはニッキーが欲しがったピストルの重要性が分からなかったのでしょう。ニッキーの父親だけ，つまり他にペニスをもっている人物である父親だけが適切な反応と安心を与えることができたのでしょう。ニッキーには少年や男性は優れた存在であるという信念がありました。しかし間もなく，父親が仕事に行かなければならなくなると，ニッキーは不安になりました。父親と仲間になりたいというニッキーの願望の根底は脆弱なもののようでした。

その 1 週間後，小さな女の子が遊びに来ました。ニッキーは女の子を冷たく無視し，観察者を独占しました。

ニッキーはオオカミを演じたがりました。最初，観察者がオオカミ，ニッキーはハンターでした。次に，ふたりは一緒に父親がニッキーのために建てたボール紙の家のなかに隠れることになりました。「オオカミは外にいるよ」とニッキーは説明し，「これでオオカミは入ってこられないよ」と自信たっぷりに伝えながら，入念に扉にセロテープを貼りつけました。この後，ニッキーは観察者にクリスマスの歌の本を見せ，窓から上半身を乗り出したがり，道路から呼びかけたこどもに「叫ばないで」と命令しました。

ニッキーは明らかに観察者の関心（もしくは母親の関心であると想像する

ことも可能です）が他のこどもにも向くのを嫌っていました。それが招かれたお客さんやたとえ隣のこどもであろうとも同じでした。しかし，その嫉妬にも似た独占欲のせいで，ニッキーは怒ったオオカミが叫び声を上げ，なかに入って来ようとしているのかもしれないと不安になりました。つまり，排除したこどもが侵入してくるかもしれないということが不安の源泉となったのです。ニッキーは自分の独占欲を他のこどものせいにしました。多くのおとぎ話に登場する大きくて悪いオオカミが思い浮かんできます。締め出されているオオカミは，母親を自分のものにし，時には父を締め出したいというニッキーの願望を表わしているのかもしれません。

　後日，母親が小さい頃にニッキーが使っていたおもちゃを，赤ちゃんが生まれたばかりの友人にあげようとしたら，ニッキーがそれを拒んだという報告がなされました。ニッキーは自分の周りにそのおもちゃを並べ，赤ちゃんのキリストが星から降りてくるというクリスマスソングを観察者に歌いました。ニッキーは重要なライバルとなる赤ちゃんが迫っているのではないかと疑っており，それがニッキーにとって大きな問題であることは明らかなようでした。ニッキーは素敵なこどもがやって来ることを期待するかのように歓迎を表わす清らかな賛美歌を歌う一方で，自分の幼少期の持ち物を共有する準備はできていませんでした。ママの特別な小さな男の子というニッキーのアイデンティティは簡単にあきらめきれるものではありませんでした。

　1年後，ニッキーの母親が妊娠すると，これらすべての問題が緊迫した現実味を帯びました。想像上のライバルだった赤ちゃんが，今や現実に母親のお腹を占領しています。ニッキーは母親が観察者に7月に赤ちゃんが生まれるので，夏休みは出かけられないと話しているのを聞きました。ニッキーはお風呂で泳いで遊び，海辺での家族のバカンスについて話しました。その後，母親がニッキーの爪を切ろうとすると，ニッキーはとても怒りました。しかし，後でニッキーは大人っぽい声で，これから自分は父親の机で宿題をやると宣言しました。ニッキーは紙の真ん中に大きな太陽を描き，母親にも何か描いてほしいと頼みました。母はボートを描き足し，ニッキーがそれに色を塗りました。次に母親に家と庭を描いてほしいと頼みました。ニッキーは線

からはみ出さないよう細部まで正確に塗りました。

　父親が帰宅すると、ニッキーはまったく言うことを聞かず叱られていました。母親の独占をあきらめるのは難しいことでした。翌週、4歳の誕生日の直前、ニッキーは誇らしげに、もう5歳だと宣言しました。(紙いっぱいを占めていた太陽の絵のように) 母親のこころのなかの空間をすべて占領していた息子であることから変化しなければならず、ニッキーは実際にとても速いスピードで成長しなければなりませんでした。ニッキーは遊びのなかで格闘しながら、自分の父親と母親は赤ちゃんがもうひとり欲しいのかもしれないという考えの意味を探索できるようになりました。ニッキーはもはや母親というお城の王様ではなくなり、お兄ちゃんという新たな地位に就いたのかもしれません。

　マークはニッキーと同じような年齢で、これらの激しい競争心のもうひとつの側面を見せていました。ある日、観察者が到着すると、マークは紫色の大きな風船を見せながら、母親がこれを自分のために膨らませ、結んでくれたと話しました。

　マークはおもちゃのトラックに風船を取りつけ、自分の寝室にそれを引っ張っていきました。母親は家のどこかで別のこどもにレッスンをしており、父親がマークの面倒を見ていました。すると、マークはポストマンパットのテープを回し、風船を手にしながら音楽に合わせて踊り、くるくる回り、それは段々激しさを増していきました。風船はニッキーの頭の上で弾み、観察者の足元近くに来ました。マークは歓喜の声を上げ、ますます騒がしくなっていきました。観察者は1階で行なわれているレッスンははたしてどうなっているのだろうかと考えました。マークは上下に飛び跳ねながら、両親のベッドへと走っていきました。いったんベッドに上がると、1回飛び跳ねるたびにマークの興奮は

　2　英国BBCのパペットアニメ。日本でも「ポンキッキーズ」のなかで放映されていた。

増していくようでした。マークは大きな紫の風船をお腹の上で弾ませながら、仰向けになって空中で足を蹴りました。

　突然、風船は尖った角にぶつかり、割れました。マークは意気消沈し、取り乱しました。父親がマークを落ち着かせるために急いでやって来ましたが、マークは風船が元に戻らず、再び膨らますことができないのを知り、落胆してしまいました。父親は新しいのを買ってあげると言いましたが、マークは「ママが爆発させたんだ」と聞きませんでした。父親が目前に迫った誕生日に触れると、マークは「嫌だ。僕は4歳にはなりたくない」と嘆き悲しみました。

　日常生活のなかでの幻滅を表わしたこの情景は、マークが母親との情事に浸っていることを表わしています。マークは興奮と、そして母親との性的色合いを帯びた結合を願う気持ちに夢中になっていました。現実には、母親は1階にいて生徒のことで忙しくしていましたが、マークは家族のなかでもっとも重要なカップルである母親と自分という空想にこころを奪われていました。風船の爆発で夢のような計画が弾けてしまったことはどれほどの苦痛となったことでしょう。

　こどもが大人の性をどのように認識するかは、その子自身の関心によって影響を受けます。つまり、マークが恍惚として飛び跳ねていたように、こどもには大人の関係性を自分の願望のプリズムを通して捉える傾向があります。生まれて間もない頃の乳房による授乳の恵み、つまりぴったりと抱かれ、温かいミルクの泉を吸い、母親が完全に赤ちゃんの一部と化しているという感覚の記憶は、親密性の原型として働くことが多いのです（付録写真5）。

　後に学校に行き始める頃には、性に関しては肛門期的プリズムを通して捉えることがかなり多くなります。こどもたちの間では残酷な絵がやりとりされますが、それは性交をトイレの機能になぞらえたものであり、この段階ではそれはきわめて自然に見られることです。それらはこどもの混乱と敵意の両方を示しています。この混乱と敵意は大人の性への何らかの気づき、そしてさらに、自分たちが性について知っていると思っているものが現実とは違

うことへの気づきに向けられています。この年齢のこどもは、性交を性的パートナーとの間で起きる便や尿のやりとりと考えています。こうした思考のあり方は性的な関係を曖昧にしか理解しておらず、そのような関係性を貶めることにもなりえますが、それはこどもが両親というふたりのカップルから排除されていると感じているためです。これらの考え方はこども各々の成長にある一定の役割を果たす一方で、必ずではありませんが、時にはかなり意識的に、とても優勢になりすぎることもあります。そうなると発達は阻害され、セックスは汚く醜いものという認識のなかで、こどもは行き詰ったままになってしまいます。その結果、性的関係を怖がるようになることもあります。街のなかの放置された公共空間に描かれた性的な落書きを見れば、こうしたセックスの品位を下げるような考え方が思い浮かぶでしょう。そうした考え方は青年期やそれ以降にも続くのです。

▶ こどもが虐待を受けている場合

　フロイトが20世紀初めに幼児期の性について記述し始めると、上流社会には衝撃が走りました。こうした人々のなかではこどもの身体的能力の現実や想像力の重要性を否認する雰囲気が支配的でした。この状況を、この時代に極端な性に関する抑圧が行なわれていたことを示す証拠として捉えるだけではなく、この状況はおそらくこどもが大人の性的欲望の対象となることから、多少なりともこどもたちを保護するためでもあったと考えることが重要です。

　こどもの性的虐待が最近明らかに増加しているのは、それが社会全体の問題として認識された結果、浮き彫りになってきたからでしょう。社会が性的に開放されればされるほど、大人はこどもにも性的な特質があるという現実を認識し、こどもを保護する義務を負っていきます。しかし、それを果たすことはとても難しいのです。大人の性の営みがいくぶん間違って説明されているということは、前述されたような性に対するこどもっぽい見解に起因し

ているということは明らかです。これらすべての性に関する混乱した考えを強制的に否認したり、常軌を逸したものと考えるのが正常だと思い込むほうがむしろ簡単です。

　しかし、もっと現実的な見方をすれば、そうした考えはこどもの日常生活のなかに存在し、後の生活にもいろいろな形で生きていることが分かります。自分たちが「倒錯的」であると気づくことは、空想することと行動することの間には雲泥の差があるという立場をより強化します。広大なポルノ市場や、出版物や映画のなかにはセックスや暴力が氾濫していますが、そこでは倒錯的性質の存在は否認されていません。それらは夢に描かれていることの残酷な一面です。しかし、大抵の場合、人々の多くは夢、想像、現実を区別する能力をもっています。人は自分自身を認識したり、理解したりすることによって、有害な自分の衝動を否認しすぎることなく、コントロールすることができるようになります（付録写真6）。

　性的虐待の専門職として働くケースワーカーにとって、そうした関係にあからさまに巻き込まれているこどもや青年との仕事は大きな混乱に陥る経験です。法律や社会政策の問題として、こどものケアや保護の改善に取り組む必要性があることは、まさに社会の大きな関心です。現実の虐待や虐待の疑惑、そしてこどもの保護手続きは、それに巻き込まれているこどもに影響を与えるものであり、それを十分に配慮するのはさらに社会的に難しいことなのです。

　一方で、純心さが襲撃されるようなかなり恐ろしいケースを目撃すると、こどもの経験や責任感、混乱に関わる複雑な問題に直面することがよくあります。こどもの安全や、性的暴行からこどもを保護する必要性への一般的な関心は、こどもの純心さという考えとも密接につながっています。こどもの話を聞いた人が性的虐待であろうと思うような性的行動のエピソードを話す時、こどもは決して嘘をつかないものだという主張が強く支持されています。しかし、たとえどんなに単純に考えても、それを支持するのは難しいことです。この主張が成り立つのは、こどもは大人のように何にでもありとあらゆる理由からよく嘘をつくものだという、ごく一般的な知識を見ようとしない

からです。

　このことは論点をあまりに単純化しすぎてもいます。こども自身は真実を語っているつもりかもしれませんが、実際は真実の一部だけを話していたり、ある意味では正しくても（こどもが抱いている気持ちとしては正しくても）外的現実のレベルとしては正しくないことを説明していることもあります。こうした議論が渦巻く領域では、人はこどものことを性のない存在、まだ知識の木▼3の複雑さを味見していないエデンの園の住人と見なしたがるのです。これはこどもの全体像という局面を否認しています。同時に、人はこどものこころが未熟であると思うがゆえに、そのなかでも特別に強い感情が巻き起こされた時に、こどもが自分のこころのなかにあるものと外的現実で起きていることを、明確に信用に足るほど区別するという点において、現実的な問題を抱えているということを考慮できなくなっています。アーサー・ミラー Arthur Miller▼4 の『るつぼ』という戯曲は、こうした勘違いによる疑惑が定着してしまう可能性をうまく説明しています。

　性的虐待の関係に苦しむこどもの心理療法では、こどもたちが痛々しく鮮烈な方法で純心さを奪われたことが判明することが多いものです。これが言葉だけ、もしくはその多くが言葉で伝えられることはなく、むしろ行動パターンを通して伝えられます。それはこどもたちが信用できる、継続中で信頼のおける心理療法の関係性の一部として意味をもっています。

10歳のティムは6歳の時に養子となりました。ティムは娼婦をしていた母親と幼少期を過ごしました。この母親は時にわが

3　旧約聖書の「創世記」に登場してくる生命の木と並ぶエデンの園の中央にあった2本の木のひとつ。この知識の木の実を食べると神と等しい善悪の知識を得るとされ、これを食べることは禁じられていたが、アダムとイブはそれを食べてしまった。善悪の知識を得たふたりは自分たちが裸であることを恥ずかしく思い始め、イチジクの葉で陰部を隠すようになったとされる。その後ふたりはエデンの園から追放された。

4　アーサー・ミラー（1915〜2005），20世紀に活躍した米国の劇作家。『るつぼ』は激しい正義の暴走と人間の尊厳を追求した不朽の名作と言われる。

子の欲求に圧倒されることがありましたが、ティムをとても可愛がっていました。また、この母親はティムをはじめて、そしてもっとも愛した人でした。こどもたちのなかには里親の家庭や公共の施設を転々として過ごす子たちもいます。ティムが2歳の時、母親は新しいパートナーと関係をもつようになりましたが、そのパートナーはとても暴力的であることが分かりました。ティムの弟のひとりはずっと家庭で虐待を受けていたために命を落とし、これを契機にティムは長期の保護を受けることになりました。

　心理療法のなかで、ティムは当初、セラピストと明らかに深く関わることがありませんでしたが、その背後に隠された恐ろしい内的状態を徐々に示しはじめました。盗みや、他児への侵襲的で性的な要素が含まれたいたずら、多くの嘘などの家庭や学校での問題行動のために、養父母はティムの援助を求めることにしました。しかし、養父母がもっと心配していたのは、ティムが対人関係で人を寄せつけないことでした。特に待合室ではっきり見られた、ティムの社交上の魅力にあふれた口のうまい外面と、その背後に隠されたものとのギャップを目の当たりにしたクリニックのスタッフは、間もなく不安を共有することになりました。

　ティムはセッションが始まった直後からセッションの間ずっと、セラピストの仕事をほとんど耐えがたいものにしました。というのは、ティムは生命を脅かすほどのネグレクトや身体的暴力、言葉による虐待的なあざけり、さらに今にも突発しそうな予測不能な世界に生きることがどんな気分かを、セラピストに無理やり知らせるかのようだったからでした。セラピストはティムの身の安全を図るために、その行動に限界設定を設けなければなりませんでしたが、ティムはセラピストを困らせて楽しんでいました。ティムは壁際の戸棚の一番上に上って、下りようとしませんでした。その場所はティムにある意味、安全な避難所となっていましたが、セラピストにとっては注意して見ていなければならない場所でした。戸棚の上は狭い台になっており、上方には2段の窓がありました。同じく問題となったのは、禁止されているこの場所からティムが天

井のタイルに喜々として穴を開けようとすることでした。いったんティムがそこに「身をおく」と、セラピストは目を逸らさないようにしなければなりませんでした。

　ある日、ティムは戸棚の上で言葉とジェスチャーを用いて倒錯的な性交の残忍な情景を演じ始めました。これは非情な世界で、そこでは醜い言葉が使われ、さらに卑猥なショーが行なわれました。セラピストは吐き気を催し、強姦され屈辱を与えられたような気がしました。セラピストはティムが自分にとても醜悪なセックスを見せたこと、そしてティムのこころを占領しているこれらすべての混乱に挑み、それについて語るほうがより役に立つだろうということを伝えました。セラピストがティムを下ろそうとした時、ティムはセラピストがやけになって、そこに一緒に加わろうとしているのだと解釈しました。近くに来るようにというセラピストの誘いを、ティムは自分の誘惑的な身体への興奮にセラピストが屈し、手を出せなくなった証と捉えました。しかし、ティムは自分の感情についてセラピストが言葉にしたことをはっきりと理解することができました。そして、戸棚の上はティムが自分の耐えがたいすべてのことを最終的に放り出せると思った場所でしたが、そこに居座りつづけられる見込みはないと分かり、心理療法に熱心に参加するようになりました。

この時点で、セラピストは自分が決定的な何かを理解したような気がしました。ティムの行動を無理やり見せられることによって、セラピストはティムの境遇に気づきました。ティムは小さな男の子だった頃に娼婦の母親の行動をかなり頻繁に目撃していました。ティムは母親をとても慕っており、目の前で起きていることについても怖いほどの魅惑のなかに引き寄せられるように感じていたに違いありません。それはティムが面接室で立場を逆転させて、再現しようとしたような感じだったのでしょう。戸棚の上でティムが演じていたのは、大人の性的関係を描写したものでした。これはおそらくティムが実際に見聞きしたことと、小さなこどもが自分の身体的感覚に照らして

解釈した性交を組み合わせたものだったのでしょう。

　セラピストにとっての課題は、どうやってティムの関心を引いて、ティムの虐待者／攻撃者という役割を演じる傾向について考えさせるかということでした。さらには、ティムが自分の代わりとしてセラピストに感じさせていた自分のもっと脆弱で困窮した一面についてどのようにして伝えていくか、しかもそれをティムが耐えられる方法でいかに行なうかということでした。ティムは自分を守る唯一の方法は、苦痛を負わせられる犠牲者を見つけることだと確信していました。

　ティムは理解することを通して情緒的苦痛が緩和される経験をしたことがありませんでした。セラピストがティムを苦しめるために解釈を用いているのではなく、ティムは自分の憎悪や疑惑、絶望的な孤独を減らすために語りかけられていることに、長い時間をかけて気づきました。

▶ こどもの残酷な一面

　幼少期が純心であるという見解は、破壊性や残酷さ、貪欲さ、憎悪、怒りがこどもの本質の一部ではなく、他者からの劣悪な対応の反応に他ならないということを暗に意味します。もう少しティムのケースについて取り上げてみると、こどもが自分自身の性格のなかに意地悪な側面に気づくと、不安が生じてきます。ティムのケースにも見られるように、こうした不安が生じると、こどもは内的な安心感を大きく掻き乱す不快な情緒を自分とは関係のないものとしたり、他者のものにしようと試みます。

　これと対照的に、こどもが扱いにくい感情や願望を認識した時に外的なサポートを受け、そうした気持ちを抱くことを拒絶されなければ、こどもは徐々にそれらを自分自身に対するイメージと統合し、欠点も含めすべてありのままの自分に自信をもてるようになるでしょう。「よい」子、それは大勢のこどもたちが、大人が望んでいると思い込んでいる類のこどものことです。もし大人がこどもたちに、「よい」子は嫉妬心や怒り、意地悪、羨望、貪欲さ

などを抱いてはならないという考えや，大人を喜ばすためにはこうした情緒を捨てなければならないという考えを強いるとすれば，大人は危険な馬鹿げた考えを無理矢理に押しつけていることになるのです。それはこどもに人生の現実的困難に対する援助を受けることを，すっかりあきらめさせてしまうような考えなのです。

受け入れがたい行為とその背後にある感情の区別は必須です。これらの感情は注目され，理解されることを求めています。ティムとの心理療法の後半の段階では，ふたつのことを築き上げることができました。ひとつ目は，ティムは自分がなしうる限りもっともひどいものにセラピストが（何とか）耐え抜いたことを知りました。セラピストはティムが急に残酷になることを了解し，それを目の当たりにしながら自分が冷静に考えつづけることがどれほど難しいかということもよく分かるようになりました。ティムは自分が何度もセラピストを限界まで押しやっていることを理解しました。ふたつ目に，ティムは時折，セラピストが話していることが自分を助けようとしているものであり，反撃を意図したものではないことを感じてもいました。

この文脈のなかで，ティムは誰が攻撃者になるのかを整理することができるようになってきました。

あ る日のティムのセッションは，セラピストの忍耐力を試すような一連の反抗的な行動とともに不穏な感じで始まりました。また一方で，とても珍しいことでしたが，ティムが10分遅刻し，そのことで動揺しているようにセラピストは感じました。セラピストはティムがとても緊張しているように見えたことを記録していました。ティムは紙の爆弾を作り，やかましく爆発させ，部屋から走り出し，エレベーターのボタンをいじくり回し，その後，セラピストを脅すためによく使っていたおもちゃのパチンコを作りました。セラピストは，その日の面接室でのティムの爆発的な感情や恐れ，自分がセラピストとの時間を失ってしまったことで感じた絶望に対処するための方法を見つけ出すという問題を，ふたりが抱えていることを伝えました。

ティムは赤のフェルトペンを探して，戸棚の上に上りました。ティムは壁になぐり書きをしました（これは洗って消せるもので許可されていました）。最初，ティムは自分の名前を書き，次に友人の名前リスト，それから補足的にセラピストの名前を付け足しました。ティムはこの行動に夢中になっていました。セラピストはその意味について話しかけました。セラピストは，ティムは自分がボスであるべきだと感じており，リストの一番上に自分の名前を書くことでそれをセラピストに示したかったのだろうということ，さらに，ティムは遅刻してきたので，おそらく今日は自分がこの場を支配していると感じることが特別に重要に思えるのだろうということを，ゆっくりと時間をかけて伝えました。

　その後，セラピストはティムが考えていることについて，自分が思いついた内容を伝えましたが，それはティムが自分自身の名前を大きく赤い文字で書いて見せることによって，自分にあえてそう言わせたのではないかと思い返しました。おそらく小さなティムは随分前に最初の母親から忘れ去られたように感じ，今やセラピストも自分を残して消えてしまうのではないかと恐れていたのでしょう（この時に，ティムの心理療法の終結に想いを巡らせました）。ティムにとって今や友人がとても重要な存在となっており，ティムが心理療法の終わりについて考えているために，友人の名前をそこに書いたのかもしれないとセラピストは呟きました。それともセラピストに会いにこの面接室に来ることのできる他のこどもたちに嫉妬心を抱いているのでしょうか。この子たちにティムは自分が一番だということを知らしめたいのかもしれません。

　ティムは大きな文字で「くそっ」と「ちぇっ」と書きました。そしてセラピストは，ティムは自分のややうんざりとする一面をセラピストが排除したがっているのかもしれないと心配しているのではないかと応じました。ティムがとても悪く振る舞うことで，セラピストが自分のことを嫌いになれるようにしているのだろうかとも考えました。

　セッションの終わりのほうで，心理療法の終結の予定にまつわるティムの複雑な感情についてかなりたくさん話すと，ティムは戸棚の上から

下り、濡れ雑巾を取って、洗剤を持ってきてくれるよう頼み、壁を掃除し始めました。ティムはかなり徹底した掃除をして、部屋を出る前に水が飲みたいと言い、土曜日にはアイススケートに行くという計画を親しげに話しました。ティムがはじめて人生を前向きに進んでいく普通の少年に見えました。

この記述は、こどもが自分の怒りや嫉妬心といった感情に責任をもち、そしていったん傷つけ台無しにしてから、元に戻そうとする欲求を抱き始めた様子を描き出しています。ティムは今までにないほど落ち着きました。最初の頃、ティムは自分が無理やり強要しない限り、セラピストが何も与えてくれないと信じ込んでいました。しかし逆に、セラピストが自分に新鮮でおいしい水などの飲み物、つまりよいものをすぐに与えてくれると感じるようになったことが重要です。

ティムは基本的には虐待の関係性モデル、つまりこの時点で虐待者の役割と強く同一化していましたが、幼児期に経験した苦しみを再び味わうようなことには決してなるまいと、決心していたことは疑いのないことでした。ここに提示されたケースの記録のなかで、ティムは内的な情緒の痛み（その痛みは、喪失、ティムが経験してきたこと、自分の欠点を知ること、他人にあえて行なったひどいいたずらへの罪悪感に関連していました）に直面し、それに耐えるという新たな選択をしたのを見ることができました。ティムの幼少期の純心さは恐ろしい方法で破壊されていましたが、新たに獲得されたティム自身の気づきはティムの情緒の成長にとって重要な第一歩となりました。もちろん、ティムに与えられた傷跡は残ります。おそらく、これらの問題に関する事実のワークスルー[5]は、ティムが生涯にわたり苦労して進めつづ

---

5 精神分析過程において行なわれるものであり、この作業を通して治療者が与える解釈を患者は知的理解に留まることなく、情緒的、体験的に理解していく。ここではティムが幼少期に自分の身に起きたことやそのことによって自分が受けた影響などを真の意味で理解することを指す。

けなければならないものになるでしょう。

　このケースは極端なものです。ティムの早期の経験はティムにひどい傷を負わせましたが、ティムの情緒的生活の構造は、これほど悲惨でも、あからさまでもないやり方のなかで育っている場合の、もっと恵まれた環境のなかにいるこどもにも当てはまることを際立たせています。

▶ **純心と経験**

　ブレイクの有名な詩集、『無垢と経験の歌』には成長の基本となる経験のふたつの極を捉えた有名なふたつの詩があります。ひとつ目は、「子羊」▼6のなかのこどもの純心さをブレイクが描いたものです。

　　子羊よ、だれがおまえをつくったの。
　　だれがおまえをつくったか知っているの。
　　おまえに生命(いのち)を与え、川のそばや、
　　牧場で、おまえに草を食べさせ、
　　喜びの着物、ふわふわして輝く
　　いちばん柔らかな着物を与え、
　　どの谷間をも喜びで満たす、
　　そんなにやさしい声をおまえにくれた方を。
　　子羊よ、だれがおまえをつくったの。
　　だれがおまえをつくったか知っているの。
　　（以下省略）

　この詩はしばしばこどもの賛美歌として歌われます。対照的に、「虎」と

　6　『対訳ブレイク詩集』（松島正一＝編（2004）岩波文庫）の訳を用いた。

いう対応する詩があります。

　　虎よ，虎よ，輝き燃える
　　夜の森の中で，
　　いかなる不滅の手，あるいは眼が
　　汝(なんじ)の恐ろしい均斉を形作り得たのか。

　　いかなる遠い深海か大空で
　　汝の眼の火は燃えていたのか。
　　いかなる翼にのって彼は高く上がろうとしたのか，
　　いかなる手でその火をとらえようとしたのか。

　　いかなる肩，いかなる枝が
　　汝の心臓の筋を捩(ね)じり得たのか。
　　そして汝の心臓が鼓動を始めた時，
　　いかなる恐ろしい手が，いかなる恐ろしい足が。

　　星達がその槍(やり)を投げ下ろし，その涙で天をぬらした時，
　　彼はおのれの作品を見て微笑したか。
　　子羊をつくった彼が汝をもつくったのか。

　この詩の引用は，人々がもつ分裂や分割されていても潜在的には関係し合っているこどもの捉え方，つまり現実のこどもと，こころに描くこどものふたつの捉え方に基づいていることを示唆しています。子羊は，プレエディパルなこども，エデンの園のこども，そして神の創造物であり，人間の性質（愛想よく，愛らしく，栄養十分で，心地よい）をもったプレセクシュアルな存在という捉え方，つまり「よい」こどものことを表わしています。他者や自分の経験は，宇宙と過度に調和した状態に何か「恐ろしい」ものを招き入れます。これは自分たちの破壊性や創造的な能力，「夜の森」のなかに見出さ

れる激しい性に急激に気づき始め，それを意識し始めることから生じています。母の腕に抱かれた平和な時や，赤ちゃん用のベッドで眠っている時，赤ちゃんは子羊のように見えます。しかし，食べ物を求めて泣いたり，疝痛にもがいていたり，心地よさを提供されてもそれを怒って拒絶している時，赤ちゃんは虎のようにも見えます。世界や自分たちについての知識を信頼できるものとするためには，純心なままでいることはできず，性や力，暴力，破壊性の出現を許さなければならないのです。

第4章
成長のプロセス

▶ はじめに

　人はひとつの細胞として存在する瞬間から最期に息絶えるまで，絶え間ない生物学的変化の過程のなかにいます。人は寿命の4分の1以上の時間をかけて身体の成長を遂げます。そうした成長は，人が好むと好まざるとにかかわらず，強い遺伝的要素の下であらかじめ決められた経路を辿って展開します。

　一方，少なくとも人の情緒の成長はさまざまな経路を辿り，個人的な影響を大きく受けると考えられています。情緒の成長はうまくいけばさらなる人間的発達につながりますが，阻害されるとその後の情緒の発達が抑制されます。そして，心的発達の大まかな方向性があらかじめ決まっているにもかかわらず，情緒の成熟の仕方やその到達点は多岐にわたり，整理しづらいものです。たとえば一卵性の双子には顕著な類似点が見られますが，同じくらい顕著に，多くの差異も認められます。つまり，双子はかなり異なった**人物**になるのです。こどもや青年の間は，情緒の発達と身体の発達は相互に影響し合いながら進みます。情緒の発達は生涯続いていきますが，その一方で，身体の発達は成人期の思ったより早い段階から何らかの形で衰え始めます。

　身体の発達は神経学的能力の増大や認知，記憶，知能などの向上によって，こころの発達に直接的な影響を及ぼします。さまざまな側面において，身体は人にとって多くの意味に満ちた存在であり，自分についての感じ方も変化させます。時にはこうした「身体の意味すること」が生物学的現実と一致することもありますが，往々にして想像の産物であったり，自分たちの文化的，

個人的な根拠のない神話のようなものであったりすることのほうが明らかに多いのです。人間はある決まった身長や体力をもち，自分の好みの，もしくは嫌いな容貌をしていたり，独自の声を発したりしますが，これらすべてが自分のアイデンティティ，つまり自分が一体何者なのかという感覚の一部を形成します。

　身体の発達過程で生じる変化は，人は自分が何者になっていくのかという考えの素材となります。多くのこどもにとって，思春期の経験は素晴らしいものです。女の子が自分の胸が発達していくのにはじめて気づく時に満足感を抱くことができるのは，それは自分が本当に女性になりつつある証拠だからです。もしかすると，それは以前であれば実現不能な夢と感じていたかもしれないことです。しかし，不安がとても大きい場合には，身体はもっと混乱した考えを掻き立てる源泉ともなります。

　ある男性患者は自分の陰毛にはじめて気づいた時，どんなに恐怖を感じたか，何かとても恐ろしいことが自分に起きるのではないかというプレッシャーに打ちのめされそうだったかを説明しました。その患者は，なぜ自分がそこまで動揺したのかも分からなかったのですが，自分が気味悪い憎むべきものに変わりつつあると感じたのです。

　性的能力をもつ男性になると考えることは，この青年にとって明らかにとても憂うつなことでした。この患者は自分がこどもでいる限り，この望ましくない侵入的なイメージから逃れられるはずだと信じていました。患者はそれが何であろうと，この怪物のような邪魔ものは男性のものであり，自分の一部ではないと自分に言い聞かせました。これは極端な例ですが，こどもたちは皆，成長にともなう身体的変化に，ある居心地の悪さを経験するのです。

　赤ちゃんの世界への関わりは，最初はもっとも近い関係にある家族，特に母親やその周りにいる人々へのとても強い愛着に限定されます。好奇心や欲望を掻き立てる価値のあるものすべては，あたかも母親や父親のなか，またはその周りに存在しているような感じです。赤ちゃんには，母親や母親に近

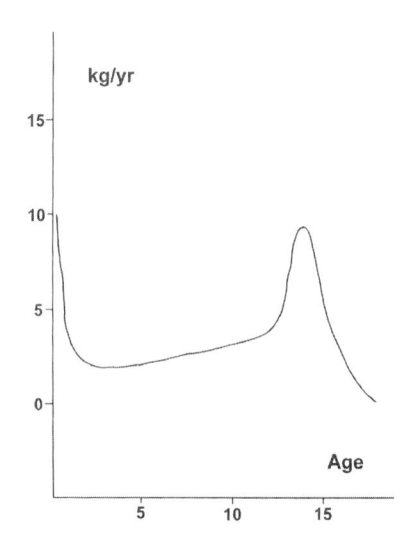

図4 この体重の増加量速度曲線は男子の16歳までの体重増加量を示しています。女子のグラフも青年期での急成長は類似しています。この成長のステップは，青年たちが集団という設定のなかで，さらに学ぶことのできる時間を与えています。

いものとの愛情から，より広い世界への最初の移行や世界にうまく対処したり，学習したりする能力の発達の基礎が作られるのです。

　成長には，最初は他者に依存していたことに徐々に自分ひとりで対処できるようになる過程がともないます。この過程はかなり早い時期から始まります。たとえば，母親は，夜に赤ちゃんを寝かせる時に，多少はぐずっても，数分ならひとりにしても大丈夫ということを知っているでしょう。母親は，少なくとも短時間であれば，赤ちゃんが自分自身をあやすことのできる生得的能力を探すことができるようになったことに気づいています。このような細やかな発達のなかに，人は情緒の成長の始まりを見ることができます。赤ちゃんには自然に母親の行動といつも関わることができる能力があると考えられています。赤ちゃんは自分のなかにあるよい母親の記憶や，過去の経験を見つけることができるのです。

もし赤ちゃんがぐずっているとすれば，こうした対処可能な状態が壊れているのかもしれません。そうなると，赤ちゃんは自分のなかの，あやしてくれる母親の記憶を思い出すことができず，壊れやすく迫害された，または怒り狂った状態になってしまいます。そのような場合，赤ちゃんは現実の母親に自分を回復してもらわなければなりません。こうした相互作用は日に何十回となく起こります。次第にこどもの能力は発達し，もっと安定した内的世界が育ち，最終的には傷つきやすい感情をいたわり，その感情に対処できる能力が備わってきます。

　2歳のある幼い少女は，はじめて長い期間，両親と離れた状況に対処しようと闘っていました。少女は3日目の午前中の大部分を，クマを抱えて窓の外を眺め，通りに両親を探して過ごしました。少女はどんどんこころもとない感じになり，どこか具合も悪い気がしてきました。その時，ベッドに行ったほうがよいと言われてほっとしました。少女がクマを引きずりながら階段を上っていく時には，「かわいそうなクマちゃん。とても気分が悪いのね。かわいそうな，かわいそうなクマちゃん」とクマを慰める声が聞こえました。

　その幼い少女はクマのぬいぐるみを自分の哀れで悲しい部分として扱っていました。さらには，大きなストレスがかかった時，少女は母親が不在でも，自分を優しく思いやり深くなれるクマの母親と捉えることができました。少女はストレスに対処するために有用な内的能力をある程度備えていました。そして，いずれ大人になった時には，自分や自分の赤ちゃんを十分に世話するために，これを利用できるようになるのでしょう（付録写真7）。
　成長することの重要な一面は，徐々に依存状態を手放しながら，それに対処する能力を獲得し，それを育てていく過程です。恵まれた環境の下では，身体の成長の過程がさらに重要な身体的，心的能力へとつながり，これらの心的発達を補っていきます。母親やその世界への赤ちゃんの情熱的な関わりはより拡大していき，自分の思い通りにはならない世界との関わりへと展開

します。そこでは新たな人々、親戚、他のこども、先生、学校との関係や、遊び、物との関わりの学習を通して、おもちゃや物にあふれた現実世界との関係が生まれます。

それは常に相反する方向からの綱引きとなります。ひとつは外に対して、さらに外へ、上へと広がっていきたいという方向性（発達を推し進めるもの）であり、もうひとつは依存という安全地帯へ退却したいという方向性です。発達に向かったり戻ったりするのは、本質的には小さな赤ちゃんが事態を制御できなくなった時に、母親に泣き崩れたり、懇願したりする状況と同じことの繰り返しなのです。心理療法ではこれは重要な節目となる出来事です。

ジェドという10歳の少年は、ネグレクトと身体的虐待のために2歳半で施設に入れられました。住む場所は何度か変わりましたが、養子縁組はうまくいかず、現在は長期養育里親[1]の下で暮らしていました。ジェドにはまだ遺糞があり、学校の勉強もできず、学校側もジェドのことはほとんどあきらめかけていました。これまでの人生は不幸な出来事ばかりであったにもかかわらず、ジェドはセラピストとようやくよい関係を結ぶことができるようになりました。ジェドの心理療法は困難で、労力を要するものでしたが、しばらくすると落ち着いてきました。

ジェドのお気に入りのプレイは、セラピストの椅子の下で家を作ることで、毛布や小さな机を使ってテントのようなものを次々と作っていきました。ジェドのきわめて中心的な素材となっていたこのプレイのなかで、ジェドはセラピストとの関係性を通して、失った母親を見つけようとしていることを伝えているように見えました。ジェドは自分が母親の近くにいるような、母親のなかに戻ることを想像していたに違いありませんでした。

ジェドはセラピストの長期の休みに、セラピストがどこにいるのかを

1　親の育児放棄などの事情のあるこどもを親に代わって1年以上養育する里親のことを指す。

想像することができず，とても動揺しました。これはジェドが苦しんでいたあらゆる喪失を象徴しているかのようでした。セラピストは「部屋は恐ろしい苦痛の感覚に満ち，それはまるで耐えがたいもののようだった」と報告しました。

　数分後，ジェドは回復したようで，洗面器に水を入れ，そのなかに頭を突っ込んで顔を水で濡らし，「気持ちいい。このなかにとても入ってみたかったんだ，水のなかだよ」と言いました。ジェドは「花も水を飲みたいみたいだね」と言いながら，容器のなかの水を窓にもっていきました。ジェドはセラピストに「見て。窓のところに来て。花が水を飲みたがっているんだよ。ねえ，見に来て」と言いながら，外の草花に水を注ぎました。セラピストが窓のところへ行くと，ジェドは草花のなかのデイジーを指さして「デイジーが水を飲みたがっているんだ」と言いました。ジェドは外に見える小鳥や犬たちを眺めていました。

　これはジェドの心理療法，そして発達の転回点でした。ジェドは以前，文字を読むことができませんでしたが，ようやく動物に関するものを読むようになり，バードウォッチングに興味を示すようになりました。そして自分の出生について関心をもち，自分の母親についても尋ねるようになりました。学校側もジェドが危機を脱し，ほとんどはじめて学習し始め，発達していると考えるようになりました。

　このケースは早期に大きな心的外傷を受けた少年がその後の成長で経験した苦闘を示していますが，これはすべてのこどもたちの内側にある緊張をも描き出しています。一方で，こどもは幼く依存したままでいたい思いにも引き寄せられます。それは常に何の責任もなく，世話をされ，面倒を見てほしいという憧れとして経験されることが多いのです。この退行的方向へ引き寄せられる感じは，ジェドのようにひきこもり，成長を阻まれ，絶望的で自制の効かない赤ちゃんのままでいることを強制されているかのように感じられる場合もあります。もう一方で，こどもは世界や世界のなかに存在するすべてのものの探索へと引き寄せられます。実際に，こうした世界に対して抱く

本能的欲望は，母親や母親のなかにあるものすべてを自分のものにしたい，知りたいという，より早期の願望と関連しています。

▶ カッコーのひな

　人生早期の満足を断念し（早期の支配から解き放たれていくこと），そして新たな関心へと移行していく過程は，人が発達する過程で自分をどのような人間と感じるかという問題を生じさせます。クマのぬいぐるみを慰めることのできた小さな女の子は，気分が悪く哀れな自分の小さな母親となりました。ジェドは植物に栄養を与え，成長を助けることのできる存在としてアイデンティティを見出していました。ジェドは自分のなかに，飢えに苦しみ，発育を阻害された自分への愛情と思いやりを見つけました。

　これらの同一化の過程は大人のアイデンティティを獲得していく上での早期の段階を表わしています。なぜなら成長には自分たちの面倒を見てくれる大人としての機能を徐々に獲得し，引き継いでいくことが含まれるからです。人はさまざまな理由で自分と別の人間のようになりたいと願います。その理由のひとつは，人が自分本来のやり方で他者との関係を築きたいという欲求を手放す際に経験せざるをえない喪失や分離に立ち向かうためなのです。大人になる過程で生じる同一化の安定性には個人差があります。ジェドと小さな女の子の両方のケースでは，ふたりと密接に関与した人たちは，望み通りに面倒を見てもらえなかったこどもたちの苦痛を感じることができました。ふたりは喪失に直面し，実際に奮闘するなかで新たな能力を獲得しました。ふたりにとっての成長は苦痛をともなう課題でした。これほど極端ではないにしても，このようなことはすべてのこどもたちにとって避けられず，必然的に生じるのです。それはジェドほどの困難に直面していないこどもの場合にも同じです。現実に成長することには，必然的にある程度の苦痛がともなうのです。

　しかしながら，時に大人になることには実体がなく，成長には親からの心

理的分離を遂げるための闘いが必然的に含まれるという事実を避けようとする試みが行なわれることもあります。このように成長することは，現実味に乏しく見せかけだけのものになったり，あるいは親の靴や服を身に着けるだけのふざけたお遊びのように見当違いなものになったりします。

特に青年期には，アイデンティティの探求が両親への反抗を招くこともあります。信頼は権力や残酷さ，苦痛や苦悩に屈しないことを美化する人物に置かれます。こどもは愛情剥奪や虐待に対処するためにこうした方向へと進むことも多く，その実例となるような情緒不安定な大人が側にいる場合もあります。力強いと見なされるこの種のアイデンティティはいじめや暴君的な行動，犯罪につながることもあります。こうした大人たちは大抵，青年たちが予想しているよりさらに不安定です。

単なる見せかけでない発達や成長への闘いは生涯にわたって続きます。しかし，こどもの時には身体の成長が実にすさまじく，発達や成長への闘いが強引に急かされるため，その速度はかなりのスピードになります。青年期はその過程が特に顕著です。11，12歳のこどもの外見の多くは10年前と比べ，大きくなっただけですが，同じこどもでも10年後はまったく別人のようになるのです。それでもなお類似点や相似性も認められますが，一般的には相違点のほうがはるかに多く認められます。12歳のこどもであれば，両親なしに自立して生き延びることができるかもしれません。ウィリアム・ピット・ザ・ヤンガー William Pit the Younger は22歳で一度大蔵大臣を務め，2年後には首相となったのです。

青年はこの数年間で，身体とこころの大きな変化に適応しなければなりません。この時期には性的成熟，身長，体格，腕力，外見，声，こどもをもつことのできる生物学的能力などの身体的変化を遂げます。これに従って，家族以外の人とも親密になったり，性的関係をもったり，親に依存する度合い

2　ウィリアム・ピット・ザ・ヤンガー（1759〜1805），英国の元首相のチャタム伯ウィリアム・ピット（大ピット）の息子で小ピットの愛称で知られる。14歳でケンブリッジ大学に入学し，24歳で首相となった。

が減り，物理的にも家族から離れていったりするという社会的，心理的課題も出てきます。先進的社会では，いくつもの試験への挑戦が大人の世界への入場許可証として待ち受けており，それらが多くの若者の障害となることもあります。ここに挙げたものがすべてを網羅しているわけではありませんが，少なくともこれらの変化が及ばない人生の領域はないということを伝えています。そこには革命の時と同じく，ひとたび一掃された古い秩序の感覚が遺されるのです。多くの親は自分たちの「すばらしい」こどもに一体何が起こったのか不思議で仕方ないと口々に言います。素敵なこどもは消え，代わりにカッコーのひな，つまり喧嘩腰で反発ばかりするティーンエイジャーが，突如出現したかのように見えるのです。

　青年はしばしば大人に向かうスピードを加速せよというプレッシャーが増していくのを感じています。それは聖パウロが観察したように「こどもっぽいものを捨てるべし」というものです。これは成長するためには健全で必要不可欠な部分でもありますが，突然自分を取り巻いていたすべてのものを放棄させられることで，しばしば新たに見出された自律性が揺らぐこともあります。これは葛藤のもう一方の側面，つまり永遠にこどものままでいたいという方向に引き寄せられることに囚われまいとする手段です。しかし，表現された形式がまったく逆のように見えても，基本的には同じことです。この時，成長することはある種の変身というスタイルで表現され，少年少女から大人の様相へと一夜でその変化が起きることもあります。着飾ってパーティーに出かける若者は繭から出てくる美しい蛾や蝶を思い出させます。それとは対照的に，カフカの有名な作品では[3]，ある若者が朝，寝室で目覚めると，忌まわしい昆虫に変身していることに気づきます。この小説はその青年の死によって結末を迎えます。しかし，10代のこどもたちの寝室がまさに

3　フランツ・カフカ（1883〜1924），20世紀の文学を代表すると言われるチェコ出身ユダヤ人の作家。作品には不安や孤独をテーマとしたものが多い。ここで取り上げられている小説『変身』は，ある朝目覚めると巨大な虫になっていた青年と家族の物語である。

昆虫の巣穴のようになっても，状況はさしてひどいものにはなりません。おそらくカフカは不安に満ち，病気だったために思春期をこのような形で想像したのでしょう。

　もちろん，大抵の青年にとってこれらの変化は恐ろしいものではありません。しかし，こうした葛藤はすべての青年に共通するものです。青年は成長によって否応なしに新たな力を手に入れ，かなり意欲的に成長を受け入れます。しかし，青年は早期の願望や自分たちを満足させる未熟な手段の数々を決して断念しようとはせず，この世界と相容れない願望を今後も永遠に抱きつづけるのです。成長によってこうした青年たちのなかの核が消えることはないのです。

　これらの新たな力が脅威や不安の原因となることもあります。なぜなら，これらはもっとも危険な願望，つまり性的で暴力的なものを満足させることもあるからです。もし小さな男の子が癇癪を起こして怒り，殺意を抱いたとしても，それを実行するには小さすぎ，認知能力も足りません。しかし，6フィート[4]の14歳が激怒すれば，その青年は誰も自分を止められないと思うかもしれず，そう思うことで興奮してしまうだけでなく，恐怖も感じるでしょう。これらの極端な緊張感ゆえに青年の行動の多くはとても奇妙で矛盾に満ちたものと見なされるものになりますが，この緊張感にはかなり迅速に対処しなければなりません。気分はかなり不安定であり，楽観したかと思うと，すぐに落ち込んだりすることもあります。

　この新たな世界への成長過程には喪の過程[5]と共通するものがあります。喪の過程では亡くなった人のありとあらゆる側面と直面し，それらを体験します。この体験は苦悶を引き起こし，その結果として喪失感が生じることになります。喪失と向き合うことで徐々に苦痛は薄れ，亡くなった人との関係性

4　約180センチメートル。

5　愛する対象を喪失した際の心的過程を示す。フロイトはその対象から離脱していく過程を進めることを「喪の作業」としたが，その過程の詳細については記述しなかった。喪の過程については，ボウルビイが無感覚→否認・抗議→諦め・絶望→離脱・新しい対象の発見／再建と進展していると記述している。

はこれまでとは別の種類の内的関係に変わっていきます。その結果，喪の作業を行なう人は故人との関係を通して，故人のよい部分によって自分が前よりも強くなり支えられているという気持ちを抱きます。この機会に新たな世界をしっかり掴むと同時に，古い世界を手放さなければなりません。しかし，変化の過程はかなり容赦なく，ひとつの「アイデンティティ」が見つかるとすぐに，それはまた別のアイデンティティに置き換わらなければなりません。

　変化は恒常的な要素であり，おそらく多くの若者たちがローラーブレードやBMXバイク，スノーボードなどのスポーツに感じる魅力の背後に潜んでいます。これらのスポーツには安定した状態を維持することだけでなく，すばやく華麗な動きを完璧に行なうことから得られる途方もない安心と満足があるのです。

　アフメトは18歳の若者ですが，極度な不安状態に陥っているという理由で援助を求めてきました。アフメトにはめまいの発作がありましたが，もっとも恐れていたのは，自分がガールフレンドをひどく傷つけてしまうのではないかという考えや，自分をコントロールできるのは自分だけであるという考えに突然に襲われて，気が狂いそうになることでした。アフメトは母親に対して性的なことを考えており，そのことでも同じように混乱していました。これらの症状はアフメトがAレベルを取得した後，ギャップイヤー[6]に向けての計画を立てている時や勉強中に生じていました。

　アフメトの問題の原因は，将来家を出ることに関係しているようでしたが，主な不安の源泉は，アフメトが父親との関係を再構築しようと努めていたことにあると考えられました。アフメトは，小さい時に両親が別居してから，父親とはほとんど連絡をとっていませんでした。アフメ

6　英国で1990年代から始まった制度で，ボランティアや職業体験，旅行などを通じて社会的な見解を広げることを目的として，大学への入学が決まった学生が高校卒業後，1年ほど入学を延期することである。

トは父親にとてもなついていたのを覚えており，父親が訪ねてくる予定の時に，遅れたり来なかったりした際，自分がどんな様子で何時間も窓辺で待っていたかを，辛い気持ちとともに思い出しました。アフメトは，父親が頼りにならないことで辛い思いをするくらいなら，自分には父親は必要ないのだとこころに決め，少なからず父親に背を向けたようでした。

アフメトは17歳になった時に父親と改めて連絡をとり，海外に住む父親のかたわらで英語を教えながらギャップイヤーを過ごす計画を立てました。アフメトはＡレベルの受験勉強をうまくこなしていましたが，ギャップイヤーが近づいてくると徐々に混乱し始め，最後には精神的に落ち込んでしまい，その計画を延期せざるをえなくなりました。

アフメトのこの破綻を発症させたのは，押し寄せてくる父親への感情の高まりでした。それというのも，アフメトは本当は父親がいないのを寂しく思い，父親をとても必要としていたことを認めざるをえなかったためです。この混乱した感情が高まるなかで，アフメトは自分が小さな男の子なのか，青年なのか分からなくなりました。失見当識の感覚を反映するかのように，アフメトのめまいの初発症状はベッドの脚が上がり，自分が逆さまにされたような感じでした。小さな男の子が父親など必要ないと決めて拒絶した不安は，アフメトが大人の男性になるための第一歩を阻みました。かなりの心理療法の援助を受け，その不安は徐々に影を潜め，アフメトは父親との新たな関係を展開して，前向きに生活していくことができるようになりました。

▶ **青年期への持ち越し**

アフメトの場合，幼少期の喪失に関する問題の解決は青年期まで持ち越されていました。青年期の発達の局面が後の人生に持ち越されることは珍しいことではありません。

ステファンはとても才能にあふれる男性でしたが、女性との関係が長続きしないという理由で、40代の時に援助を求めてやって来ました。ステファンはこどもの頃、両親との関係に問題を抱えており、まったく落ち着かない日々を過ごしました。ステファンの両親は大家族のなかでうまく関係を築くことができず、しばしば感情を爆発させるなどといった問題を抱えていました。ステファンは青年期には両親と離れ、ユダヤ系という出自を完全に切り離し、地元のアイルランド人コミュニティに属することで、大人としてのアイデンティティを見出しました。ステファンは親からの分離の問題だけでなく、親としての特性を自分自身の親から獲得しなければならないという問題にも対処することなく、両親とはまったく別のアイデンティティを取り入れました。それによってステファンは両親の支配から自由になった気がしました。

　こうした問題の解決でよく起きることですが、現実にはステファンは決して幼少期の不安から逃れられたわけではありませんでした。不安は未解決のまま残り、ステファンの女性関係に影響を及ぼしつづけました。ステファンは相手の女性ががんに侵されているのではないか、さもなければ他の病気に侵されているのではないかという不安が高じて、しばしば女性との関係に突然終わりを告げることがありました。

　心理療法の経過におけるステファンの不安の多くは関係をもつことについてのものでしたが、ステファンはあるひとりの女性に出会い、結婚を考えました。故郷への旅の道中、ステファンは昔自分がいた溜まり場のひとつへ女友だちを連れていきました。パブでは青年時代に流行った古いアイルランドの民謡をふたりで歌いました。ステファンは古い歌がいまだに好きでしたが、ひどく悲しくなりました。それは現実と異なるアイルランド人の若者というアイデンティティを自分が作り出していることで、不誠実な行動をしていると実感したからでした。ステファンのルーツは借り物だったのです。

　ステファンは思春期になり、発達を前進させようとする力によって自立に向かう段階に達しても、徐々に両親や幼少期からの分離をワークスルーする

ことも、うまく対処することもできませんでした。その代わりに、ステファンはなおいっそう自分を切り離し、英国からの自由を勝ち取るために戦ったアイルランドの戦士というまったく別の世界に参加することで安心感を得ていました。それは一時的な居場所となり、ステファンは大学に進学して弁護士の資格を得ました。真の成熟は達成されないままでした。ステファンが援助を受けなければならなかったのは、こころのなかにいる「おびえた小さな男の子の自分」との関係を再構築することで達成される青年期の課題と、不安や両親と闘うという課題を完了するためでした。その後、ステファンはより男性や父親、夫としての自らのアイデンティティを獲得できたと感じるようになりました。

青年期の成長段階は、自信や自立と、あふれ出る欲求への恐れとが瞬時に入れ替わる流動性を特徴とします。こうした時に、両親に目を向けてしまうと、めばえ始めた自立心を蝕まれるような感じがすることがあります。友人やより広い仲間集団を利用することがその代替手段となりますが、これらの友情においては乳幼児的特徴が許容されることもあります。つまり、それは隠し事なしにとても親しく、「いつも一緒にいる」感じで、延々と続く電話での終わらない会話のようなものです。これらすべての特徴は両親との関係性にまつわる、手放しがたく必須でもある何かを呼び覚まします。しかし、むしろ共通して見られる特徴は大人を見下すという共有された感覚です。見下すという方法によって、あまりにも自分を攻撃して弱らせてくるような劣等感をかわすことができるのです。

▶ 友情と非行集団

より広い社会的集団は一時的な別の世界を与えてくれることがあります。大人の視点から見ると、これらのなかには援助的で良質のものもあります。その一方、非行集団まがいのものや、力や権力、冷淡さなどの感情を強化しようと狙っているものもあります。それらは、傷つきやすさ、絶望感や自暴

自棄という個人的感情を抱かずに済むようにするための集団的手段であり、しばしば異なる目的が混在しています。たとえば、環境保護活動はかなりの数の若者（もちろん、若者だけではありませんが）を惹きつけています。これは主として地球（母親）を思いやりたいという健全な証ですが、怠慢で地球を汚染する大人への侮蔑がわずかながら含まれています。そして、過去から現在にわたっている両親への罪悪感から生じる重荷を軽減する手段でもあるのです。

しかし、過激な環境問題の活動家や動物擁護の活動家のように、自分たちが破壊に不満を抱いているのにもかかわらず、破壊的な行動を行なう人もいます。これらの活動は自分たちの破壊的感情にいかに対処するかという方法を見つける手段というよりも、むしろ自分たちの破壊的側面の正当化にすぎません。こうした集団は大人にとって不快なものですが、若者たちが十分に成熟し、やがて集団からの支援をそれほど必要としなくなれば、社会に「戻る」ことのできる足掛かりとなります。その一方、他の集団には避けたくなるような、より極端な感情や剥奪を経験しながらも健全な発達に向かう道筋を提供されることなく、むしろいったんその組織に入ると脱け出せないような極端な政治団体に引っ張り込まれる若者もいます。

社会的集団は、青年期に現われてくる死の恐怖などのより難しい問題を避けるための手段として利用されることもあります。自らの傷つきやすさや死という宿命についての不安を否認した状態では、危険で集団的な活動に深く関与して、死をものともしない青年もいます。青年たちは危険な乗り方でオートバイを運転したり、「危険を楽しむような無謀な車の運転」をします。死を理想化したポップスグループに忠誠を誓う青年もいます。死に対する考えは幼少期から何らかの形で存在していますが、青年期のかなり多くの体験と同じように、青年たちにとって死はもっと大きな現実感をともなっています。青年たちは死に対する恐怖心を自覚することで抑うつ感を抱きます。そして青年たちは自分たちが死や抑うつ感に、より直接的にさらされている気がしているのです。

ある13歳の男の子は父親の死後2年が経ち、夜が訪れると自分は朝まで生きてはいないのではないかという恐怖に囚われるようになりました。その男の子の、自分が死んでしまうのではないかという恐怖は父親の死と混同され、この出来事によって決してその恐怖から逃れられなくなりました。

▶ 両親の重要な役割

　成長しようとする時、人は助けを必要とします。小さな赤ちゃんは眠りにつくのにも全幅の信頼をおく母親に依存しているので、赤ちゃんが不安に飲み込まれてしまった場合に、赤ちゃんを救うのは母親の役目です。母親は赤ちゃんを励まし支援し、赤ちゃんが自分で能力を発見するために多少なりとも後押しすることもあります。こうした助けは年齢や能力に応じたものであれば、すべてのこどもと青年に必要です。青年が自らの限界や直面しているものの実体を把握していない時や、同一化を試みても結果的に十分に自分自身の面倒を見ることができない時、青年には支持的もしくは毅然と介入すべきタイミングを理解している大人が必要です。大人がこの役割を担うには、かなり大きなプレッシャーにもちこたえなければなりません。
　青年は自分を圧倒するような極度の感情と格闘している時、自分たちの面倒を見てくれる人たちの力や忍耐力を試しながら、不安でたまらない状態にさせることがあります。両親や教師が懸命にこのプレッシャーに持ちこたえることができれば、多くの場合、青年は責任の自覚を受け入れられるようになります。こうした情緒的なミサイルが十分にねらいを定めると、青年は自分が排除しようとしている感情を大人に抱えさせることができるのです。これらはしばしば力不足や不十分であるという感情と似ています。時々、青年が学業不振で悩んでいる場合、宿題を手伝おうという申し出が言い争いの場となり、そこでは大人は愚かに見えたり、感じられたりする状態に置かれるのです。前述したように、青年が優越感を感じる場合、しばしばそれをかな

り個人的なものだと感じることがあります。

　情緒の成長はさらなる成長を促します。しかし，分離や成長にまつわる過去の問題が触れられないまま残されていると，その後に問題となり，それはさらに困難なものとなります。つまり，それ以前の発達課題がうまく達成されていれば，後の発達課題はすでに半分は完了したようなものです。その一方，以前の課題に失敗していると，後にやらなければならないことが増えるのは当然です。たとえば，夜，まだ自分のベッドで眠れない男の子が，後に学校恐怖症に陥ってしまうといったことです。そして，以前の発達上の失敗が原因で社会的かつ心理的な援助をもっとも必要としている青年たちこそ，もっとも援助を受けがたいところにいるのです。

▶ 逆境での個人の成長

　幸運なことに，成長や発達の能力は環境が提供するものにのみ依拠しているわけではありません。ほんのわずかなものから最大限のものを引き出す能力のあるこどももいます。この能力に助けられて，相当な発達上の問題を克服できるこどもたちもいます。前述したジェドのケースはほぼ確実にこのようなケースに相当します。ジェドには援助が必要でしたが，それだけではなくジェドには援助に応える力や恐ろしい幼少期の喪失から回復する能力も必要でした。

　もうひとつは随分前のケースですが，その男の子はかなり情緒不安定な両親に育てられていました。事実上，両親はその男の子を軟禁し，無理やり女の子の格好をさせていました。男の子はとても賢く，両親は家庭教師をつけました。その家庭教師は男の子の苦境を知り，才能を理解しました。そして，何とか男の子を助け，大学の奨学金を取らせました。一度うまく進み出すと，その男の子は学問で成功を収め，幸せな結婚をし，ふたりの優秀な息子たちの父親となりました。息子た

ちは美術史で才能を発揮し，政治的抑圧の強い政権の下で研究を続けるために奮闘し，芸術家に関する特別な研究を行ないました。息子たちの研究は自分たちの関心に沿ったものでしたが，奇妙なことに父親が直面しなければならなかった状況に触発されて行なわれたものでした。

　成長は身体の成熟とともに停止するわけではなく，生涯にわたって成長しつづけることが可能です。成長についてより注目すべきことのひとつは，過度に妨害されていなければ，人にはそれまでに達成されずに残されているものを処理する機会が2度3度，またはそれ以上あるということです。青年期は大きなチャンスですが，その他の大きな人生の変化の時期と同じように，自分にこどもが生まれた時もチャンスです。

　あらゆる人間がそうであるように，人は人生早期に用いていた解決方法を繰り返して使いがちですが，時として過去から自由になることもできます。かなり高齢でもいまだに学ぶことに意欲的な人を見ると感心します。それはこころをもった人間として，私たちが生物学的規定を超越できると思える方法をその人たちのなかに見出すことができるからです。名指揮者ゲオルク・ショルティ卿 Sir George Solti は晩年になってからも音楽を指揮する際，一度使った古い楽譜は決して使おうとしませんでした。ショルティは毎回の演奏が作品との新たな格闘への試みとなるのを望んでいました。このようにしてショルティは新たな経験に関与することや，独創的解釈へ到達するための挑戦を決して止めなかったのです。この件に関して生き延びることの価値を議論したり，この中に「利己的遺伝子」による操作を見ることは難しくありま

7　ゲオルク・ショルティ卿（1912～1977），ユダヤ系ハンガリー人（後に英国籍を取得）の指揮者。第二次世界大戦後，ドイツ，その後は英国で活躍し，1971年には爵位を授与された。

8　生物学の一分野である進化学における理論のひとつ。1976年にリチャード・ドーキンスが著した『利己的な遺伝子』によって一般的に広がったが，ジョージ・ウィリアムズ，E.O. ウィルソンらが提唱したものである。この理論においては，自然淘汰や生物の進化などを遺伝子の視点から捉え，あらゆる生態系は生物の活動の結果からなるものであり，生物の本質は個体，そしてその遺伝子にあるとする。

せん。しかしそうするためには，私たち人間が何になれるのか，そして互いに何ができるかについての洗練された視点を受け入れなければなりません。ショルティは，命ある限り最期まで成長しつづける能力や，そうありたいと願う気持ちをもった人間がいることを人々に示しているのです。

第 5 章
こころの成り立ち

　「もちろん，あらゆる他の科学と同じように，歴史は芸術である。」。この名言を残した歴史小説家のように，芸術としての科学という意味において，多くの精神分析家や心理療法家は自分たちを研究者と考えています。精神分析家や心理療法家は唯物論者です。「こころをもたらすものは何か」という質問をすれば，まず得られる回答のひとつは「脳」でしょう。脳はこころよりも基礎的なものであると考えられています。こころがなくても深い無意識や麻酔，死といった状態は存在しえますが，脳がなければこころが存在することはできません。ほとんどの人がこれに賛成するでしょうし，あらゆる証拠はこの方向性を示しています。

　しかし，繰り返し学んできたように，人はあまりにも過酷な現実には耐えることができません。正しい科学的考えが不条理に拒絶されることも多々あります。一方では，科学者が防衛的な方法で合理主義を使いすぎることもあります。科学者は科学的調査法を唯一の方法として推奨し，それとは別の事実や，直面しづらい一連の知識を排除することもあります。時として神経科学やその進歩は，人々が豊富な能力のある**人間**であるという事実を作り上げるために利用されるのです。人はそれぞれに強い感情をもっています。人々は個人的な関係性がしばしば引き起こす難題を経験し，厄介な考えや感情，願いをこころに抱くこともあります。子宮内の胎児から乳児，乳児からこども，こどもから大人という一生の経過を通じて，これらの関係性や願望はこころや脳の発達に強く影響するのです。

　本章ではふたつのアプローチ法を公平に評価したいと考えています。ひとつのアプローチでは，脳はこころにつながる器官であると考えられています。もう一方のアプローチでは，パーソナリティや人間関係を通してこころを知

るためには，まわり道をしなければ多くを学ぶことはできないとされています。そこには，厄介で時には受け入れがたい方法しかないこともあります。この考え方は他者や他者のこころがなければ，脳が十分に発達することはないとする考え方を支持しています。さらに，こころはそれ自体に力強い影響をもっているかもしれません。

▶ こころを生み出す脳

　肝臓が胆汁を生産する器官であるのと同じように，脳はこころを生産する器官であると言われています。そのふたつには類似性があり，それほどかけ離れてはいません。現代の生理学者らは，肝臓が胆汁を作り出す方法や胆汁の働きについて正確に理解しています。しかし，脳がこころを生成する能力や，どのようにしてこころが機能するのかについてはいまだ解明されていません。神経インパルスや神経伝達化学物質を思考や感情，夢に変換するために生じているに違いない基本的変化についてもまったく解明されておらず，身体について分かっていることと，脳やこころについて分かっていることには，大きな相違があります。

　しかし，これから見ていくように，身体的器官としての脳の働き方に関することの多くはようやく分かり始めてきたばかりです。そして徐々に，神経インパルスや神経化学物質，神経細胞の機能やつながりから，さまざまな脳システム，もしくはモジュールの機能が理解されるようになってきました。記憶や見ること，考えること，願うことや意図すること（たとえば腕を動かそうと）など，主観的に体験される心的機能については，脳内で起こっていることと並行して追跡することができます。これらは脳のスキャンという特別な方法で映像化することもできます。たとえば近年，麻痺のある男性が脳の大脳皮質のなかにコンピューターと連結している電極を埋め込まれました。その男性は大脳皮質のなかで生じた動きや電気的潜在的エネルギーを，コンピューターの画面のカーソルを動かすための信号として利用する術を学びま

した。それにもかかわらず、繰り返しになりますが、脳内で起きていることが意識として認識されるようになる**局面の移行**として知られる過程はほとんど解明されていないのです。

　ほんの少し前まで、私たちは考えがどのようにこころに浮かぶのかということさえ知りませんでした。人類の歴史を通して、人生の経過のなかで生命維持に必要な力は神に属するものと見なされ、生命や生命体の創造は神の行為でした。神だけが不死でした。しかし、どのようにして創造がなされるのかが分かってきたのと同時に、これらの人の起源は今や人の手の届くところとなり、創造に関する神秘性はもはや崩壊し始めています。しかし、1世紀以上前に存在した魔法のランプの曲がりくねったちらちらと揺れる映像と同様に、人々の意識の性質は、神秘的なものに見えるのです。今や神経科学は脳がいかに無意識のこころと意識的こころを作り出しているかを発見する瀬戸際に立っていますが、まだその入り口を超えてはいません。重い扉はいまだに閉じられたままなのです。

　脳の組織は一般的に冷たいポリッジ[1]と比較されます。それは裸眼では比較的均質ですが、よく調べると何かとても複雑なものであることが分かります。その背景には、人間の動作やバランスを滑らかにする役割を果たす小脳が存在します。知られている限りでは、それは意識とはそれほど関係がありません。頭蓋骨の円蓋のなかにはふたつの大脳半球があり、それらは折りたたまれ、クルミのように分かれているのですが、人間の脳は他の哺乳類のなかでもっとも大きいものです。大脳皮質の外皮は灰白質であり、なかの物質は白質です。この白質のなかでは、髄鞘(ずいしょう)[2]が皮質下の構造あるいは神経核と多少なりとも明白に識別されます。脊髄を上方に進むと脳幹があり、次に中脳があり、それはふたつの大脳半球につながっています。この神経システムの主要な本線のなかを四方八方に駆け巡るのが網状の組成物です。それは覚醒させたり、非覚醒の状態にさせたりする役目を負っており、「準備せよ」とい

　1　オートミールや穀類を水や牛乳で煮詰めてどろどろにした粥。

　2　神経細胞の軸索を包むさや状の被膜。ミリエン鞘とも言う。

う知らせを高次の脳の領域に伝えると言われています。

　しかし，意識や覚醒は，頭蓋の円蓋を満たしているふたつの半球（大脳）の「隅から隅まで」広がっていると考えられます。意識には中心も特定部位もないかのように見えます。大脳の半球全体を取り除いても意識全体が損なわれるわけではなく，個々の病変（ひとつかふたつの特定の「スイッチ」となる領域を除いて）も意識には影響しません。しかし，人が意識できる**こと**は脳が損傷を受ける部位の違いによって影響を受けます。大脳皮質の視覚をつかさどる部位への損傷は皮質盲や「盲視」となることがあります。そうなると人は，何かを見ているという**意識**をもてなくなるのですが，それでも障害物を乗り越えることはできるのです。

▶ 分離脳

　見ずして見る，あるいは知らずして知るという現象は「分離脳」に関連する神経学的状態にも認められます。通常，神経パルスは一方の大脳半球から**脳梁**と呼ばれる線維の束を通ってもう一方へ伝えられます。時に，この主たる伝達のための橋が傷害を受けることがあります。これは難治性の癲癇のための外科的手術などで意図的に行なわれることもありますが，銃による怪我の損傷や腫瘍を通して偶発的に起きることもあります。こうした状況下では，左右の大脳半球は互いに隔絶されます。つまり，脳が分離しているのです。

　こうした状態によって，神経学者たちは左右の大脳半球はそれぞれ比較的異なる特性を有していると考えるようになりました。健康な状況の下では，左右の脳は**脳梁**，つまり線維の束による情報伝達によって統合されています。多くの人の場合，左大脳半球が優位とされています。なぜなら，左大脳半球が身体の右半分，そこにはほとんどの人にとって器用な利き手を支配してい

3　視覚領皮質の異常による視力障害。

4　光源や他の視覚的刺激を正確に感じ取る盲人の能力。

るためです。左大脳半球は言語をつかさどる領域でもあります。右大脳半球の機能はすぐに解明されたわけではなく、その究明には長い時間が費やされました。右大脳半球は主に社会的、情緒的機能、話すことについての非言語的、リズミカルで音色的な側面、音楽的能力をつかさどっていること、つまりこれらの領域について優位であることがすでに解明されています。右大脳半球は空間内で自分が向いている方向を見定めたり、身体知覚の処理を可能にしたりします。

　ふたつの大脳半球が互いに分離すると、左右の視覚領域からの情報が脳の一方からもう一方へと運ばれません。視覚領域は人の手足とちょうど同じように交差して脳につながっているため、どちらか片方の脳にだけものを見せることが可能となるのです。

　ある実験で、ある男性のヌード写真を、分離脳をもつ女性の左の視覚領域、すなわち右大脳半球に見せたところ、その女性は何も見えないと答えましたが、顔を赤らめてクスクスと笑いました。患者の左手に対象を置くと、患者はそれが何かを答えられません。しかし、たくさんの対象のなかからそれがどれだったかを指さすように指示すると、左手で指さすことはできるのです。なぜなら、優位でない右大脳半球は対象が何かを分かっているからです。

　予測能力についてのもうひとつの実験は、ボタンを押すことでコンピューター画面の上下どちらにライトが点灯するのかを予測し、示してもらうというものです。実験者が状況を統制しているため、80%の頻度でライトは上部に点くことになっていますが、それに規則性はありません。ライトが上部に点く確率が高いことはすぐに分かります。人間の被験者はパターンを見出そうとし、また見出せると思い込んでしまうのです。しかし、被験者たちは68%しか正解しない傾向が示されました。しかし、脳にパターンを見つける解釈機能がないネズミは上のボタンしか押さなかったため、結果は人間よりも正解率が高かったのです。同じように、分離脳の患者の右大脳半球は、そ

こに実際にあるものにより正確に反応しました。患者たちの反応は健常な人たちよりも，そして，通常「解釈」機能をつかさどる左大脳半球よりも正解率が高かったのです。

　これらの，そして他の多くの実験でも左右の脳にはいくぶん異なる機能があることが示唆されています。しかし，この違いは必ずしも固定されたものではありません。ある特定の状況下では，脳の「役割逆転」が起こりえます。しかし，一般的には左大脳半球は常に秩序やパターン，意味のないところにも意味を求めます。もし，左大脳半球にひとりの人間全体の特徴を帰属させると，左大脳半球は精巧で，連続性をもつ因果関係の判断に長けています。しかしそれは妥当なものにも，出まかせにもなることもあります。オデュッセウスのように，何もないところにでさえ，巧妙な解釈を生むのです。右大脳半球は分け隔てなく情報を，おそらくはそのなかでも特に非言語的情報を貯蔵すると考えられています。そして，信念がその時点で正しいのか，修正を加える必要はないかを判断する過程において，信念の更新を行なう役割を担っていることが示唆されています。特に右大脳半球は記録されていることを明確に意識していなくても，非言語的，情緒的手掛かりを拾い上げることに長けています。

▶ 赤ちゃんの脳の発達

　愛情や憎悪，恐怖，不安，羨望，飢餓，貪欲さ，嫉妬といった基本的情念は動機を構成する重要な要素です。これらの情緒は特定の状況や状態の下で感じられるものであり，それらが人に行動を起こさせます。こうした情緒は大脳辺縁系として知られるユニットとして，ともに機能する皮質下の構造を伝わって「媒介」されます。

5　ギリシャ神話の英雄，ギリシャ西岸の小島イタケーの王，ホメロスの叙事詩『オディッセイア』の主人公でもある。

幼少期の情緒的出来事の多くは発達早期の授乳や授乳する母親と直結していますが、それらは大脳辺縁系と右大脳半球のいくつかの部位に発達する神経結合の回路に強く影響を及ぼします。それはまるで早期のこの関係性によって引き起こされる結果が、この時点で「配線される」かのような感じです。母親との興奮や喜びという早期の経験によって神経組織体が形成されていきます。それは活動中の神経化学伝達物質を基盤に成り立っています。それゆえに、こどもの情緒状態を両親が落ち着かせたり、なだめたり、限界を設定したりすることが、こうした回路の抑制型神経化学伝達物質による制御を増強したり、始動したりするのです。母子関係における多様な質のばらつきは、あらゆる側面で蓄積され、影響を及ぼすのです。

この「配線」が可能なのは、新生児、乳幼児期の赤ちゃんの脳がまだ未成熟な状態にあるためです。人間の赤ちゃんの脳の未成熟な状態は他のどの動物よりも長く続きます。細胞、つまりニューロンの多くは存在こそしていますが、まだ無数の連結（シナプス）が形成されねばならず、いくつかの細胞（軸糸）にある長い電線のような主要な伝導線維には絶縁体として働く脂質性の髄鞘（ミエリン鞘）も形成されていません。生後18カ月間は、言語の基礎となる右大脳半球の成熟が情緒処理をつかさどる左大脳半球よりも早いスケジュールで進みます。これら早期の影響は、成人が感情や関係性を扱う能力において神経学的な影響を及ぼします。こうした能力は脳のこの領域によって提供されるものです。愛情のある人間関係を築き、維持し、失うことに関する障害は、情緒障害や精神障害においてもっとも損傷を受ける機能です。そして情緒的な混乱に陥りやすい人たちは特にこれらの機能が脆弱なのです。他の多くの情報源による証拠からも、早期の関係性の影響をぬぐい去ることが難しいことや、将来、安定した情緒生活を送るためには早期の関係性が重要であることが確証されています。

生後18カ月で、大脳の成熟の中心は左大脳半球へと、前頭葉の内側や正中部から上部や外側の部位へと移行します。このことは抽象的な事項における判断能力の増大や言語能力の発達へとつながります。とりわけ言語は意識と関係があります。言語は（内省的）意識へとつながり、それによって人は

誕生　　　　生後15カ月　　　生後2年

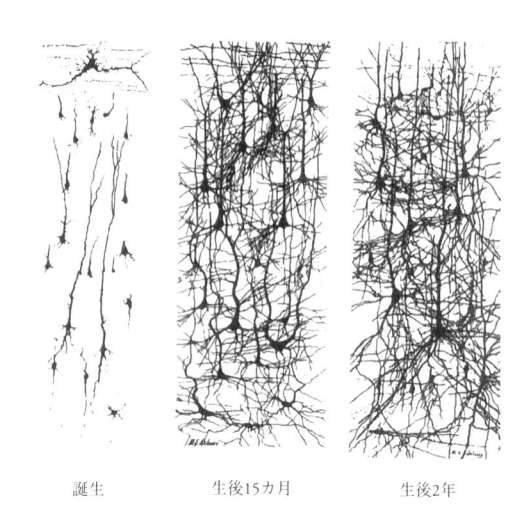

図5　人間の脳細胞の多くは誕生時に存在していますが，相互の連結の多くが発達するのは生後1年の間です。

自分自身を詳しく説明することが可能となります。意識は脳の一部分に位置しているわけでもなければ，スイッチで点けたり消したりできる懐中電灯のようなものに基づいているわけでもなく，脳のさまざまな部位の活動パターンと関連していると考えられます。また意識には多様な種類があります。夢を見ている時の意識は起きている時の意識とは異なります。内省的意識は気づきの背景とも異なるのです。

　身体や外界，こころのなかで起きていることの理解は意識の「入力」要素として重要な部分です。意図の形成や，どう行動するかの判断は，意識の重要な「出力」要素です。この問題を突きつめると，それはこころと身体の関係についての長年の哲学的問題に大きく関わってくるのです。

　　人は最速ならば何かが起きて0.5秒くらいでそれを意識できるようになります。主観的には，人は自分の腕を動かそうと決めてから動かしていると考えられています。調査によれば，自分の意図に気

づく前に,動きに先行して電気的活動が脳の関連部位で生じることが示されています。これは脳が行動の前に「判断していること」を示唆しています。そうだとすれば,意識は自分がしていることや話していること,考えていることに順応する手段なのかもしれません。異なるタイプの意識がさまざまな表現方法を用いて聴覚や言語,視覚,その他不特定の劇場を提供しているのです。それらは音や視覚イメージ,言語的思考などの象徴を媒介とした多彩な方法を用いた仮想現実です。それらは異なる入力形態に対してさまざまな方法で対応されています。

▶ 脳の経験

ここまでさまざまな知見を紹介してきましたが,それでも疑問が残ります。脳はどのようにして動くのでしょうか。どうやってこころは機能するのでしょうか。信念の機能についての次の説明を少し考えてみてください。「どう行動するかを判断できない状況のなかで,脳は(信念体系を通して)出来事を解釈する多くの方法を限定することによって,麻痺させられるのを防いでいます」。さまざまなタイプの人やこころ,身体,脳が,スパゲッティのように入り組んだ交差点のごとく行き交うため,言語はオフロード用の乗り物のようにならなければなりません。信念体系は心的なものです。麻痺状態は動作するものに影響を与えます。麻痺するのは脳ではなく,身体です。私たちの知る限り,判断できない状態は人を麻痺させます。つまり,麻痺状態になれば,脳は何も経験しなくなるのです。

図6はある神経解剖学者が運動野,つまり歩いたり笑ったりという自然に発生する動きを統制する身体部位の調査結果をもとにして描いた地図のようなものです。その神経解剖学者は皮質のさまざまな部位に電気刺激を与え,その結果,身体のどの部位が動くのかを記述しました。多くの運動神経細胞が身体のさまざまな部位のために働いていますが,歪曲された大きさの身体

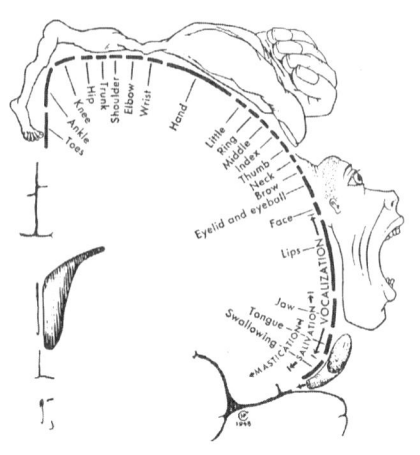

図6　これは「運動ホムンクルス」のイメージです。これは身体部位の動きを支配するために充てられる皮質組織の相対的な分布量を示しています。

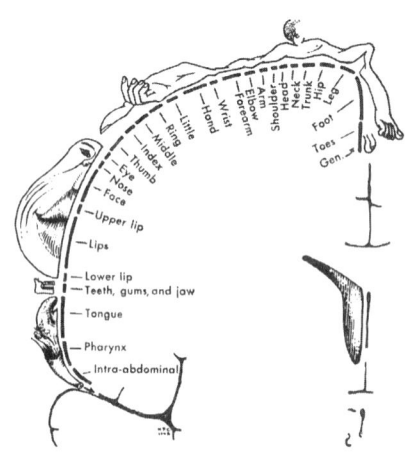

図7　これは「感覚ホムンクルス」のイメージであり，感覚に充てられる皮質の分布量を示しています。

部位で表わされる運動「ホムンクルス」（文字通り，小人）は，それらが身体部位の物理的大きさではなく，その重要性にどれほど依拠しているかをイメージで示したものです。したがって，動きが細かく，個人的機能の多い顔には，背中と比してかなり多くの皮質の領域が充てられています。背中にはより単純な姿勢しかなく，社会的機能も少ないことに合わせ，小さく狭い皮質の領域が割り当てられています。もちろん，**私たち**はこれを理解することはできます。運動野には「本物」の運動ホムンクルスがいるわけではありません。そこには運動神経細胞の複雑な構造があるのみです。

▶ **人々の経験**

さて，私たちは脳から始まり，最後にはこころで終わる道程を辿ろうとしてきました。人として人生のスタートを切ることにはとても多様なアプローチがあります。図8の戯画は1939年に第二次世界大戦が始まった頃に，よく見られた光景を描いたものです。これは，海軍の最下級兵の身体検査です。この光景の背景には次のような話があります。解剖学的にははっきりしないのですが，水兵は心臓を愛しいという感情がある場所と考えており，そこには自分の愛しのピンナップガール（グラディスという名）が置かれ，医者が聴診器で心臓の音を聞いています。そこにいる愛しい人の存在をより具体的なものにするために，水兵は**覚書**としてその子の刺青を胸に彫っています。水兵の「先生，今日はグラディスの調子はどうですか」という質問は，自分よりその子の健康が大事であることを示しています。水兵にとっては，その子の幸せが気掛かりの種なのです。水兵の心臓は正しい位置にあるのでしょう。なぜならその水兵は海軍に合格して，立派な一員として受け入れられているからです。水兵がグラディスに夢中になっているのは，水兵に戦争の不

---

6 運動感覚に対する脳皮質の領域を示す。ペンフィールドの脳地図が代表的である。

「先生，今日はグラディスの調子はどうですか」

図8　この戯画は1939年に描かれたもので，水兵が自分の感情はどこにあると考えているかを示しています。

安ではなく（またはそれがあるゆえ），自分のこころに適切な優先順位を与える能力があることを表わしています。

　このイラストの大事な点は，水兵が運動野ではなく，「心臓」のなかに愛しい人のイメージを抱いていることです。水兵は繊細な感覚の持ち主です。精神分析家や心理療法家は水兵の考え方に賛成するでしょう。その人たちは水兵や水兵のような人たちが愛しい人のある種のイメージをこころに抱いており，そのイメージは意識の気づきの域を超えて深く拡大していくと考えています。他のたくさんの方法と同じように，このような点においても，人間は人生の始まりから埋め込まれている意味や象徴，表現によってこころが構成されている動物なのです。

　さらに，それは単にコンピューターの画面上に映し出されているようなものでもありません。水兵は自分の内側を見つめて，これらのイメージをある

程度、こころに描くことができます。これらのイメージは水兵の行動の多くを組織し、動機づけます。水兵が選ぶ女性にはある一定の好みの傾向があります。つまり、それは水兵が女性の行動を慣れ親しんだ方法で経験しやすいということです。この感覚から考えると、母港にいる女性をこころの表面から取り除くのは不可能です。なぜなら、その少女は決して欠かすことのできない存在で、こころの奥深い部分の一部だからです。この意味では、「その女性」は大脳構築の一部でさえあるのかもしれませんが、その女性は発達早期の重要人物の表象と同じように、パーソナリティ構造や機能の別の水準とも密接に関連しています。

運動ホムンクルスには双子の存在として知られる感覚ホムンクルスがあります。それは感覚に関する構造を描いたイメージです。これらふたつはそれぞれ**中心前回**と**中心後回**として知られる大脳皮質に隣接する部分を「占有」しています。実際、大脳皮質の構造内には人間の体のこうしたいくつかのイメージが存在し、それらが脳の仮想空間の隅々まで散乱しています。人間の本質の受け入れがたい特質に関する話題をかなり正当に評価している精神分析は、人間の性衝動についての考え方を展開させました。たとえば、フロイトは基本的な動因となる快の追求の基本形についてさまざまに説明してみせました。そして、フロイトはこうした基本的モードを口や肛門、生殖器などさまざまな身体領域に付随する快の性質に結びつけました。

このように考えると、神経心理学者は性器の大きさや感覚ホムンクルスの肛門の粘膜領域の大きさを尋ねなければならないことになります。これらの身体イメージはさまざまな水準で自分たちの経験や、他者や他者との関係性の捉え方を取りまとめる役として機能していますが、そのことは広く認識されてはいません。「その女性」、たとえば水兵の女性は内的対象と呼ばれているものなのでしょう。「その女性」がどのような状態でいるのかは実に重要です。もし外部に存在するその女性に相当する人物が不誠実であるということが分かれば、水兵は苦悩し病気になるでしょう。一方で、その女性を健康で愛情深く誠実であると感じれば、水兵は自分自身も調子よく、おそらく勇敢に戦いもするでしょう。この漫画家はこうした発想のすべて、そしてまた

他のたくさんの発想を凝縮，圧縮した絵の形ではっきりと表わしました。これは，夢がいくつもの凝縮された考えをひとつのイメージを用いて見事なくらい無駄なく表現しうる方法と似ています。

▶ こころ自体を変えるこころの能力

心理療法において人々とともに，そして人々の間で起こることを注意深く観察することは，人間関係や情緒的に意味のあるコミュニケーションが心的機能に与える影響を調べるための，長きにわたって確立された方法です。

ジョージ氏は思慮深い男性で，50代にしては少し老けて見えました。ジョージ氏はハンサムでしたが，顔にはしわがあり，茶色い瞳の下には深いくまを作っていました。ジョージの表情はぼろぼろになって疲れ切った様子で，目はぼんやりとしていて，ナチスの強制収容所に拘束されていたプリーモ・レーヴィ Primo Levi の記述のひとつを思い出させました。レーヴィは「溺れるものと救われるもの」を分類し，まだ目に輝きのある人には生き延びられるチャンスがあると書いています。「溺れるものたち」の目はぼんやりとしてうつろであり，そうした人たちはすぐに亡くなりました。溺死した人たちは起きていることへの恐怖や，病気，飢え，大量虐殺に圧倒されていました。ジョージ氏の目は，自分が内的恐怖を見つめていたことや自分の精神が深く疲弊しているらしいということを伝えているようでした。ジョージ氏は溺れるものたちに似ているような気がしました。

ジョージ氏は10代の頃，カナダにいましたが，その時に心身の衰弱

---

7 プリーモ・レーヴィ（1919〜1987），イタリアの化学者，作家。囚人としてアウシュヴィッツ強制収容所で1年間過ごし，生還した。囚われていた1年について記した作品はいくつかあり，『溺れるものと救われるもの』はそのひとつである。

を来たしたことがありました。この前段階として、ジョージ氏は公衆電話を壊したことがありましたが、それまでに似たようなことをしたことは一度もありませんでした。ジョージ氏は純粋に学問や文学を愛していましたが、人目につかないところでは時々ポルノに魅了されていました。ジョージ氏はその部分は表に出さないようにしていました。しかし、ジョージ氏は私生活での構造のない状況ではいつも混乱する傾向にありました。たとえば、ジョージ氏はごく普通に自分に親切な女性に出会うと、自分がこころから愛されていると思い込み、その女性に迷惑な手紙を書くのでした。ジョージ氏はぎこちない様子で話し、これらの混乱した状況については何も分からないと否認する傾向にありました。セラピストがジョージ氏の困惑を明確にすると、ジョージ氏はこれらの混乱した衝動を認め、女性に対する自分の「アンビヴァレント」な態度について悲しげに説明しました。ジョージ氏のこころのなかでは、女性に親しみを感じると期待と愛情、残酷さが混じり合った感情が湧き起こるらしいのです。こうした感情の目的の一部は、女性の能力を阻害することでした。まさに電話の事件が起こった何年も前と同じように、ジョージ氏の目的はコミュニケーションを破壊することだったのだと考えられます。逆説的ですが、こうしたことはジョージ氏がもっとも孤独感を抱いている時に起こりがちでした。そのような時、ジョージ氏の内側には接触を待ち望む一方で、こうした欲求を認めようとしない何かが存在するのでした。

ジョージ氏は自分のなかのこの混乱した領域をどうしたらよいのか分からず、その意味さえ理解していませんでした。ジョージ氏は、内側にある混乱に包囲され、荒涼とした希望のない世界のなかで、自分を冷たく希望のない気分にさせている自らへの怒りについて考えながら、意志の力でその領域を抑圧しようと必死でした。この状態では自分のこころが不毛な大地のように感じられました。そこでは思考が莫大な重さでのしかかっているように感じられ、それは武器を搭載してゆっくりと移動している戦車が互いにぶつかりながら整列しているようでした。このように感じる時、ジョージ氏は占星術

の本に頼りました。占星術に対するジョージ氏の態度は，信念とも言える捉え方から，人間の性格を暗喩するものとしての占星術というより洗練された捉え方にまで及んでいました。ジョージ氏は占星術をセラピストに無理やり押しつけようとはしませんでした。ジョージ氏は「でも，土星とケンタウロスが自分を決定づける星なのです」と話し，ふたつは堅さと冷たさを表わしていると説明しました。

　セラピストはジョージ氏に，自分が混乱した考えを抑圧しようと奮闘する時には，自分が自由に使えるたったひとつの心的能力を用いているというコメントを与えました。これは実際，自己制御の激しい包囲の下に自分自身がさらされているような激しい苦闘でもありました。それは情緒的飢餓を招きました。その結果，ジョージ氏はより柔らかな世界ではなく，堅くて冷たい星の荒涼とした世界に住んでいるような気持ちになるのでした。ジョージ氏はセラピストの言ったことをその通りだと感じたようで，これらは明らかにジョージ氏に影響を与えました。ジョージ氏のそれまでの動きのなかった表情はやわらぎ，緊張はほぐれました。一瞬，元気そうにも見えました。ジョージ氏は自分が土星のよい側面，つまり簡単には片付かない厳しい仕事を行なう能力も持ち合わせているのだと話しました。ジョージ氏は今までの人生ではこのような方法で適応していました。これは実際にあった話です。ジョージ氏はいくつかの重要な瞬間のなかで，これらの側面をよりいっそう生かすことができるようになりました。

▶ 人の理解と誤解に関して

　相手のこころの状態に効果的に反応するセラピストは，異なる反応パターンをたくさんもっています。理解することは消極的，または感傷的な過程ではありませんが，時にそう考えられることもあります。理解は，確固とした態度や制限，受容と同じく直面化と結びつくこともあります。理解に関するこれらさまざまな表現は心理療法での関係性における道具となりますが，こ

れらは日常生活のなかで常に起きていることを改良し，特別な形にしただけのものです。人は日常生活のなかで理解されたり，反応されたり，閉め出されたり，誤解されたりします。自分の気持ちがありのままに認められると，人は大きな安心感を得ることができます。満足や不満，怒り，愛情，罪悪感，痛み，支配性，消極性といった日々のこころの状態を取り込んだり，それらに効果的に反応したりする過程は乳幼児期における普通の発達過程のなかでも生じています。乳幼児期の発達過程において，両親はこれらの気持ちを本来備わった能力の範囲内で理解し，こどものケアをしています。人々は，人，親，こども，赤ちゃんになるということはどういう感じなのかということについて，言葉に表わさない知識や共感を抱き，どんな時に断固としているべきか，寛容であるべきかを知っています。

　こどものこころの発達にはこうした関係性が不可欠です。これを通してこどもは対処する能力を発達させることができ，乳児期の感情状態を利用するようになるのです。それは直感的な理解へとつながっていきます。乳児期の特徴とされる原始的ではあるが生き生きとした感情はその過程で修正され，最終的には大人のパーソナリティにおける重要な力となります。

　これらの対処能力はとても特殊な形態をとるようになります。それらは自分の日常生活の暮らしのなかで両親や世話をしてくれる人たちを内在化したイメージですが，そのイメージは乳幼児期に抱いた，もの想う時の感情によって装飾されたり，影響を受けたりもしています。よって，それは時に空想的な側面をもつこともあります。このことによって，ジョージ氏は両親のことを太陽系のなかでも孤独な部分に存在する冷たい惑星であるかのように感じるようになったのです。ジョージ氏の重く堅い感情は誇張され荒涼とした考え方を招きました。この状態は理解されるという援助を得て，より積極的なだけではなく，もっと自由にものを考えることができるような心的機能の形へと変化していきました。しかし，この変化は一過性のものになりがちでした。ジョージ氏には人とのこころのつながりを嫌う部分もありました。何か建設的になりそうな様子でいくつかの考えがまとまると，ジョージ氏はこころの一部でそれらを破壊したいような気分になりました。この問題は今まで

の人生に,とても強烈にジョージ氏のこころに影響を及ぼしつづけました。

　これらの事実はきわめて重要な帰結をもたらします。人のこころの状態を他者が理解することは,そのこころの状態に重要な変化を生じさせることができます。ご存知の通り,早期の発達において,これらの意味のある関係性はこころや脳の物理的構造や健全な発達にとって重要なものです。早期の関係性がうまくいかなければ,力や感情の荒削りな感じが増すこととなり,結果として未処理な敵意が処理されないままになったり,大きな破壊性をもったりもします。大雑把に反復される混乱した感情や衝動のパターンには生々しい未消化の性質があります。これがあると,人は他者との関係や,能力,人生の見通し,創造性,対処する能力を維持するのが難しくなります。これらの混乱は一貫性のある生活構造を維持するためによりいっそう不安定な能力を招くこととなるのです。さらに,特に情緒的なプレッシャーがかかっている状況では,考えたり推論したりする能力はすでに影響を被っています。こうした問題を抱える人たちには,生涯ずっと他者からのさらなる理解や支援が必要になることもあります。

▶ **こころの実験室**

　生理学者が安静時,または活動中の身体の機能を発見しようとする時,たとえばさまざまな状況下での心臓の機能を調べようとする時などは,しばしば実験室で検査をすることがあります。心理療法家や精神分析家にとって,週に数回行なわれる集中的な精神分析的治療は生理学者の実験室と同じようなものです。さらにこの治療では,患者は自分の心的世界が露わになろうとも,それにもちこたえられるようになります。これは,もっと回数の少ない治療では通常不可能なことです。

　(週に4,5回の)精神分析的治療では信念や錯覚,原始的感情の発露,自由に考えることのできる能力の相互作用のパターンが驚くほどたくさん見られ,またそれらの変化も観察できます。これらの変化は,複雑で時には驚く

ほど目新しいこころの成り立ち方についての力強い洞察を与えてくれます。これらを理解すれば，特定の行動の根底にどのようなタイプの情緒や思考が流れているかを知ることができます。それが分かると，このようなこころを生み出すにはどのような脳が必要になるかを調べることができるようになるでしょう。

　　デイロン氏はクリスマスを心待ちにしており，ツリーの飾りつけや姪っ子たちが楽しそうにしているのを見るのだと話しました。ディロン氏の話し方は慎重に組み立てられたもので，分析家には常に患者があらかじめ期待していることを何か言わなければならないかのように，まるで脚本が決められているかのように感じられていました。分析家は罠にはめられているかのような気分になり，時には土で隠された落とし穴のある見知らぬ地面に近づく動物になったような気持ちすらしていました。そのため，話が陽気な内容であるのとは対照的に，部屋の雰囲気は緊張と警戒に満ちていました。

　その前日，ディロン氏はイラクの爆弾について話し，サダムが極秘に細菌兵器や化学兵器を英国に持ち込むのではないかと怖がっていました。バグダッドの空襲の最中で，英国や米国の記者たちがそこにいて，イラク軍の許可の下，それらを間近で撮影している時期だったので，それも驚くべきことではないのでしょう。これは治療状況と密接に符合していました。治療は秘かに監視され，注意深くコントロールされ，そこには巧みに操作された用心深さがありました。ディロン氏は日常生活でもよく見られるように常に気を配り，自分からあふれてくる制御不能なものすべてにおびえていました。

　分析家はこれらを取り上げました。以前にも分析家は何度も同じことを解釈していました。分析家のコメントの後は沈黙，しかもかなり長い沈黙が訪れました。繰り返しになりますが，それは稀なことではありませんでした。患者は時には10分，20分，40分も黙ったままでいることがありました。大抵は黙ったままで，分析家に何かを話すようにという

プレッシャーをかけました。ようやく分析家が何か話すと，患者はそれを前のコメントの撤回であると見なしました。すると患者は元通り話を続け，よく見せようとしながら，一方では何も開放されないかのようにとてもおびえていたのです。時として，分析家が何かもっともらしいすばらしい理由を見つけて，もしくはもっと適切または効果的な反応が見つからないからという理由で，分析家自ら口を開いてしまい，ディロン氏の**現状**が維持されることもありました。

こうした特定の機会に，分析家は話さなければならないというプレッシャーに耐えました。しかし，それは心地よいものではなく，次々と罪悪感を抱いたり，困惑したり，欲求不満を感じたり，うんざりしたりしました。これらの気持ちにもちこたえることや職務を地道に進めていくことは到底，容易なことではありませんでした。分析家の想像のなかではおそらくそれが精いっぱいだったのでしょうか。分析家はそのことを大事にしすぎていたのでしょうか。その間，30分以上ずっと，ディロン氏はまったく動かずに横たわっており，それは実に不自然な様子でした。ある時には，分析家がディロン氏は眠ってしまったのではないかと思った瞬間さえありました。

これらの疑いをもち始めてから，分析家は時々，患者がこのように統制された反応にどのように関与しているのかを少しずつ伝えるようにしました。それは，ディロン氏がこうした状況を切り抜けるための自分のやり方にありとあらゆる方法で，いかにしがみつこうとしているかということでした。さらに，それは他者との共謀にも関連していました。ディロン氏はこどもに関する心配を妻にたくさん話していました。ディロン氏はそのことを自覚していました。また，ディロン氏は，こどもたちに問題が起こらないようにという願望と同じだけ，こうしたこころの状態を維持しようとする信条についても気づいていました。ディロン氏は自分のこれまでの生活の多くの部分，つまり生い立ちやこころを奪われているものなどを認めたり，そういったことのすべてを十分に自分の人生に組み込まなければならないとは感じていないようでした。分析家はた

だディロン氏がこの原則を維持するためにどれだけのことをしなければならなかったのだろうか，ディロン氏が無視しなければならない境界はどんなに多かったのだろうかとだけ考えました。このことにはディロン氏自身の価値とは相容れないものも含まれていました。

やがてその後，疑念と苛立ちという，また別の波が襲ってきました。そして分析家は，ディロン氏が自分のこうした側面の力が決して完璧なものであるとは思っていないのだろうと考えるようになりました。ここに患者の未来の幸せや安定性に対する最たる危険が眠っています。自分のこうした側面を無視していることで，ディロン氏は他にも重要な現実を見逃していることになります。成熟と成長という問題が延々と据え置かれていたのです。セッションのなかで分析家がしばらくこれらのことを考えているうちに，分析家からはそれまでの居心地の悪さが消えていました。なぜなら分析家はディロン氏の人生が成功して安全なものとなるために，自分の気づいたことがとても重要であるという確信を得ていたからでした。ディロン氏にこれらの事柄を，今のままではいけないと小言を言うかのような印象を与えずに伝えることはほとんど不可能でした。しかし，この時はかなりそれがしやすい情緒的雰囲気が流れていました。部屋にはいつもほど緊張感がみなぎっていなかったのです。ディロン氏は自分がどのように振る舞っているかを理解することができました。

この描写は，たとえそれが最初は遅々としたもので，束の間のものであるにせよ，患者と関わる方法を理解できるようになるためには，分析家がいかに苦闘する必要があるかを物語っています。何か語らなければならないという圧力は，とても居心地の悪いものとして体験されますが，分析家はそれに耐えなければならないのです。それは患者によって行使されてきたプレッシャーであり，これに対する分析家自身の反応です。

分析家に関して言えば，分析家の実感は思考の特徴である空気で伝わるという特質をもっていました。この種の思考は鉛のような物理的な重さはありませんが，確かに実在するのです。人はこうした思考によって外的，もしく

は内的支配の影響から解放されます。こうした種類の思考に到達すると独特の満足がもたらされます。それ単なる言葉の問題ではなく，思考の問題です。シェイクスピアは常に「思考をともなわない言葉は天国には行かない」と述べていました。

▶ 思考と思考作用

このケースでは，分析家はディロン氏のこころで起きていることを理解するため，見識ある自制心を慎重に用いていました。分析家はかなり不快で落ち着かない気持ちに対しても，即座に安心をもたらすような方法を採らないように耐えていました。そして，次第に患者にとってきわめて重要な問題についての確信に到達しました。こうしたことはさまざまな種類の知的な冒険において頻繁に生じる出来事です。このような体験，つまり一部には意図しない，そして一部には一見意味がないと思われる心的作業や営みからこうした思考が生まれてくると考えることによって，次のような考え方が受け入れられるようになります。つまり，思考作用（thinking）によって思考（thought）が生まれるのではなく，思考が思考作用を引き出すという考え方です。[8]

そこで問題となるのは思考をどのように扱ったり，処理したりするかということです。思考とは，単独そして複合的に人が生み出すもののなかで，もっともはかないものにも，永続的なものにもなりえます。人々のなかには特定の思考に対処できず，結果としてさまざまな方法で自分のこころを破壊した

---

[8] 集団力動理解の先駆者，そして英国精神分析のメラニー・クライン直系の精神分析家であるウィルフレッド・ルブレヒト・ビオン（1897〜1979）が「思考作用についての理論」で主張した考え方。赤ん坊にはあらかじめ，たとえば乳房などについての前概念があり，赤ん坊が現実に乳房と出会うことで，それらは概念化され概念となる。一方で，乳房が存在しない時，母親がいないという不快な感覚によって「不在」という「思考」が獲得される。そして，「思考」と「思考」を連結する働きが「思考作用」となる。つまり，思考が先行していなければ思考作用というプロセスは生じないと考えた。

り否定したりする人もいます。ディロン氏は意識，無意識的に自分は正しいと感じていなければならず，また，分析を終える時にも，自分は問題を生じさせることなく，人生における重要な課題を常に無視できるようになるものと思い込んでいました。ディロン氏は常に自分が人を愛したり，世話をしたりしなくても，愛され，世話をしてもらえると考えていたのでしょう。自分の思い通りにものごとが進まないことが分かってくると，ディロン氏は途方に暮れました。自覚している望みが叶わなくなると，状況を元に戻そうと多大な努力を払うことも度々ありました。そのような時，ディロン氏は周りを操作しようとし，それがうまくいかないと怒り，腹を立てていました。

　こうした一連の出来事，つまり自分が強迫的に感じている信念を維持するために自覚なしで思いを行動に移すという流れは普遍的なものです。その時に問題となっている信念が最終的に崩れると，大きな力をともなった感情を解き放つことができます。これら一連の動きは分析家にいかにしてこころが組織されるのかということを示唆しうるものです。脳のなかのどこで信念というものが作り出されるのか，どこで思考が発生するのか，どの神経システムがこのように強力で原始的感情を生み出すのか，これらすべてのことが意味のある方法でどのように互いに関連し合っているのかを単純に問うのは実に愚かなことです。しかしながら，将来いつかは信念を「生み出している」システムや，どのようにして信念が脳のシステムを「生み出している」のかが理解され，これらの疑問をまた別の言葉で提示することができるようになるのかもしれません。[9]

　基本となっている信念が崩れると原始的で乳幼児的な感情のエネルギーや力が解き放たれ，それを統制する個人の能力を完全に越えてしまうことがよくあります。すると，痛みや怒り，脆弱性，羨望などを含みうるこうした感

9　英国現代クライン派の代表のひとりであるロナルド・ブリトン（1932〜）は『信念と想像——精神分析のこころの探求』のなかで次のように主張している。「信念」とは無意識的空想，および意識的なものも含む心的現実を形成する世界観である。よって，信念は主観的なものであるが，主観性が客観性を獲得していく過程における，主観性と客観性の中間に「想像」が存在する。

情を分析家とともにワークスルーする必要が生じることもあります。それは、これらの感情がその個人のなかにもっている意味を理解するという延々と続く過程を通じて行なわれ、その結果として、患者は現実に対して新たな適応ができるようになります。

　ある特定の実感をうまくもつには、大きな、そしてかなり驚くほどの困難を抱えるパーソナリティも存在します。他者との本質的な分離や他者性から生じてくる体験は、多くの場合、人間のこころにとって厄介なものです。かなり多くの詩の主題が喪失と関連しているのはそのせいです。詩は視覚的なイメージを言語的メタファーへと統合させる方法のひとつです。言葉のもつ音楽的、リズミカルな側面は本質的に、不協和音をともなう体験にももちこたえられるようになっています。詩は人のこころの状態を変化させます。不在と節制はどちらも喪失の要素であり、真の思考に到達するために重要な役割を果たすと考えられます。プルースト[10]も記憶と想像力は精神的努力によって積極的に探求されるべきものであると考えていました。しかし、私たちがこころから望んでいるものが何であるのかを単純に思い起こすことはなかなかできません。記憶が出てこないことや考えが思い浮かばないということはよくあることです。こころを動かそうとすると、それ以外の方法でものごとに対処しがちになります。さらに、努力が重要なことは言うまでもありませんが、それだけでは足りないのです。

　これはひとつの作業形式、つまりこころの運動のひとつです。その結果を身体的運動の結果と比較することも可能です。運動や訓練を積むことで筋肉ができるわけではありませんが、筋肉は成長して強さと器用さが増すようになります。こころを動かせばこころが生まれるわけではないのですが、そうすることで精神的な成長と発達は促進されます。こころがこころ自体、他者、

　　10　マルセル・プルースト（1871〜1922)、20世紀を代表すると言われるフランスの作家。代表作には19世紀末から第一次世界大戦勃発までのベル・エポック（良き時代）と言われるパリの世相を自らの精神史に重ねて描いたとされる『失われた時を求めて』がある。

世界の本質，世界に対する人の関係性を理解しようと苦闘しなければならない時，こころは強くなるのです。生まれてまだ数カ月，数年しか経たない乳幼児期において，こどものこころや脳の発達に強く影響を及ぼすのは，母親や父親の心的，情緒的機能です。しかし，自らのこころを使わないと，筋肉と同じように，それに応じてこころは衰えてしまいます。無感覚の状態が長引いたり，厄介なこころの状態に対して回避が長引いたり，苦痛な葛藤，身体的な行動に対して当然引き起こされる感情の置き換え，身体化が長引いたりすると心的能力は委縮してしまうのです。

▶ 答えは何でしょうか

疑問を呈することは時として答えを出すことよりも面白いことです。ダグラス・アダムス Douglas Adams の『銀河ヒッチハイク・ガイド』では，スーパーコンピューターに世界や宇宙，生きることの意味に対する答えを尋ねます。何光年もの検討が行なわれた後，導き出された答えは「42」というものでした。本章の最初の質問は「何がこころをもたらすのか」でした。探求の結果，脳がこころを生じさせる方法のいくつかが分かってきました。また他者の存在やそのこころの活動が，脳や考える能力の発達にとってとても重要であることが分かりました。自発的な思考によって運動を開始させられると考えられているように，人間にはまさに努力が必要とされ，限界はあるものの，自分たちでこころを動かすこともできることも分かりました。同じように，誤った方法でこころを破壊することも可能なのです。それは特に人間がいくぶん原始的な情動の嵐にさらされた時に起こるのです。

しかし，人は神経科学と心理学の間の直接的変換をどこで図ることができ

---

11 英国の脚本家ダグラス・アダムスが書いた SF コメディ小説。小説はベストセラーとなり，漫画やゲーム，映画にもなった。たくさんのエピソードからなる小説であるが，ここで取り上げられているのは「生命と宇宙と万物」に関する謎のエピソードである。

るかという点には達していません。基本的な疑問はまだ解かれていないのです。こころのなかにある考えはすべて，言葉や思考の過程で生じてくる幻想であると主張する人もいます。こうしたことが明確になれば，人はこのような考え方をしなくなるだろうと主張されています。こころは脳が偶然にも生起した付帯現象であり，こころ自体に備わる機能や有効性はないとする見方もあります。さらに，脳は基本的に今日知られているようなコンピューターとは異なるという見方もあり，そう考える人々は脳からこころへの移行がなされる局面を説明するには，まだ完全に知られていない物理学の領域があると考えています。量子的なレベルで生じると考えられるある種の実質的な出来事が，こころのなかにある出来事の物理的な基盤をなしていく可能性が示唆されています。これらの疑問に対する答えが出始め，生命工学が追いついてくれば，人はそれらの知識をどう活用するのでしょうか。そうした発見がなされると，人はどのような影響を受けるのでしょうか。

　地球は宇宙の中心ではないというコペルニクスの発見は，その2世紀後，人間が特別な生物ではないこと，つまり7日で創られたわけではなく，突然変異の産物であり，ダーウィンの自然淘汰であるという知識とつながりました。人間は哺乳類の先祖から生まれました。この考え方は最初，冒涜的であると捉えられ，人間が特別で他に類を見ない生物であるという立場を一掃するものでした。1世紀以上が経過して，自分たちが霊長類の仲間たちにいかに近いかということが分かったことで，私たちはほっとした気持ちになりつつあります。人には，自分たちが霊長類すべての進化の主要素でなくてもよいということが分かってきました。こころの起源についても似たような形で未知なる知識を整理できるようになるかもしれません。それはすばらしいことにつながるかもしれません。しかし，それは未知なる知識がどのようなものかによっても左右され，それがどのように活用されるのかにもよります。しかし，答えが42ではないことを祈りたいと思います。

第6章

愛

　プーシキンの猥褻な詩の一編に、ニキータ王の話に触れたものがあります[1]。ニキータ王には40人の娘がいましたが、娘たちは生殖器がないまま生まれてきました。この不憫な問題を何とかしたいと思い、王はその土地の魔女に助けを求め、使いを送りました。魔女は親切にも、女性の陰部40個を箱に詰めて、使いの者にもたせました。使いの者は好奇心でいっぱいでした。この不思議な箱には一体何が入っているのでしょう。箱を振ってみましたが、何も音はしませんでした。なかを見破ろうと匂いを嗅いでみると、とても親しみのある、抵抗しがたい匂いがしました。使いの者は、とうとう箱を開けてしまいました。驚いたことに、なかから40個の女性の陰部が飛び出してきて、たくさんの鳥のように木々のなかに飛んでいってしまいました。使いの者は落胆して道端に座り込み、王の下に手ぶらで戻ったらどんな目に遭わされるだろうかと危惧しました。使いの者が困り果てていると、百姓の老女が道の向こうからやって来て、なぜ困っているのかと尋ねてきました。老女はただ簡単に「自分のペニスを出すだけでよい」と言いました。(中略)すると、たちまち40個の女性の陰部はひらひらと飛んで使いの者のもとに舞い戻ってきたので、簡単に捕まえることができました。

　ある見方からすれば、このおとぎ話は明らかにナンセンスです。しかし、同時にかなり真実に近い部分を突いていることも確かです。女性にとって男

---

[1] アレクサンドル・プーシキン (1799〜1837)、19世紀ロシアで活躍したロシアの詩人。作品のいくつかはチャイコフスキーやラフマニノフなどの手によってオペラにもなっている。ここで取り上げられているのは戯曲『ニキータ王と40人の娘たち』(1822) である。

性の，男性にとって女性の強力な本能的な魅力を認識することは当然のことでしょう。それは，ただ性別としての男性のなかにあるだけなく，あらゆる人々のなかにあります。その魅力は用心深さや慎重さ，義務感，「より適切な判断力」と考えられるような，あらゆるより理性的な過程に類するすべてを超えるものです。したがって，おそらく稀なことですが，「ニキータ王」は恋愛話ではなく，セックスや性，そしてそれぞれの性別がもう片方の性別に感じる抗いがたい魅力に関する話です。重要な点は，個人全体ではなく，男性器と女性器の魅力をとても機知に富んだ形で語っているので，人々はそれらが愛ではなく，性的情熱についての寓話であることに気づくのです。愛はふたつの性器の間ではなく，ふたりの人間の間に起きる何かです。実際，人は相手の性器を征服することだけに興味を抱いている人たちを獣と見なす傾向にあります。性の本能的な性質について，野蛮さや残酷さ抜きに記述できたことは，プーシキンの偉大な力や魅力のひとつでしょう（おそらく，我らがチョーサーも同じことを行なっているとても数少ない英国の詩人のひとりでしょう）。

　人は現実的に**具現化された人間**です。これは，単純に肉体を「もっている」ということだけを表わしているわけではありません。このことが意味するのは，人は身体であり，身体は人であり，動物性をあわせもっているということ以上のものです。その動物性とは，遺伝的形質から生じる体型，構造，能力，同じように生理学，神経解剖学から生じる欲動や衝動，反射作用，つまり人間の生態を含むものです。セックスや競争，縄張りをもつこと，階層構造など，より高次の哺乳類，特により高次の霊長類に序列される動物のなかに見られる多くの行動は人間と共通しています。基本的情緒というレベルでは，明確な部分も顕著ではない部分もあるものの，人間と霊長類の仲間たちの間に大きな差異はないのかもしれません。

　2　ジェフリー・チョーサー（1343〜1400），英国の詩人。著書のひとつである『カンタベリー物語』は未完のままであるが，中世英語で書かれた文学作品の代表作とされる。

人間の具現化，それは身体とこころが対をなしているということと，それらふたつがつながっているということの両方を指しますが，それは性的行動の領域にも顕著に表われています。プーシキンの物語が文学的にも情緒的にも空想的と見なされるのはこの点にあります。というのも，人間の性的行動は他の多くの動物と異なり，大抵それほど単純だったり，直接的であったりはしません。人は抵抗しがたく，楽しい性器同士の結合なるものに対して，簡単に関心を寄せないことが知られています。

　人類の進化におけるこころの発達にともなって，人々が知覚するもの，なすこと，感じることすべてに影響を及ぼす行動の特徴が分かってきました。それは，目的をもち，生得的に組み込まれた強力な衝動です。セックスという行為も例外ではありません。もっとも単純な性的行為は空想やにあふれ，目的を有した重要なものです。フロイトは，性交渉のあらゆる行為には，実はふたり以上の人物がベッドのなかにいることを指摘しました。なぜなら，カップルになるということは両親というカップルの諸局面に関連して空想された行為のいくつかの形式があるからです。それこそが，人々が「愛」と分類している情緒の範囲のうちで，最大限の表現を可能にする性的感情や性的行為に帰属させている複雑で多様な意味なのです。

▶ セックス，愛，憎しみ

　セックスという行為は愛だけではなく，憎しみを伝えるものとしても使われます。

　　あ る若い女性は男性に対して複雑な不信感を抱いたまま，ある男性との関係をどうにか維持していました。ふたりはこどもをもうけ，次第にその女性はより強くその男性に惹かれ，その男性のことを好きになっていきました。しかし，その女性はセックスをしている間，自分がその男性に対する怒りに満ちていることに気づきました。セック

スは男性,しかも特に自分が頼っている男性に対する敵意をその女性に体験させ,知らしめる場所となってしまったようでした。たとえそれが言葉として表現されなくても同じでした。その女性は「セックスができないわけじゃありません。体は動きます。でも怒りでいっぱい,こころは憎しみでいっぱいになっているんです」と語りました。

このケースからはセックスという行為がいかに愛だけでなく,怒りという原始的感情を呼び覚まし,人々の表現手段として作動するかということを理解することができます。ほとんどのセックスの行為には多少なりともアンビヴァレントな感情が付随します。性的行為は空想を表現する手段としても役立つのです。それは意識,無意識の両方に言えることであり,その空想の多くは優しさやお互いの喜び,または暴力や倒錯,サディズム,マゾキズムを通して入念に演じられます。それは性的な解放へとつながるため,憎しみや敵意も愛情と同じように関係します。

ハムレット[3]はアンビヴァレントな感情,そして(その他の多くのなかでも)両親の性に対する息子の気持ちについての戯曲です。ハムレットは母親が父親の葬儀から1カ月も経たないうちに亡くなった父の弟と再婚したことに愕然としました。ハムレットは自分の母親への激しく理想化された強烈な恋愛感情に加え,とても鮮明に脳裏に浮かぶ動物的で抑えがたい欲望をコントロールすることにかなり苦労していました。ハムレットにとって,母親の性的感情という現実を認めなければならないことは拷問でした。ハムレットは母親を敬い,憎んでもいました。無垢な少女,オフェリアへの優しい気持ちはセックスのもつ力を認めざるをえないことによって汚染されてしまいました。オフェリアも女性であり,もしオフェリアが結婚すれば,「汝,氷のように純潔,雪のように純粋であれ。中傷から逃れることなかれ。女子修道院へ行くのだ。行け,さらばだ」となるのです。実際,愛する人に対するアン

3　1600年頃に書かれたとされるシェイクスピアの悲劇の戯曲。シェイクスピアの戯曲のなかでももっとも長い作品とされる。

ビヴァレントな感情を認め，それに耐えることは本物の愛の証となります。本物の愛とは幼稚な依存や，その人を独占したりコントロールしたいという欲求とは逆のものです。ハムレットは母親を愛していましたが，それはひとり息子の猛烈な横暴さをともなっていました。それは平穏無事な青年期や落ち着いた家庭生活に向かうことはなく，その代わりに，愛や憎しみ，人間の本質に関するすばらしい作品が生まれたのです。

　ハムレットの情熱的な感情はひとつの愛の形にすぎません。次に，いくつかの異なる文化圏のメンバーで構成されている週1回の心理療法グループから，ケースのひとつを挙げようと思います。そこではふたりの若い女性が自分たちの恋愛観を話しており，他のメンバーはその話に熱心に耳を傾けていました。

　二　コラはたらい回しにされ，傷つき，剥奪された幼少期を過ごしていました。しかし，ニコラは自分の文化圏にある宗教団体のメンバーとなってから，幼少期に欠けていた安定と励まし，居場所をいくらか見つけました。ニコラはその団体のメンバーのひとりからアプローチされ，少し前から自分のことが気になっていると告げられ，結婚を申し込まれたことをそのグループでためらいがちに話しました。ニコラはその申し出に大きく動揺しました。それは，それまで自分にはありえないと思っていたような，つまり愛にあふれ，互いに思いやりのある男性との関係性や家庭生活の可能性を自分に提供してくれる申し出に感じられました。ニコラはじっくりと考えた末，その申し出を受けることにしたことや，その後数カ月間は，ふたりで結婚を決める前にお互いをもっと知るようにしたことをグループのなかで話しました。男性はニコラの答えに喜び，すぐに自分の家族にその良い知らせを伝えました。この時点でニコラは謙遜しつつも強く目を輝かせて，笑顔を見せました。しかし，元気よく遠慮なくものを言うウェールズの少女であるローズは，何かが欠けている気がして，「あなたはその男性を愛しているとは言ってないわ。あなたは性的にその男性のことを求めていないのかしら。そ

の男性があなたを自分とセックスをしたいという気にさせないのかしら」と尋ねました。ローズは我慢ならないというように手で長い髪を掻き乱しました。それはニコラが説明した慎重で控え目な手順に，ローズがどうしようもないほど欲求不満を感じたかのようでした。ローズにとって愛の本質である情熱はどこにあったのでしょうか。

愛にはふたつのまったく異なる形式があります。そのひとつ目は希望と混ざり合っており，少しずつお互いを知り，信じ合っていくことによってふたりのなかで育まれるものから構成されています。そしてふたつ目は，肉体的欲求の基本的な力としての愛と関連しています。それは否応なしに人々を，そしてその判断力さえも圧倒します。これらの考え方は若い女性たちが関心をもつ文化や経験と同じく，人間の自然な姿を多少なりとも映し出しています。同じく，愛そのものの何か，とりわけ愛には計り知れない数の形があることを表わしています。ニコラにとって，愛とセックスは別々に存在しています。たとえ，いずれはこどもが欲しいと考えているとしても同じです。ローズにとって，愛とセックスは不可分なもので，セックスは愛を表現するための基本的手段でした。また，このやりとりは人間の本質を呼び覚まし，その激しさで人々を惹きつけ，他の経験よりもはるかにセックスを尊ぶ，愛そのものの力を示しています。愛は，動物にも植物にも，落葉樹にも常緑樹にも，肉食にも草食にも存在しているでしょう。それぞれが愛の形のメタファーですが，まさにすべてが自然界の一部であるのと同じように，あらゆる愛は情動過程の何らかの類似点から発生してもいます。本章の焦点は，愛とはいかなるものかについての探求なのです。

▶ ひとめ惚れで恋に落ちること

多くの人たちが人を愛せない，もしくは愛しつづけられないという悩みを

抱いて心理療法を受けに来ます。ドン・ジョヴァンニ Don Giovanni の原作によれば、ジョヴァンニはヨーロッパのあらゆる国で勝ち取った 2,064 個の愛の見事な名簿をもっていましたが、自らは分析家を訪れる必要性をまったく感じていませんでした。しかし、強迫的な女たらしのなかには、愛せないこと、つまり口説き落とした女性たちの誰とも一緒にいたいと思えないこと、一緒にいられないことに困り果て、自分を不幸にさえ感じている人が大勢います。こうした人たちの親密でいたいという差し迫った欲求は、相手を口説き落とした途端、窮屈なところに閉じ込められるような気も狂わんばかりの恐怖に変わるのです。ドン・ジョヴァンニは「オペラの結末で地獄に落ちるのとは程遠く、(中略) はじめから地獄にいたのだ」と語りました。

　愛する能力が生まれる内的過程（そして外的要因）を吟味し、**恋に落ちることと愛すること**との違いについて考え、愛が憎しみに変わる道筋を知り、さらに愛する人が去ったり、亡くなったりすると何が起きるのかを見るためには、人は最初の愛の経験に立ち戻らなければなりません。初恋の記憶を呼び覚ますことは、優しさや楽しさ、せつなさ、憧れ、夢見る気持ちなど、特別な心理状態を思い描くことです。その初恋はうっとりするようなものにも、手に入れられないものにも感じられます。そうした感情はそもそもどのようにして現実や毎日の暮らしの差し迫った状態から生き延びるのでしょうか。また、初恋には長く続く関係へと発展するものもありますが、冷酷な統計値が示しているのは、激しくすべてに夢中になってしまう深い夢のような愛が、**それ自身**で一生涯のパートナーシップや結婚のように、価値ある誠実で辛抱強く永続的な何かを形成するのに十分な基礎とはならないという現実なのです。

　しかし、人は恋愛を賞賛しつづけ、恋愛が人間の経験の頂点であり、人生が提供しうる最高のものであるかのように探し求めます。実際、それは時々

4　1787 年モーツァルトが作曲したオペラで、モーツァルトのオペラのなかでも傑出した作品とされる。スペインのドン・ファン伝説を原作としており、主人公ドン・ジョヴァンニの数多くの恋の遍歴と衝撃的な最期を描いたもの。ドン・ジョヴァンニは次々と女性を口説き落としては、裏切り、最期は地獄に落とされる。

人生そのものと同じ意味にも感じられます。恋人たちは生きていることをこれほど十分に実感したことはそれまでなかったと言います。恋愛中の心理状態は言葉では表わせないほどのもの、つまり言葉にならない、または表現できない性質のものです。しかし、逆説的ですが、人は言葉や音楽、キャンバスの絵でも表現しきれないものを表現しようとすることを決して止めません。

　さらに、すぐに認識され高く評価されている心理状態は明らかに普遍的で、文化に左右されることはありません。言い換えれば、それは本質的に**人間らしい**ものなのです。愛の起源はセックスと同じく生物学的なものであり、人間という動物の生物学的な遺産の一部です。アマゾンに住む人々やイヌイット、ヨーロッパ人、アジア人、アフリカ人なども、皆、「愛すること」について知っており、経験に合わせてさまざまに胸の上に手を当て、ため息をついたり、ほほえんだり、冗談を言ったり、歯ぎしりをしたりします。ブロニスラフ・マリノフスキ Bronislaw Maliowski は 1929 年に出版されたトロブリアンド諸島の文化人類学の研究で「ヨーロッパ人と同じように、メラネシア人にとっても愛は情熱であり、多かれ少なかれこころと身体を苦しめる。多くの人が愛によって行き詰まり、騒ぎを起こし、悲劇を生む。さらに、稀にではあるが、愛は人生を輝かせ、胸を膨らませ、こころを喜びにあふれさせる」と書いています。

　しかし、はじめて恋に落ちる経験は人々にとってまさしくきわめて普遍的で、すべての人間という動物にそのもとになる重要な状態があります。乳幼児をもつ母親の 1 年間の観察は精神分析や、精神分析的心理療法にとても役立つ訓練の一部になっています。訓練生は大抵、すでに精神医学や心理学、社会福祉の資格をもっている人たちです。訓練生は週に 1 回、通常の日常生活を送っている家庭を訪れ観察し見たことを記憶し、（観察の終了後に）そ

　5　ブロニスワフ・マリノフスキ（1884 〜 1942）、ポーランド出身の英国の人類学者。オーストラリアやニューギニア島東沖のトロブリアンド諸島、アフリカ南部、東部などをフィールドとし、参与観察という手法を人類学研究に導入した。ここで取り上げられているのは、『未開人の性生活』である。

れを書き起こします。もし状況に恵まれ、母親と赤ちゃんの間がうまくいっていれば、訓練生は日々、毎週、人間の経験を形成するもっとも深遠な要素の詰まった関係性を見られることになります。

　母親と赤ちゃんは見つめ合い、見とれ合い、ささやき合い、互いの思いやりのあるうっとりとした顔の光景に目を輝かせます。赤ちゃんはミルクでお腹がいっぱいの時、母親の腕にしっかりと身体を抱きしめられている時、至福の時を経験しているようです。それは、要求するものを赤ちゃんが与えられたことで多くの喜びや深い満足を得るように、赤ちゃんに与えることで同じ喜びや満足を得る誰かによって、身体的、情緒的欲求が満たされた状態でもあります。赤ちゃんにとって、これがはじめて恋に落ちる経験なのです。乳児は胎児期の経験をもってこの世に生まれてきますが、その生活を過度に恋しがることなく、生後数カ月間、もしくは数年間において中心となってくれる母親や養育者を必要としています。この経験は、その後の人生において、自分に「適した」人、ともに人生を作り上げるに値し、互いに満足を得られるような誰かが外の世界にいるという確信に大きく寄与します。

　さらに、一貫性のある、優しい両親や養育者によって愛され、世話された経験は急速に発達していくパーソナリティの基礎や安定した中核となります。そして、赤ちゃんが自分を母親の中心におこうと試みます。また、母親が疲れ果て落ち込んで見える時に母親を元気にさせようとしても母親に反応がなければ、やがてその赤ちゃんがこどもになり、そして大人になった時に問題を抱えることでしょう。言い換えれば、愛せるようになるためには、愛されていたことがとても重要な役割を果たすのです。それぞれの人の乳児期の発達早期の経験は、大人になったその人自身の生活のなかでも活動し、生きています。愛という情緒的、精神的な経験が身体的な表現につながっていくような関係性を築くことは、早期のよい経験の結果であり、また同じく、他者によい経験を与える要因ともなるのです。

▶ **乳幼児期の愛の起源**

　これらの忘れ去られたつながりは、意識的な記憶から遠く手の届かないところにあることが多いのですが、若い男性が女性をひとめ見て恋に落ちる時、そのつながりが見えることがあります。もちろん「落ちる」というのは、その経験に意識のコントロールを超えた、どうにもならない部分があることを示唆しています。若い男性がうっとりと見つめる女の子は、その男性の母親がはじめて息子を抱き、息子から見つめられた時と同じくらいの年齢かもしれません。そして、いかに多くの男の子たちが母親と同じ髪や瞳の色をした女の子、母親と似た笑い方や気の効いた会話を生み出す才知や気立てをした女の子を選ぶかは印象的です。同じように、女の子の場合は若い頃の父親に似た男の子を選ぶと思われていますが、大抵はその通りです。

　さらに、男性の場合とまったく同じくらい、女性も母親が幼い赤ちゃんにしているケアを何らかの形で求めていることが見えてくる場合が多々あります。自分を甘やかしなさいという広告がそれを示しています。**母親のように自分のケアをしなさい**、もしくは**赤ちゃんのように自分を扱いなさい**と解釈しうる広告は「赤ちゃんにしているように、自分のケアをしなさい」と説いています。「ベビードール」のような格好をしたり、そのように振る舞ったりする女性は、男性からの性的注目だけではなく、母親のようなケアを必要としているのかもしれません。大抵、後者は前者の裏、または内側に隠されていることさえあり、往々にしてそれは叶えられません。マリリン・モンロー Marilyn Monroe は悲劇的なこども時代を過ごしましたが、それはあるタイプの男性に自分の世話をさせる強力な才能に影響を与えたのかもしれません。しかし、モンローが恐ろしいほど男性を必要とするあまり、男性は最後にはモンローから離れてしまうのでした。こうした女性が他の女性から引き出すある種の敵意は、大人の性的競争心の産物というだけではないのでしょう。そこには女性のこどもの部分が引き起こすある種の剥奪につながるような、元々の母親のなかに存在する敵意や、競争心すらも無意識のうちに呼び覚ますものな

のかもしれません。

　同性愛にも母子関係の要素が含まれることがあります。若い時の自分に似た男性を求め，幼い時に自分が母親から与えられたと感じた愛情やケアを，母親がしてくれたように与えようとする男性もいます。フロイトはレオナルド・ダ・ヴィンチ Leonard da Vinci の弟子たちについて「ダ・ヴィンチは弟子たちに優しく，思いやりを持って接し，世話をし，病気の時には看護した。それはまるで母親がダ・ヴィンチにしたのと同じであった」と記述しています▼6。要するに，それは愛される自己のもうひとつ別の形であり，これは強い自己愛的な（自己準拠的な）愛の一種なのです。ウェンディ・コープ Wendy Corp▼7 は「甘く」のなかで男性と女性の間に存在する恋愛の状態について，機知に富んだことを書いています。

　　すべては，私たちがとても似ているから
　　私たちふたりは双子の魂
　　ええ，私たちは，同じ言い回しに微笑む
　　そして真実だと確信している

　　私は精神分析家に告げた
　　精神分析家は私たちの愛を違う名前で呼んだ。
　　けれど，好きなように呼べばよい
　　どうせ同じことなのだから

　　あなたに会いたい，声を聞きたい
　　私の自己愛的な対象選択

　6　「レオナルド・ダ・ヴィンチの幼年期のある思い出」（甲田純生・髙田珠樹＝訳 (2009)『フロイト全集11』岩波書店）
　7　ウェンディ・コープ（1945～），英国の詩人。代表作は『キングスリー・エミスのためにココアを』である。

早期の母子関係の後に続く恋愛には（絶対的な裏づけがあるわけではありませんが），早期の母子関係ほどの不合理さや妄想性，何かに「落ちる」というどうにもできない感覚がそれほど強くはありません。しかし，そこには母親と赤ちゃんの間に存在し，初恋のもっとも重要な要素とも連続するものがあるのです。さらに，母子間の初恋の要素は，その後に迎えるすべての対象選択の強い決定要素として居座りつづけると考えられています。

　早期の恋愛は，あらゆる親密な恋愛関係のなかでももっとも建設的なだけでなく，もっとも破壊的な要素の源泉でもあります。乳幼児観察の訓練生でも注意深い観察眼のある人であれば早い段階から，乳児が母親に対して圧倒的な愛情を経験するだけではなく，原始的怒りや憎しみの嵐に揺さぶられていることに気づきます。これはもちろん，大人が抱くような憎しみの感覚と同じ意味合いでの憎しみではありません。ある部分では，これは赤ちゃんの本質，つまり気がついたら自分が存在していた世界と闘って進もうとする，または**ものごとのありのままの姿**，つまり現実に立ち向かおうとする強い欲求を表わしています。またそれは，欲しい時におっぱいがないことや，止まない腹痛など，内的，外的の両方の現実に対する気づきや反応でもあるでしょう。

　赤ちゃんにとってこうした状態は，突然，とても剥奪的な母親，または残酷で攻撃的な母親が現われたように感じられます。そして，このような母親とは激しく闘い，抗議しなければならないように感じられるのです。整理や分類をして明確に評価することが可能となるようなこころの発達を，大きく阻むことになる不確かさや不信感，混乱に圧倒されないようにするため，赤ちゃんはきわめて重要なひとりの人物に向けた愛と憎しみという強力で矛盾した感情の意味を理解しなければなりません。これを実行するために，赤ちゃんはこの2種類の感情を互いに分離させ，同時に自分のこころのなかでこれらの感情を向けている人物について，まったく異なる種類のふたつの人物像を作り出しています。赤ちゃんに関して言えば，ただひとりの母親ではなく，ふたりの母親がいるのです。ひとりは赤ちゃんが優しさや感謝の気持ちを感じることのできる，愛すべきよい人物で，もうひとりは怒りや憎しみを感じ

る残酷で剥奪的な人物です。

　離乳する頃になると，赤ちゃんの母親に対する関わり方に変化が見られるようになります。それほど明確にというわけではありませんが，愛と憎しみというふたつの感情が実は同じ人に向けられているという認識が表われてくると考えられています。赤ちゃんは前よりも随分と手のかかる小さな生き物となり，発達が順調に進んでいれば，自分が母親に与えている影響に気づくようになります。（前述した観察のなかで）赤ちゃんが自分の感情や欲望を抑える練習をする，つまり母親の状態を考慮して自分の望みを全開で表出しないようにするのが見られるようにさえなってきます。こうした類の変化は大人になって，相手の状態や欲求を気にかけておくという最終的な能力や，いずれは相手のことを思いやり，自分の望みを遠慮なく露わにするのを控える能力の重要な基礎となります。

▶ 理想化

　ここまで述べてきたことからは素朴な疑問が生じます。母親と赤ちゃんの間の深い関係性に愛と憎しみが含まれるなら，またこの母親との原初的経験が，はたして恋に落ちる能力だけではなく，後の恋愛対象の選択にもかなり大きな影響を及ぼすとするなら，**恋に落ちる**ということは，そこまでアンビヴァレントな感情をまったく含まないものとなるのでしょうか。そんなにも完全に肯定的で，そこまで明らかに否定的な側面がないものなのでしょうか。雑誌が提案しているように，否定的な側面などまったく思い浮かばない，もしくは決してありえないような申し分のない**最高の相手**を見つけることだけが課題なのでしょうか。

　現実は厳しく，妥協を許しません。愛する人が言いようもないほど完璧だという魅惑的な確信は，**理想化**という媚薬から生じてきます。理想に対する憧れは強力な心理的力を有しています。母親と赤ちゃんの間の初恋には，日常生活での差し迫った状態から赤ちゃんを守る母親という理想だけでなく，

初恋への純粋に理想的な何かがあります。その後のより成熟した関係を築くための能力はそこから育まれてきます。しかし，大人の場合，理想化は現実というよりむしろ根拠のない主張のひとつの過程です。理想化には，愛する人の現実の属性を誇大化したり，過大評価したりする状態がともないます。そこまで達すると，たとえば普通に良いものを，理想より劣るものと考えたり，その人に向けられた理想的な愛の感情をそれ以下のものと認めることができなくなったりします。愛する人は，人ではなく天使となるのです。ロミオとジュリエット，トリスタンとイゾルデ，ランスロットとグィネヴィアなどの物語は，すべてある種の理想化された愛がもつ大きな信念や限りない誘惑的な力を描いています。

赤ちゃんは母親に対して感情をふたつにスプリットさせるものですが，理想化は大人がそうしたふたつの感情の一方だけをもつことを意味します。その感情はあらゆる可能性が否定されるほどで，これまでだけではなく今後もずっと抱きつづけられるものです。おそらくこれが，ごく古い時代の悲観的で賢い作家たちが妄想的状態になるほど恋することを好んできた理由なのでしょう。ここにシェイクスピアが『お気に召すまま』でロザリンドの人物を通して語った言葉があります。

> 恋は狂気にすぎない，だから狂人と同じように恋するものは暗い部屋に押しこめて鞭をくれてやるのがいちばんいいのです。実際にそのような折檻による治療がなぜ行われていないかと言うと，恋の狂気がこのごろではあまりにもはやってしまったので，鞭をふるう人のほうまで恋にとりつかれている始末だからです。

8 　ウィリアム・シェイクスピア（1564〜1616），英国の作家。世界文学史上もっとも偉大な作家と言われる。『ハムレット』『マクベス』『オセロ』『リア王』は四大悲劇とされる。

9 　「お気に召すまま」（『シェイクスピア全集Ⅲ』（小田島雄志＝訳（1986）白水社）の訳を用いた。

第6章 —— 愛

愛と狂気の両方を経験したある女性の思考も、それに似ています。

> もし恋に落ちることがそんなにありふれた経験でなければ、そして医者たちが私生活で恋に落ちることがなければ、恋は精神科医が学ぶべき教科書の項目となっていたかもしれません。なぜなら、恋愛は妄想的苦痛をともなう際立ったもので、かつ、普遍的に人々に広く行きわたったものだからです。これは失礼な、もしくは皮肉っぽいコメントなわけではありません。恋に落ちることはすばらしい経験です。しかし、そこにはいくぶん精神病的な経験がありますが、そのなかには表現しがたいほどすばらしいものもあります。（中略）恋愛中の人に理を説こうとしたことのある人なら誰しも、恋愛状態のもっとも明らかな特徴のひとつが洞察の欠如であると確信をもって言えるでしょう。（中略）恋はかなり理不尽なものですが、それによって恋の現実性や現実的な目的を減じることはありません。それは当然のように日常生活の一部と思われている、単に激しいだけの、理不尽な状態ではありません。ありとあらゆる親の愛、そしてとりわけ母親の愛はそれが最初に覚醒した時点でかなり妄想的なものでもあります。人に必要なのは妄想の意味や目的を理解し、これらをどのように外的生活の現実に適応させるのか、なぜ適応させればならないかを学ぶことなのです。
>
> モラグ・コーテ『すべての道理を越えて』(1964)

この著者はいくつか興味深いことを提起しています。ひとつ目は、愛のもつ明白な不合理さ、その妄想的性質です。おそらく、恋に落ちるという経験のもっとも重要な特質は、ふたつ目の問題に関連しています。それはこの必然的に生じる錯覚の価値や機能、あるいは愛情の生物学的妥当性につながっています。もし人類が生物学的観点において繁栄しているとすれば、そのプロセスにおいて常に、愛は愛を再生するに違いありません。（必ずしも避けられないわけではありませんが）恋に落ちることにともないがちな性的情熱は、受胎のプロセスを保護します。出産後の母親の情熱は乳児の生存確率を

「(中略) おや, まあ。そこにいて」。
図9　理想化とは情事の不安定な状態です。

高めます。これはあまりに残酷で, あるいはロマンティックではない考え方のように聞こえるかもしれません。しかし, これは大いなる愛の喜びの正当性を認め, その喜びに許可を与えうるものです。

　同じように, 10代のある時期に, 両親や両親からの監視の両方をほぼ間違いなく**嫌う**という過程には, 生物学的基盤があると考えられています。こどもが成長するために, そしてやがて自分自身の家族を作るために離れていくためには親子の分離が必要であり, それは人生にとって重要な役割を果たします。また, それは親子双方にとってかなり難しいことです。なぜなら, その分離は現実に喪失をともなうからです。青年期の周知の近寄りがたさは分離の過程で役立つかもしれません。というのも, 最終的な分離には, こども時代の喜びに終わりを告げる悲しみがともなうだけでなく, ある程度の安心感や満足感が得られることもあるからです。

著者が提起している3つ目の問題はさらに厄介なものです。女性がある特定の病的体験のすばらしさについて語る時には，ほぼ確実に**熱狂的な執心**を話題にしているものです。そして，これは「恋愛」状態の源のもうひとつの特徴を指しています。なぜなら，それは無尽蔵の信頼，躁的状態のお気楽な楽観主義などをいくらかともなうことがあるからです。躁的防衛は，人のこころの奥底にある攻撃性や喪失の恐れに対抗して作用することがあります。実際はその関係性のなかにある「理想的」性質を減じるかもしれないような不安に対しても働きます。理想化は常に，理想とははるかに大きくかけ離れた存在への恐れを示しているのです。「女性を慕い」，「女性を崇拝して」いる男性は，女性に対する羨望や敵意，そして万能的な方法で女性の行動や思考を支配したいという願いに対応するために苦闘しているのかもしれません。

　あ る若い女性が，パーソナルトレーナーとしてジムで働いていました。その女性は完璧な外見で，生き生きとして活発な物腰をしており，ボーイフレンドを探すには苦労もなく，友人たちと楽しく過ごしていました。その女性が自分にふさわしいと思う男性はそのなかにひとりもいなかったのですが，ある日，その女性によると自分を「慕っている」男性が現われたのです。その証拠に，その男性はジムに来ては，その女性が自分のレッスンで走っている間，ずっとその女性を見つめていました。実際，男性はその女性から目を離しませんでした。男性は毎日，その女性に贈り物を買い，仕事場からも頻繁に電話をかけ，出かけるたびに毎回自分がお金を出すと主張しました。最初，これは理想的に思えたのですが，その女性は次第に窮屈になってきました。その男性はその女性が同性の友人と出かけることすら嫌がるようになり，ジムのお客さんと何を話したのかまで尋ねるようになりました。女性は，「そこまであの人が嫉妬深いのは，あの人が私を本当に愛しているからに違いない」と自分に言い聞かせました。しかし，女性は男性の攻撃的な質問が執拗になって増していったり，その男性の気に入らない会話をすると騒動が巻き起こったりしたので，それを避けるために秘密や嘘に頼るよ

うになりました。やがて，その男性は暴力で脅し始めました。かなり突然でしたが，女性はこの行動が愛とはほぼ関係なく，むしろほとんどは敵意や暴君的支配と関係しているのだと気づきました。女性は関係を終わらせることにしました［病的な嫉妬は，間違いなく相手が危険な状態にあるという印であり，専門的な援助の必要があることを示しているのかもしれません］。

適切な判断ができていても，ここまであからさまにアンビヴァレントな感情なしに慕われたり，喜びに満ちあふれた楽観的な方法で理想化されたりすると，誰しも皆，影響を受けやすいものです。このようになりがちであることを知っておくことは，誘惑者の武装に対する強力な武器となるでしょう。

　　あ　る容姿端麗な男性が治療に訪れ，自分は結婚しないまま中年期を迎えてしまい，自分の人生には何の意味もないと不満を漏らしました。しかし，その男性はとぎ澄まされたテクニックを繰り返し使っては，これまでにかなり驚異的な数の女性たちを誘惑していました。その男性は女性に「ねらい」をつけると，その特別な人柄に雷に打たれたような様子を見せました。そしてその男性は，女性が自分は高く評価され，必要とされている人間であると感じ，雲の上にいるような感覚に駆られるまで，ひたむきな様子でうっとりとその女性を見つめ，ベッドに誘い込むのでした。自分の目標が達成されるやいなや，恍惚として見つめるまなざしのスイッチは切れてしまうのです。その男性は退屈になって満足できなくなり，次の理想的な対象を探すためにその女性の下を離れるのです。そして，取り残された女性は落ち込み，戸惑い，傷つくのでした。

　その男性の過去にはその行動に関連するたくさんの特徴がありました。それはこの出来事から感じられるものとは違って，単に残酷であるのとは程遠いものでした。男性の母親は夫に捨てられると，赤ちゃんを育てることをあきらめ，こどものいなかった自分の姉妹に預けました。その

こどもが3歳半になった時，母親は幼いこどもを連れに戻ってきました。それ以降，少年は大人になるまで「母親」だと思っていたおばに再び会うことはありませんでした。

この男性の強力で誘惑的な行動は女性に対する強い欲求を示していましたが，その行動はそうした欲求を引き起こす女性たちを罰するように男性を駆り立ててもいました。女性に対する葬り去られた恐怖や憎しみを表現するようになると，その欲求には，おそらく治療後には別なものに変わる可能性のある何かへの望みも含むようになりました。このケースは，男性であれ女性であれ，人間には表向きは純粋な思慕に見えていても，実際には乳房との早期の経験による影響力に結びつくような感受性があることを示しています。この特殊な誘惑者，そして別の方面であってもこういうことを得意とする人たちは，他人のなかに存在している自己愛的な感受性，つまり，たとえそれが現実的ではないとしても，すべての人に愛され，望まれたいと強く願う気持ちに働きかけ，おだてて良い気分にさせるのです。

▶ 理想化の果て

しかしながら，これらふたつのケースが示しているほど，現実は空虚なものではありません。愛することや愛されることは全か無かの出来事ではありません。愛しい人は自分たちにとって特別に感じられます。それは，乳児，親，こども，恋人，配偶者への理想化が**ある程度**は行なわれていることを暗示しています。それは永続する愛の総体的な部分とも考えられ，軽視すべきものではありません。理想化が形を変えると，世界のなかから類まれな人たちを見出す手段にもなります。そうした人たちは，自分とは異なる，とても特別な人たちであるため，特別な財産を投資したり，特別な努力を費やしたりする対象にもなります。それは愛する対象の絶対的な完璧さについて抱いていた最初の情熱的な確信の炎が，現実によってより穏やかなものに取って

代わった後に残る輝きとして捉えることもできるでしょう。それはおそらく家族の絆の基本としても働くでしょう。

　愛情深い関係性であったとしても、多くの人にとって、日々の現実にはある程度のアンビヴァレントな感情がともないます。赤ちゃんは疲れれば泣き、恋人たちも夫婦も苛々したり、わがままになったり、相手が一番いてほしい時にどこかに行ってしまったりもします。こどもはもっとたくさんのお菓子やもっと大きなおもちゃ、新しいスポーツ用品を欲しがって貪欲になり、不機嫌になったりします。大人にとって、愛する人がいつでも理想的ではなく、愛せるわけではないことを認めるのは、赤ちゃんが愛する母親と憎んでいる母親をひとりの同じ母親であると認めることと同じなのです。おそらく理想化は、特定の人の気まぐれに対する特別な忍耐力、相手の個性と自分との違いを認めることのできるものへと発展するのです。それどころか、その気まぐれを好むようになることすらあります。さらに、理想化によって尊敬の念や愛情、絆や誠実さが維持されるのです。

　これは「恋に落ちる」ことの最初の炎が招くすばらしい効果です。ただしそれだけでなく、あまり建設的でもなければ、幸せでもない効果もあります。カップルのなかには、異性愛か同性愛かによらず、自分たちの幸せな結合に、現実やそれによるアンビヴァレントな感情が現われてくると、それにもちこたえられなくなり、それを不愉快な侵入や悲痛な喪失とさえ体験することもあります。そうなると、初期の体験を別の相手とともに再現しようと求め、そして、このパターンは延々と繰り返されることになります。恋愛状態のうきうきするような特徴のひとつは、慕うのと同じく、慕われるということであるため、自分を大切にすればするほど、相手の目に映る自分が完璧ではないと気づかされることに耐えられなくなるのです。「**ありのままの私**を愛してくれないなら、私に構わず、他の人を探して」という叫びです。その特定の瞬間の「ありのままの私」というのが悩ましいものであり、かつ、まったく愛せないという事実を見落としていることがしばしばあるのです。

　こうした種類の行動を単純に説明することはできません。それは、**一体どうしてあなたはあえて私のことを素敵でないなんて思えるのかしら**といった神経症

的なこころの問題を示すことがあります。あるいは，それは自分自身の行動に嫌悪感を抱いていることの痛々しい表現，つまり，自分が決して相手のことを満足に扱ってないと感じている時に，相手からの一時的な解放を求めるような暗黙の訴えなのでしょう。

お互いに結託し，暗黙の取引を使って理想的な「恋愛状態」という体裁を何とか維持しているカップルもいます。つまり，私が完璧で，あなたのどんな欲求にも十分に応えていると認めてくれるなら，その見返りとして私はあなただけを一生慕いつづけますというものです。この完璧な結合のかやの外にいる人たちは，欠陥のある人，不適格な人，理不尽な人，悪意のある人たちと見なされるのです。また，普段ちょっとした痴話喧嘩をしたり，トラブルを抱えながらもどうにか関係を続けているような友人や知人にとって，そうしたカップルは完璧なカップルに見えるでしょう。このようなカップルの**互い**の羨望や競争心は，語られることのない暗黙の取り決めによって立ち入られることはなく，外界に投影されるのです。周りの人たちは，自分たちの関係性は完璧なカップルの関係と比べ，かなり単調でロマンティックではないように感じさせられるのです。

それではなぜ関係は崩壊するのでしょうか。なぜなら，そうした取り決めは遅かれ早かれ破綻することが多いからです。一般的に，取引は長続きしないのです。ある家族は小学校にこどもが行き始めた途端，妻が働きに出たいという願いを口にするようになり，夫はそれに耐えられなくなったことが原因で問題が勃発しました。夫は地位を奪い取られたような気分や劣等感，自分の価値が足りないといった気持ちを抱きました。夫のこころのなかでは，妻の言動は裏切りのように感じられたのです。夫は慰めを求めて他の女性と関係をもち始めました。ふたりはどちらも相手を許せませんでした。お互いの「不義」だけではなく，完璧な結婚というものに対して世間が考える裏切り行為というものも原因となりました。このケースで理想化の背後に隠されていたのは，相手に対するお互いの競争心と敵意でした。理想化された関係性がいったん壊れてしまうと，スプリットされていた否定的な側面が現われ，その結果，恐怖や憎しみが生じるのです。

▶ 聖なるものと俗なるもの──成熟した愛

　永続的な関係性に現実やアンビヴァレントな感情が付きものであるように，愛には成熟が必要とされます。たとえその愛情がどんなに情熱的であったとしても，互恵的でない愛はまだ**愛**ではありません。中世の終わりに見られた騎士道的な愛の習わしは，愛人とその男性が慕う女性の双方への行動を決定する規則や指示の複雑なシステムから構成されていました。当時の結婚はロマンティックな取り決めではなく，大半は利害関係上，もしくは政治的なものであったため，ほぼすべての女性が結婚しました。愛人の役割はその男性が選んだ女性を敬い，慕い，尽くすことであり，宗教的とも言えるようなやり方で女性を崇拝しました。こうした男女間のやりとりの名残は人々の現代の態度や振る舞いのなかにもいくつか残されています。情熱的な愛という考えのなかに性的な気持ちを持ち込むことはそれほど制限されておらず，こうした名残はおそらく愛それ自体のロマンティックな理想化のなかにも見られます。興味深いことに，騎士道的な愛がフランスや英国で盛んだった時期には，売春もまた寛大に扱われ，容認されており，教会やギルド組合に健全な収入をもたらしていました。この二極化はおそらく聖なる愛と世俗的な愛とのスプリットを表わしていました。「貞淑な」女性（淑女は欲望を経験しません）は肉体的衝動とは対照的な存在です。その一方，貶められている女性は，その女性もまた欲望を経験することができるという理由で「悪」とされています。しかし，愛情と性的欲望を統合することは青年期にとっての主要な発達課題なのです。

　もし恋に落ちて，そこで継続する関係性がやがては現実とともに適度に緩和されることなく，かなり問題あるものになってしまう場合，愛についてどんなことが言えるでしょうか。徐々に明確になってきたことは，愛の体験は発達や成熟にともなって変化するということです。つまり，16歳，30歳，50歳でも，誰もが愛情を体験することはできますし，相手の選択は今なお強力な無意識的要因によって操作されています。人生の終わりに近くなって

図10 「大丈夫よ、ダーリン。(中略)この子は怪我してないわ。ちょっと驚かせてしまっただけみたい」。最愛の人が自分と同じ優先順位を持っていないかもしれないということを認めるのは難しいことでもあります。

も,愛する人を見つけることは,赤ちゃんと母親との間に存在する最初のもっとも基本的な愛に含まれていた要素を再度探し出し,生じさせることになるのです。ただし,順調にいく場合には,愛の本質は成熟にともなって変化し深まっていきます。つまり,その始まりにあるような一時的なものではなくなり,むしろその表現はより色あせない信頼できるものとなるのです。

　成熟した愛においてもっとも必要かつ重要な特徴のひとつは,もっとも達成困難なものです。青年の情熱的な独占欲は最愛の人のなかで完全に自己を失い,その結果として,ふたりの間に分離などないと感じられるものですが,そうした独占欲は現実のなかで生き延びることはできません。時間が経ってくると,最愛の人が自分と同じではないということを認めるのが難しくなります。おそらくいくつかの点において,愛する人とはかなり大きく異なる点があり,それが明らかに変わることはないでしょう。愛を理想化された「恋愛状態」や独占欲,管理,支配の現われと対照的なものとするには,愛する

人が自己と同一ではなく、他者であることを認めるという変化を生じさせることが必要なのです。

　他者との分離が認識され、許容され、またその他者性が認められたり、楽しめるようになったりすると、はじめて愛の成果を理解できるようになります。小さな赤ちゃんと同じく、大人もこの苦痛をともなう人生の事実と戦わなければなりません。乳児にとっては、母親がちょっと部屋の外に出るということであっても、それは目の前からいなくなるということなのです。しかしやがて、そのようにいなくなる母親が、自分を優しく理解してくれ、自分もその慈悲深い乳房ゆえに慕っていた人物と同じ人であるということに気づくようになります。母親がいなくなることや戻ってくることは、究極的には赤ちゃんの支配できない領域にあり、赤ちゃんは同じひとりの人物に愛と憎しみを感じていることを認めなければならないのです。

　分別のある冷静な大人でさえ、自分たちが特別に強く関心を注いでいる人物がいなくなることは、たとえ短時間であっても辛いものです。人はそのことに慣れています。大人の生活ではこうしたことが避けられないことを知っており、その重要性を否認し、「自分のための時間」を持つ利点を納得させるためにいろんな方法を見つけています。しかし、また何の異議も訴えず反応もせずに相手を去らせることが、どんなに厳しいことであるかを理解できれば、その人の人生は豊かになるでしょう。さらに、これは自分の時間が有する本当の価値を否定するものではありません。自分のための時間は単に人を再生させるだけではなく、人にとって必要不可欠なものでもあります。それが全貌ではなく、それ以上の価値があるのです。

▶ 失うことと見つけること

　愛、つまり相手に積極的に関わること、自分の個人的な幸せよりも他者の健康や安心を優先することにすべてを捧げることは、その最愛の人を失った場合に深刻な痛みをともなう危険を含んでいます。愛する人との別離、また

は死による喪失はすべての人が対処しなければならない一般的な経験のなかでも，もっとも困難で過大な労力を要し，対処しにくいもののひとつです。喪には亡くした人の価値や重要性，喪失の悲嘆を充分に実感し，その後，悲嘆から復活して，再び残りの人生を歩んでいくということが含まれます。

　しかし，悲しみにどれだけ圧倒されるだろうかということを無意識に恐れるあまり，悲しみが否認されることもあります。もしくは，悲しみが身動きの取れない状態やうつ状態にはまり込むこともあり，そうした状態では亡くなった人が理想化され，自己が価値のないものとして過小評価されます。慢性のうつ病の場合，専門的な援助に反応することも時々ありますが，変化が難しいこともあります。というのも，変化するには亡くした最愛の人に感じるアンビヴァレントな感情を認めることが必要とされるからです。それを許容するのはひどく苦痛なことです。しかし，喪の過程では，それほど複雑ではない方法で，最終的には愛と感謝の念をもって，亡くなった人を記憶に留められるようになります。その結果，遺された人は好奇心や意欲，活力をもって，亡霊に悩まされることなく，残りの人生を生きていけるようになるのです。喪の過程は何年もの間，断続的に続くこともあり，まっすぐ簡単に**終わる**ことは決してありません。

　愛と喪失はどちらも創造性にとって多大なる刺激となります。愛と同じく，愛の喪失や最愛の人を亡くすことも偉大な詩人を大いに鼓舞します。これらの経験は人をこころの深淵に触れさせ，普段の日常生活ではほとんど触れることのできない感情の泉を開かせます。こうした内的発見を言葉にしたいという衝動は他者とつながりたい，そして再び結びつきたいという衝動です。こうして，それは人生にとって重要な人がたとえ亡くなったり，去ったりしても，生きつづけていたいと欲する力になります。

　　星は今は要らない，みんな去ってしまえ
　　月はしまっておけ，太陽は片付けろ
　　海の水は汲み出し，森の木はなぎ倒してしまえ
　　今はもう何も役に立たない

叙情的ではありますが，伝えられているのは絶望です。しかし，それは誰かに**向けて**，聞き手に向けて伝えられています。オーデン W.H. Auden の愛の詩は男性に向けて書かれたものですが，愛であることに変わりはなく，表現された気持ちは両方の性別にとって，愛そのものについて書かれているということが十分に理解できます。

　人の死だけではなく，喪失も人生における重要な現実に人を触れさせるものです。トーマス・ハーディー Thomas Hardy の『遥かに狂乱の群を離れて』のヒロインであるバスシバ・エヴァディーンは，自分に向けられていた男性の愛を当然のように受け取っていましたが，その男性を失うかもしれないという状況に直面した時に，はじめて自分の男性への気持ちを認めることができました。バスシバは，ある時点までこどものようにその男性，ガブリエルに甘え，頼り，気に入り，信用していました。しかし，バスシバは自分に対する粘り強い献身に首を振り，代わりに危険で魅惑的なトロイ軍曹のほうに気持ちを向けました。トロイはバスシバを口説き落としたいだけでした。ガブリエルがやがて，バスシバの食卓からパン屑以上の物をもらうことをあきらめ，農場の支配人としての契約を更新しないことを告げると，バスシバは落胆しました。バスシバは実務的なことだけでなく情緒的にもガブリエルを必要としていたことを認めたのです。こうした類の感情は「**すべては私たちがとても似ているから（以下省略）**」といったものとはまったく異なっています。ハーディーが続けて述べようとしているように，相手が自分とは**異なる**ことを認めることは，深い形の愛につながっていきます。それは互いを知ることから生じ，おそらくは本当に同じくらい深く知ることからなるのでしょう。

10　ウィスタン・ヒュー・オーデン（1907〜1973），英国出身の詩人。20世紀を代表する詩人と言われる。20世紀の半ばには米国に移住し，米国籍を取得している。

11　トーマス・ハーディー（1840〜1928），英国の作家，詩人。代表作には『テス』『日陰者ジュード』などがある。

ふたりは互いの気持ちについてはほとんど話しませんでした。このようなた試練に耐えた友人の間には，おそらく美しい言葉や暖かな表現はおそらく必要なかったのでしょう。ふたりの愛は，偶然に出会ったふたりが，まず互いの性格の粗野な側面を知ることから出発して，さらにしばらく経ってから，そのもっともすばらしい側面を知って，硬く単調な現実生活の塊の隙間にロマンスが成長する時に起きる（もしも何かが起こるとすれば）堅実な愛情でした。この親交，つまり**友情**は普通共通の趣味，嗜好から生じるものですが，あいにく男女間の愛にそれがともなうことはめったにありません。なぜなら，男性も女性もその苦労のために結合するのではなく，ただその快楽においてのみ結合するからです。しかし，幸せな状況がその後の発展を許す場合には，そのいくつかの感情が組み合わされた思いは，死のごとく強い唯一の愛となり，多くの水にも消されることなく，洪水のなかでも溺れることのない愛であることが示されます。それに比べれば，通常情熱と呼ばれる感情のようなものは，流れる小川のように一過性のものにすぎないのです。

　　　　　トーマス・ハーディー『遥かに狂乱の群を離れて』（1874）

第7章
夢を見ること

　人はどのようにして夢を見ていることを知るのでしょうか。いずれにせよ、人は通常、目覚めるまで夢を見ているとは気づきません。「これは夢を見ているだけだ」と呟くような夢はかなり稀なものです。自分が目覚めていることを人がどうやって知るのかは、さらに難しい質問です。人は自分が目覚めていて、夢を見ているわけではないと信じていますが、それを証明することはできないのです。哲学者のバートランド・ラッセル Bertrand Russell は「目覚めていると思い込んでいる生活が普通ではなく、永続的な悪夢にすぎない可能性はいくらでもある」と辛辣に記しています。幼いこどもでも「夢」が目を閉じてベッドで寝ている時に起こる生活の呼称であることを知っていますが、夢の出来事と現実を混同することがよくあります。

　　あ る幼い少年はワニに追いかけられる恐ろしい夢を見て怖くなり、泣きながら起きました。母親が少年を落ち着かせようとベッドにやって来ましたが、うまくいきませんでした。母親は少年に、「ワニのお話をしてちょうだい。どんな風に見えたのかしら」と話しかけましたが、母親の鈍感さに少年は改めて、さらにわんわんと泣き出し、「ワニがどんなだったか、お母さんは知っているでしょう。だってお母さんもそこに一緒にいたじゃないか」と言いました。

1　バートランド・ラッセル（1872～1970）、20世紀のはじめ、数学者、論理学者として出発し、哲学者へと転向、後に教育学者、政治運動家としても活躍した。1950年には哲学者として3度目のノーベル文学賞を受賞している。『哲学入門』『幸福論』など多数の著書がある。

一度目覚めると，大抵の大人は覚醒中の生活を支配している空間と時間の物理法則を認識できます。しかし，ニュートンの法則は夢のなかでは適用できません。そこでは，時空が奇妙にねじれていることは間違いありません。大部分の時間，人はこれらふたつの世界を区別していると考えられています。しかし，強力な夢は一日中，人の気分に影響を与えることがあります。いつもと違う方向からベッドを出た，些細なことで喧嘩をした，あるいは驚くほど陽気だったり，気分が良かったりというのは，時として忘れてしまった夢の出来事と関係していることがあるのです（付録写真8）。

　夢を見ることは必要な心的機能であり，すべての人は睡眠中に規則的な間隔で夢を見ています。覚えているいないは別として，夢は人にとって重要な問題を表わし，それらを作り直したものとなっています。その結果，人は新たな方法で経験を処理することができるようになるのです。したがって，こうした種類の夢の作業はある種の思考作用ですが，預言者が自国ではその価値を認められないことがあるように，夢の価値はしばしば軽視されています。大抵の夢はすぐに忘れられてしまいますが，短時間，長時間のいずれにせよ，寝ている時と起きている時の心的体験の間に顕著な混乱が生じるような場合には，「これは現実に起きたことだろうか，それともただの夢だったのか」「悪夢を見ているようだ。きっと，私はまだ目覚められていないだけだ」といった特別な心的状態が存在します。これらはよくある言い回しですが，ある特定の精神疾患をもつ患者の場合は，前述したこどものように混乱した気持ちを抱き，内的現実と外的現実，現実生活と夢や幻覚との区別がつけられないことがあります。

▶ 古代の夢

　夢が描くイメージは異常だったり，奇想天外だったりさえすることも多々ありますが，常にそれらは人々を魅了してきました。ここに紹介する世界で

もっともよく知られている，記録上最古の夢は，紀元前 1400 年にもさかのぼります。これは，ヨセフの夢解釈の評判を聞いていた古代エジプト王が，牢屋から解放されたヨセフに話したものです。

> 夢の中で，わたしがナイル川の岸に立っていると，突然よく肥えて，つややかな七頭の雌牛が川から上がって来て葦辺で草を食べ始めた。するとその後から，今度は貧弱で，とても醜い，やせた七頭の雌牛が上がって来た。あれほどひどいのは，エジプトでは見たことがない。そして，そのやせた醜い雌牛が，初めのよく肥えた七頭の雌牛を食い尽くしてしまった。(中略) それからまた，夢の中でわたしは見たのだが，今度は，とてもよく実の入った七つの穂が一本の茎から出てきた。すると，その後からやせ細り，実が入っておらず，東風で干からびた七つの穂が，よく実った七つの穂をのみ込んでしまった。わたしは魔術師たちに話したが，その意味を告げうる者は一人もいなかった。[2]

ヨセフの見解によると，エジプトの王が繰り返し見た夢は，神が自らの意向を知らせるサインでした。それは 7 年の豊作の後，7 年の飢饉に見舞われるだろうというものでした。予言の能力はさておき，ヨセフの夢の解釈はかなり常識的とも言えることを示していました。エジプトの収穫はナイルの周期的な洪水による灌水に大きく左右されていたのです。特にヨセフの祖国では，飢饉を無視して収穫を予測することは不可能で，起こりうる飢饉に備えておく必要がありました。

創世記のこの話で，解釈から明らかになるのは，夢は**外部**の作用によって夢を見る人に送り込まれるもので，夢にはそれを理解する特別な力をもった人が必要であるということです。夢についてのこのような見解は古代の世界に広がっており，一部の近代科学発生以前の社会にいたっては，現代にも言

2　『聖書　新共同訳』(新共同訳 (1987, 1988) 日本聖書協会) の訳を用いた。

い伝えられています。つまり,「よい」夢は神,もしくは神々から,「悪い」夢は悪魔から送られたものと考えられているのです(付録写真9)。夢が眠っている人の外側から引き起こされると感じられている場合,夢はお告げのような機能をもつ予言や声明,つまりこれから起きることへの警告であり,適切に解釈されれば進むべき最良の道筋について助言を与えてくれると考えられています。個人や集団が神々にメッセージを尋ね,夢を「孵化させる」こともあり,その夢は神のお告げを伝えるものと見なされていました。古代エジプト人やギリシャ人の双方にとって,夢の孵化にはそのメッセージが正当に告げられる設定が必要であり,特別な祭壇や儀式に従って殺した動物の皮の上に横たわるといったような特別な設定や儀式がありました。

　その1,100年後,それはまだキリストが現われる300年も前のことですが,アリストテレス[3]はそれとは異なる見解をもっていました。つまり,夢の起源は夢を見る人の内部にあるとし,夢を見る人自身のこころが作り出すと見なしました。アリストテレスはたとえそれが症状というレベルとして発症する前であっても,病気の夢はその夢を見た人の身体やその機能の状態に関する無意識的知識や,その身体の異変についての意識から発せられたものであると考えていました。アリストテレスは人がそれまでこころに留めておいた夢を生じさせるよう無意識的に振る舞い,その夢を予言と見なすのかもしれないとも考えました。この考え方は紀元後19世紀の終わりに,フロイトが夢は夢を見ている人自身のこころのなかで作られたものであり,意識や,より重要な意味をもつ無意識に抱いている願望や囚われの産物であると考えたことに類似しています。

　逆説睡眠やレム睡眠の発見を皮切りに,これまで40年にわたって行なわれてきた夢の研究では,生理的な関心が増し,夢の意味への関心はかなり薄れてきました。「睡眠実験室」で夜を過ごした睡眠の被験者の脳波からは,

---

3　アリストテレス(紀元前384〜322),古代ギリシャの哲学者。プラトン,ソクラテスと共にギリシャの三大哲人のひとりとされる。全学の祖ともされ,形式論理学を完成させたとされる。

夢を見る上で必要な多くの神経基盤が明らかになりました。この頃まで，研究者は夢を脳の単なる意味のないもの，雑音，無駄な産物のようなものと見なしていました。しかし，近年ではこの見解も誤りであることが判明してきました。驚くことに，夢の内容には規則性があったり，パターン化されていたりすることが分かってきました。夢を見た人は目を覚ました後に，何日か続けて見た夢が主題をもっていたことや一貫していたこと，さらには展開していったことを報告しています。そうだとすれば，フロイトは夢について，受け入れがたい願望への心理的な防衛によってのみ単独に備給されているという見解を述べていますが，それはもはや夢の完全な説明としては適切ではないのかもしれません。しかし，夢の活動には意味があるとするフロイトの見解は，脳の機能の研究によってますます支持されるところとなっています。

　フロイトが生きていれば，この研究を喜んだに違いありません。なぜなら，フロイトは初期には脳科学者として研究を行なっていたからです。フロイトは，夢の重要性，さらにその重要性は夢を見たその個人にとって納得しうるものだろうという認識を，自らの発見のなかでももっとも重要なものと位置づけていました。フロイトは夢の意味を解明することや夢がある特定の形をとり始めるメカニズムを理解することを「無意識への王道」と呼びました。つまり，夢は作動している無意識のこころについて重要な特徴を理解するための鍵であると考えていました。

▶ 心理療法における夢

　心理療法では，夢には特権的な地位が与えられています。なぜなら夢は患者とセラピストの双方を，患者のこころのなかで活発に動いている多彩な無意識的思考や衝動に接近させてくれますし，夢は患者の行動を形作る上で重要な役割を果たしているからです。つまり，夢は患者を無意識に近づかせるのと同じように，患者とセラピストを結びつけます。さらに，患者は夢をとりわけ価値あるものと感じていますが，それは夢が自然に発生し，意識的な

介入やこころの傾向とは別なところで発生したものと感じているからです。
　ここに分析的治療のなかで若い女性が報告したひとつの夢を提示してみましょう。これは「無意識への王道である」というフロイトの言葉を特徴的に表わしています。その患者は自分たち夫婦の友人であったカップルが不幸にも別れ，離婚したことが，何週間も気になって仕方がありませんでした。その女性がずっと抱えていた不安というのは，人は言った通りのことを思っているのか，思った通りのことを言っているのかということであり，ある部分では，友人の離婚への関心はその不安とつながっていました。その背景としては，その患者はたとえば自分のセラピストが自分に失望して，他の患者の心理療法をしたいと思うかもしれないと常に案じていました。また他にも，その患者の宗教的考え方によると，離婚そのものが呪われたものでもあるということも問題でした。

　その女性は自分が幾何学模様の庭にいる夢を見ました。そこには花壇と芝生が複雑なパターンで敷き詰められており，それが小さな背の低い箱型の生垣で仕切られていました。女性は生垣越しに庭のそれぞれの区画にあるものを見渡すことができました。ある場所には小さな馬車があり，それは美しく繊細で丁寧に仕上げられ，金色の飾りが施されていました。小さな低い生垣でしっかりと仕切られている場所もあり，そこには1頭の馬がいました。女性は馬の説明をする時に，自分が眺めている間にも馬がどれほど急に大きくなっていったか，それがいかに驚くほど大きかったかを話しつづけました。女性は華奢な馬車に一体どうやって馬をつなげるのか想像もつきませんでした。

患者が夢について語る時に，その夢をすぐに理解できるのは稀なことです。患者も分析家も理解に至るためにじっくり取り組まなければならず，その作業には時に，最早期の夢を作り出すといった心的過程の再構成にまで及ぶこともあります。最終的に人は夢の起点に到達します。そもそも**夢思考**は不快で意識に留めておくことができません。「夢思考」は偽装され，作り直され

推敲され夢へと加工されなくてはなりません。とりわけ，フロイトは理解された夢は幻想であると考えました。つまり，夢が無意識的葛藤の望んでいた解決方法を表わしていると考えました。

　その女性が夢について語り始めた時，女性は「愛と結婚，愛と結婚，ふたつは馬と馬車のようにともに前進する」という歌詞を思い出しました。しかし，夢のなかの馬と馬車は互いに見えるところにあるものの，明らかに一緒にいませんでした。まぎれもなく，その女性の友人の場合も，愛と結婚の間にあるつながりが壊れ，カップルが別れたように，愛と結婚は今や別々のものとなったのです。さらに，ここには恐ろしく大きい馬と繊細で華奢な馬車との不均衡やどうやってふたつがぴったりと合うのかということについての懸念が残されています。ここでその女性にとって，夢のもうひとつのレベルでの話が明らかになります。この女性は夫をこころから愛していましたが，夫との性交が大きな問題であり，それを徹底して恐ろしいと感じている時があることに気づき始めました。その女性は時折，夫を繁殖のための大きな種馬のように感じ，どうすれば自分の身体が傷つけられることなく自分と夫がぴったりと合うのだろうかという考えに圧倒されるのでした。その女性は今まで，この気持ちを夫に語ることが一切できませんでした。さらにその女性は，分析の流れのなかで分析家の解釈が早急で，深すぎ，早口すぎることや，解釈によって小突き回されている気がして，解釈への準備が整わないことも時々あり，新しいことを考えるのに役立つところまで真剣に解釈を深くとり入れたいとは思えないと，不満を漏らしていました。

　こう考えると，この夢は血気盛んな性交（たとえそれが性的，分析的，対人関係のものであれ）に対する恐怖や気の進まなさ，そして自分の身体の壊れやすさに対する自己愛的な傷つきやすい感覚を表現したもののように見えてきます。美しい庭と小さな馬車はどちらも自分の身体に対する見方を表象するのでしょうが，性交は美しい庭を汚し，小さな馬車を傷つけてしまうかもしれません。その一方で，その女性が自分にとって大切な愛する人物との性交を拒んだ場合に，その結果として生じることへの恐怖もあるのでしょう。ここで源泉となる葛藤が見えてきます。もっと拡大していくと，夢思考は次

のように表現されるのかもしれません。

> **私**は愛し，結婚し，馬と馬車のようにともに進みたいのです。しかし，夫（または実際は分析家）の望むような方法で夫（または分析家）と一体になりたくはありません。それは恐ろしく，時に私には醜く感じられます。しかし，もしこの大きくて警戒心を抱かせる馬（夫や分析家のイメージ）から立ち去ってしまえば，夫もしくは分析家は自分から離れ，分離は永久的なものになり，さらにもっとひどい場合には，離婚につながるのではないでしょうか。おそらく，ある意味では私がそれらを一体にしておくことは可能なのです。しかし，私は一体となることを事実上は否定し，生垣を張り巡らし，美しい庭が損害を被らないままにしているのです。

この夢のなかには，いくつかの無意識的なメカニズムを見ることができます。このなかでは**夢の作業**がなされていますが，それは源となった「思考」が心的作業によって顕在化した夢のなかで表現され，治療のなかで理解されるべきものとなるのです。

まず，無意識的葛藤の表現のための便利な乗り物として**日常的な出来事の利用**（フロイトは 1900 年の『夢判断』のなかでそれを「日中残渣物」と呼びました）があります。このケースでは，友人の婚姻の決裂がその女性自身の人生における愛／セックスと結婚の分離の表象として働いています。その女性にとってその分離は恐ろしいものですが，望んでいることでもあります。そして，**圧縮**も行なわれています。つまり，数々の内的窮状を表象するために，ひとつの外的状況を用いているのです。患者にとって，馬と馬車は少なくとも友人や夫，分析家との 3 種類の悩ましい関係を表象しています。そこにはかなり間接的でありますが，想像力に富むある種の**表象**も存在しています。繊細で美しく整えられたものにとって，破壊的と感じられる類の性交は慎重に制御されるか，箱（小さな箱の生垣）のなかにしまっておかなければならないのです。そうすれば，その若い女性の自分の完璧な身体というとて

も壊れやすい感覚は、暴力的な侵入に邪魔されることなく維持することが可能となるのです。

　この夢の解釈が詳細にいたるまですべて正確になされたかどうかは別として、そしてたとえ別の分析家がこの夢に異なった解釈をするとしても、夢というものはその患者の生活のなかでかなり緊急を要する問題を表現する鮮明な方法であるということは明確です。それは、患者の不安の奥底にあるものや患者の人生においてもっとも重要な関係への気の進まなさ、さらにはそうした感情の奥にある理由のいくつかについてのより深い理解へとつながります。そして、夢は分析家と患者にとって言語に翻訳可能な象徴的媒介となるのです。その言語は患者にとって意味をなし、患者はこれらの困難について話せるようになるのです。

▶ 夢は夢を見る人について何を語っているのか

　ここで使用されている夢の理論は、エジプト王の夢に対するヨセフの基盤となる理解とはかなり違っていますが、過去と現代どちらのものについても、解釈を行なう者が常識的方法で夢の内容を理解しています。夢を見た人がその時に働いている想像力の理解を解釈する際は、患者のそれまでの歴史や性格、こころを悩ませていること、振る舞い方、人との関わり方の理解をすべて組み合わせます。それは夢よりもむしろ、夢を見る人の生活や体験への関与について、より深い洞察を得るためになされるのです。

　この「馬と馬車の夢」のなかでは、内容がとても重要でした。患者や夢によっては、夢がどんな風に語られるか、心理療法のセッションにどんな方法でとり入れられるかが内容の詳細よりもさらに重要となる場合があります。ここに、職場のある同僚に愛情を感じていた弁護士の夢があります。弁護士のその感情は妻を激しく動揺させました。その男性は数カ月のうちに、権威ある公開講演を行なうことになっているとその同僚に話していました。この同僚の女性は自分もぜひそれを聞きにいくと告げ、男性を祝福しました。男性は

すぐに，これが妻を動揺させ怒らせるだろうことに気づきました。男性は自分で招いた苦境で不安いっぱいになりました。

　　男性は外国のとある街の一室で妻と情事を営んでいる夢を見ました。男性の視野の片隅の窓越しに，ふたつの別々の家から火が出ているのが見えました。妻は夫が自分を傷つけていると不満を漏らし，嘆き悲しんでいました。突然，火はとても大きくなって近づき，自分たちのいる部屋にも火の手が回ってきました。男性は妻とともに逃げ，気づくとふたりは公園にいました。そして男性は自分が唯一持ち出すことのできたパンツを履こうと格闘していました。その後，男性はふたりが家に帰り着くことのできる何らかの方法を探していました。そこには英国のブラックキャブ[4]がいるように見えたのですが，男性はなぜか運転手の視線を捕らえることができず，タクシーを止めることも乗ることもできませんでした。

実際に，その男性と妻は短期間，一緒に海外に行っていました。よって，もっとも身近なレベルの話としては，それは男性の状況を象徴的に説明したものと読むことができました。男性の視野の片隅にあるふたつの別々の家には，まだ火が見えていました。それは同僚への感情がいまだに激しい口論を引き起こすに違いないという可能性を示しています。妻は夫が自分を傷つけ，嘆き悲しませ／怒らせたと不満を漏らしていました。突然，ふたりがいた講演を行なう部屋に火が点きました。男性はその状況から逃げ出そうとしましたが，パンツを下ろしたまま捕まってしまったような気がしました。男性は妻と再び安全で静かにくつろげることを望んでいましたが，自分たちが助かるために英国のタクシーを使うことはできませんでした。

　しかし，ここではまだ夢によって描き出さなければならない必然性のあっ

　　4　ロンドンの伝統的な黒塗りオースチンのタクシー。

た葛藤を見出すことはできません。セッションのなかで，自分が特別な存在でありたいというその男性の願望が見えてきました。男性はふたりの女性のお気に入りでいることを望んでおり，同僚に自分の業績を見せびらかしたいという思いに抵抗できませんでした。ただし，男性はもしその時に，自分にとってその同僚よりも妻の気持ちがより重要であると事実上認めて，「講演には来ないでくれ」と言えば，その同僚が自分に背を向けるであろうということを恐れたのです。男性はセッションで苦悩し，その状況に現実的に対処することをためらいました。男性は同僚にそれ以上何も言わないでいられる理由をたくさん見つけ，最善の結果となることを祈りました。

　分析家はこうしたことが男性を興奮させるもの，放火に惹きつけられるもの，そして実際にそうした状況を招いたものに結びついていると感じました。その弁護士は同意しましたが，まだその板挟みに直面したままなす術もなく感じ，絶望的な様子であからさまにため息をつきました。分析家は最後に男性に夢がどんな風にセッションのなかで再演されているかを指摘しました。つまり，患者は今，燃え盛っている問題を提起していますが，かなり意図的に，そして倒錯的でさえある方法で分析家を無視しました。分析家はまさにそこに座っている英国のタクシーであり，無視は男性がその運転手の目（分析家の言うこと）を避けることによってなされました。このようにして，男性は家に帰るため，つまり再び妻と一緒にくつろげるようになるためにタクシーが提供できる援助から巧みに逃れたのです。この無意識的な策略は，なす術のない気持ちや役立たずという気持ちを分析家に転換する働きをしています。そして，分析家は自分が役に立っているという気持ちをもてなくなりました。患者が人生を台無しにしていると感じなければならない代わりに，分析家が自分で分析を台無しにしているような気持ちにさせられるのです。

　やがて，患者がたとえ分析家の言葉を有効に利用することができない場合にも，そのセッションの料金を分析家／タクシーに支払わなければならないという事実に対する憤りについて話せるようになると，セッションの「どこにも行き場がない」という雰囲気がやわらぎました。患者は，なぜ分析が役に立たなくても料金を支払わなければならないのでしょうか。ついに男性は，

「運転手の視線を捕まえられない」こと，もしくは，自分が夢の著者である以上，自分が分析家の言ったことを無視し，代わりに言葉を濁すことで，（中略）たとえ家の途中まででさえもタクシーに乗るのを拒否していたことを理解するようになりました。さらに男性は，それが分析家を役立たずの状態にしておくという手法であることも理解できるようになりました。

　この夢を用いるなかで，もっとも有効であった分析作業は，セッションのなかでセッション自体の機能を解明していった部分でした。これによってブラックキャブとされているタクシーの，一見すると目立たない詳細部分が明らかになっていきました。なぜなら，目に見える形で料金をカチカチと刻んでいくメーター（おそらくこれはセッションの料金を支払わなければならない時間を一分毎に刻んでいる面接室の時計でしょう）は，分析家と患者の双方が金銭を抜きにして愛のためだけに分析家を働かすことができないことや，それゆえに患者のこころのなかで分析家を自分が慕っているふたりの女性のお供にできないことへの怒りを理解できたことを意味していました。その患者はふたりの女性の自分への気持ちを単純に利用し，ふたりを支配してコントロールし，管理しておきたいと願っていました。

　どれほど強調しても余りあるのは，夢が夢を見る人の作り出した産物であるという事実です。この事実に基づき，夢はその他の心的産物と同じように「心的産物」に分類されます。夢は共通した特質やその人固有の特徴を帯びています。つまり，思考や考え，記憶，白昼夢，幻覚，幻想，関係性はすべて何かしらの重要な方法でつながっています。しかも，人の手によって作られた確認可能な印である指紋のように，それらはその人特有のものとなります。そして単にその人特有というだけでなく，特定の患者の心的構造や内界を明らかにしてもいるのです。

　最初の患者の夢では，庭と馬車の幾何学的な部分と美しさは，完璧な自分の身体を，庭師や馬，夫，分析家の要求通りではなく，自らの権利のなかで注意深く維持しておきたいという患者の願望について語っています。これは患者の幼少期と関係しています。患者は幼少期に何年にもわたって数回の手術を受けており，患者は自分の身体が完璧ではないという気持ちに苛まれて

いました。自分に干渉してくる人物（外科医や両親）によって患者の身体のあちこちを切られ，傷つけられなければなりませんでした。そして，外科医や両親が患者の気持ちや願いを考慮することなく，次には何をなすべきか，何をするのかを話しているという状況のなかで，患者はそうした人物たちが自分の身体の所有者であるかのように思っているのではないかと感じていました。したがって，患者が夢に見た小さな情景は，身体的相互作用やつながりの不在という特徴を示唆していました。それは「見ることはできるが，触れることはできない」と語っているように思えます。そして，本当は人生に**とってきわめて重要**かつ必要不可欠で，親密な（知的とは対照的な）身体的つながりを，生産的で楽しめるものと考え始められるようになるには，まだたくさんの作業が必要でした。

▶ 夢の有用性

　夢やその他の心的産物のこのような特徴，つまりこれらが夢を見る人独自のものであることや，これらが内的生活の重要な特徴を包括的な形式で表象しているかもしれないということは，患者にはじめて会う精神科医やセラピストにとって役に立つに違いありません。精神科医やセラピストは「幼い頃のことで，特に覚えていることがありますか」とか，「夢を見ることがありますか。夢を話せますか」と尋ねてもよいでしょう。患者の応答からは，その時点のことだけでなく，普段の患者の内的世界の状態について何か重要なことが語られることが多々あります（付録写真10）。先々，精神分析などの心理療法を希望する人が，医師やセラピストとの最初の面接に訪れる際，その特別面接に関連する何かを事前に夢で見ていることも多くあります。ここに挙げるのは，かなり不安の強い若い男性が見た，そうした夢の一例です。セラピストは，その男性に夢を見ますかと尋ねました。

第7章 ── 夢を見ること

 はい。実は，なぜか分かりませんが，覚えているのは，一昨日の夜に見た夢なのです。私は大きなデパートにいましたが，迷子になっているようでした。私はそこで誰かと会うことになっていました。それは，実際はこどもの頃からずっと会っていないおじだと思います。でも，私はおじがどこにいるのか分かりませんでした。それから気づくと弟がいました。でもそれも，赤ちゃんだった頃の弟のようでした。その子は病気で，お腹が痛いか，あるいはどこかが恐ろしく悪いかのようにずっと泣いていました。私はその子をなだめて落ち着かせるには，どうしたらよいのか分かりませんでした。母親がどこにいるのかも分かりませんでした。店内にいた周りの人は誰も気づいていないようで，私が叫ぼうとしても，私の声は誰にも聞こえないようでした。周りにいた人たちはどこかに消えたようでした。私は夜中なのだろうと思いました。

 この夢では，いくつかの特徴がすぐに明確になるでしょう。夢を見た人は迷子になって，暗闇にいると感じています。自分が会うことになっている人物をどうやって探したらいいのかもよく分からず，慣れない建物のなかにいます。おそらく，会うことになっているのはタビストックのセラピストでしょう。タビストックはそれぞれの部門に分けられた大きな建物です。青年はセラピストが優しく，おそらくはおじのように慈愛にあふれていることを望んでいます。セラピストは，母親の不在はこの患者が寄宿学校に送られていたという事実を示しており，またそこで期待できる最良のことは優しい男性教師であったということを指し示しているのだろうかとも考えました。

 アセスメントで語られたこの夢のもっとも興味深い特徴は，青年が病気でおびえたこどものように相手にされないという自分の一面を小さな弟という人物のなかに表象したことです。このことから，セラピストは，この青年に適切な時間と場所に実際にここに来所し，自分の問題のいくつかの側面を明確に話せるという，有能で明らかに大人な一面がある一方で，おびえた乳児的な一面もあることを知ることができました。青年のこうした一面は苦痛のなかに現われていました。青年は自分には「ひどく悪いところ」があるので

はないかという恐れもありました。そして、それと同じくらい、**自分なんて**話を聞いてもらうことも助けてもらうこともできないだろうという恐れ、もしくは、誰も自分のことを助けたいとなどとは思わないだろうという恐れがあったのです。セラピストがこのことを青年に伝えると、青年は突然今にも泣き出しそうになりました。青年の話し方は前より流暢ではなくなりましたが、気持ちを込めて自分のなかの深いところから話をしていました。

　この夢は、たとえその人がそれを知っていようがいまいが、自己、つまり夢を見た人のいくつかの側面がいかに夢のなかの「私」とは切り離されうるか、そして他の人物によって表象されうるかということを物語っています。こうした自己のいくつかの側面や部分は、どちらかといえば夢を見た人が抱いている自分の意識に対して許容できない思考や感情である可能性があります。この夢の場合、それは知らない人と会うために見知らぬ建物に行くことに対するおびえたこどものような感情です。夢のなかでは、人物や人物の一部、動物、生命のないものでさえも、自己の一部、もしくはいくつかの部分を表象するために使われることがあります。

　心理療法の作業の役割は、自己の機能において切り離されたこれらの部分の本質を明らかにすることだけではなく、それらを自己にとってより違和感なく、受け入れやすくすることでもあります。青年は夢のなかで自分の周りにいる人たちが、自分がどういった類の状態にあるのかを知ってしまえば、自分に背を向けてすぐにでもいなくなるのではないかと恐れていました。ある部分では、青年自身が自分の苦痛となっているこれらの側面を無視できるように、簡単に消してしまえればよいと願っていたのでしょう。心理療法の目的のひとつは、助けを得ることで、人が最終的に自分自身の乳幼児的欲求や苦痛によりもちこたえられるようになること、そしてそのことへの洞察に富むようになること、これらの自分の脆弱な側面をもっと優しく自覚しながら扱えるようになることです。そうなれば、苦悩に満ちた赤ちゃんは少なからず気持ちよく成長することができ、永久に困惑の種や厄介なこととして、黙らされたり避けられたりしなくても済むようになるでしょう。乳幼児的な感情に気づくことは、再び永久的に乳幼児的状態へ退行する危険をともなっ

たり，その状態に耽らせたりするものではありません。反対に，自分自身の複雑で矛盾する本質を知ることは強さや回復力，責任感を増強します。そのことで，行動に深みが増し，目的が加わります。

思い出せるかどうかにかかわらず，夢を見るのはその人の情緒的生活に役立つ活動です。夢を見ることで人は自らの日常の無意識的思考や葛藤を知ることができます。夢は日常生活のなかで生じる，驚くほど深刻であることの多い問題をその人が何とか処理しようと考えていたり，取り組んでいたりするという印です。夢がセラピストに語られ，その夢をセラピストと患者が一緒に理解することは，患者の苦痛を大きく軽減することがあります。特定の仕事や問題について必死に考えている期間に，特に見る夢というのもあります。それは，おそらく夢を見た人が確実に意識していたり，かなり意識的に格闘している問題を解決する夢であったりするのです。

ここに19世紀のドイツの化学者ケクレ[5]の夢があります。ケクレはベンゼンというもっとも重要な有機化学薬品のひとつの分子構造を解明しようと試みていました。当時，大抵の有機化合物は分子繊維から構成されると考えられていました。そして，このモデルではベンゼンの既知の化学組成を説明できませんでした。ケクレは輪のような構造，自分の尾を追いかけて，飲み込んでいる蛇のような形をしているたくさんの原子の夢を見ました。この光景によってケクレは，目覚めてすぐ，原子が直線ではなくて六角形に配列されている可能性に気づきました。このまったく新しい「解」は夢を見た人自身のこころの産物でしたが，その人が夢を見るまでは利用できない考えでした。「クーブラカーン」[6]というコールリッジの詩は，眠っている間に似たよ

---

5 アウグストゥス・ケクレ (1829〜1896)，ドイツの有機化学者。炭素原子の原子価が4であることや炭素原子同士が結合して鎖状化合物を作ることを提唱した後，ベンゼンの構造式としてケクレ構造（亀の甲）を提唱した。

6 サミュエル・テイラー・コールリッジ (1772〜1834)，英国ロマン派の詩人。「クーブラカーン」は，麻薬による陶酔状態で見た幻覚を，目覚めてから急いで文章にしたものであるが，執筆中に一度席を立った後，再度続きを書こうとした時には内容を思い出せなかったとのことであった。

うな方法でコールリッジの頭に浮かんできたものです。ポルロックから来た人が執拗にドアをノックしたことで、それがコールリッジの記憶から一掃され、「小川の表面のイメージのように」消し去られていなければ、その詩は実にもっと長くなっていたことでしょう。ロバート・ルイス・スティーブンソン Robert Louis Stevenson は、『ジギルとハイド』の話の中心となる推進力が、小瓶から薬を飲んでいた男の夢によってどんな風にもたらされたかを生き生きと記述しています。さらに、その話自体が自己のさまざまな部分が相互に関連している様子を生き生きと描き出したものです。

　結局のところ、おそらくここには古代エジプト人やギリシャ人が行なっていた「孵化」から受け継がれてきた直接的な道筋があるのでしょう。人が何か個人的な問題や情緒的葛藤、科学的、芸術的な、もしくは研究課題に意識、または無意識に大きな関心を寄せていれば、こころは普段にも増して日中だけでなく、夜もそのことを考えているのです。そして、人が自らの思考やこころが生み出したものに注意を払うことを学び、それらを深刻に受け止めれば、人はより多くのことを知っているのだと気づくかもしれません。そして人は最初に考えていたよりも多くのことに気づき、到達することができるのです。まさにそれこそが心理療法の目標のひとつなのです。つまり、自分のこころの働きについて知ること、それによって人はこころの潜在能力をより十分に有効に利用できるようになるのです。

　　7　ロバート・ルイス・スティーブンソン（1850～1894）。英国スコットランドの小説家。他にも『宝島』『新アラビア夜話』など多数の著書がある。

第 8 章
家族

　家族という用語は，年齢や文化の違いによって人それぞれにさまざまな意味をもちます。家族の形態はめまぐるしく変化し，人生の一定の期間を両親とこどもふたりといった，標準的と仮定される家族と異なる形態のなかで過ごすこどもが増えています。同時に，英国においても家族には「核家族」というイメージがいまだ支配的ですが，英国社会は多様な家族形態や文化的伝統をもちながら多彩な方向へと変化し，ますます多文化的になりつつあります。厚生労働省の委員会の調査でも家族とは何か，家族は何のためにあるのかとこどもたちに尋ねたところ，返答は性別や民族的背景，場所にかかわらず，愛や世話，お互いの尊敬，助け合いといった回答であったことが明らかにされています。

　では，これらのコメントは現代の家族の現実をどれくらい反映しているのでしょうか。このこどもたちが家族として語ったものは現実的なものでしょうか，あるいは，こどもたちは夢にしがみついているだけなのでしょうか。

　これらは重要な質問です。何が家族にとって共通のものなのでしょうか。また，それぞれの家族にとってかけがえのないものは何なのでしょうか。本章では，家族の相互作用の詳細がどのように家族の内側と外側の双方の関係性に影響を与えているかに注目したいと思います。人はいつも，家族のなかで何が起きているのか，他の人たちは何を考えているのかを理解しようとしています。それぞれが相手に抱いている「ストーリー」や考えがすべて共有されているわけではありません。そして，どのストーリーが全体のなかで支配的な立場に立つのかを決めるやりとりの緊張感が，家庭生活の中核を形作っているのです。

　ここ最近の家族の変化を考え合わせてみると，もはや英国のどんな家族の

経験にも当てはまらないような、ひとつのモデルにこだわることに重要な意味があるのかという疑問が生じるでしょう。多くの人たちは、相反するふたつのモデルに対して感じていることのバランスをとらなければならないと気づいています。ふたつのモデルというのは、ひとつ目は家族の外にあるメディアや社会で描かれている家族であり、ふたつ目は現実の家族と関連するものです。これはどちらも人を混乱させ、無力なものにします。最悪の場合、それはこどもたちが直面している問題に対処しようとしても両親に助けを求められないという状況を表わしています。こどもたちが抱える問題とは、たとえばいじめや人種差別の問題であったり、さらに友人関係や、学校での出来事などです。

▶ 世代を越えた物語

ブリジットは5人娘の長子でした。こどもの頃、ブリジットと妹たちは父親から度重なる性的虐待を受けていました。ブリジットはそれを母親に話そうと思いつきました。しかし、母親はブリジットの話を信じようとはせず、皆を厄介事に巻き込もうとしているだけだと言ったのです。その結果、ブリジットは何が起きているのか、誰か他の人が気づいてくれるように期待する一方で、自分が妹たちを守れなかったことをどう思われるだろうかと恐れながら、混乱と恐れ、怒りの下で成長しました。

自立できる年齢になると、ブリジットはすぐに家を離れ、自分の家族と距離をおこうとしました。ブリジットはキャリアを積むことにすべてのエネルギーを注ぎ、新しい関係性を確立し、トニーと出会った後に恋に落ち、アリソンという娘を産みました。こうして、ブリジットは自分の「健全な」生活とまったくかけ離れた虐待や裏切り行為の記憶を閉め出す方法が見つかったように感じていました。ブリジットはトニーに虐待の過去についての話をしていませんでした。それはふたりの関係に悪

影響が及ぶのを避けるためでした。アリソンのよい母親でいることはブリジットにとって，とても特別な影響をもたらしました。それは，相手を愛し愛されるというなかで，ブリジットが自尊心を取り戻すのに役立ったのです。

　しかし，母親になるという体験は自らの幼少期を想起させることにもなり，ブリジットは虐待に関連する恐ろしいフラッシュバックを体験するようになりました。フラッシュバックはブリジットに父親に対する恐怖と嫌悪感を思い出させました。しかし，ブリジットにとってもっとも衝撃的だったのは，時々母親に感じる怒りに自分が圧倒されているように感じることでした。その怒りは母親が自分から目を背けて自分の話を聞こうとしなかったこと，信じようとしなかったことに向けられたものでした。ブリジットは自分が娘に自分の気持ちを隠そうと苦闘していることに気づきました。

　ブリジットはこうした感情があふれ出すと，娘を傷つけるのではないかと恐れるようになり，アリソンと自分のふたりを守らなければという思いからパニック状態を起こしました。こうした時には，ブリジットは夕食時間よりかなり前にアリソンを早く寝かせ，娘と距離をとろうとしました。それからしばらくすると，こんな風に娘を閉め出してしまったことでブリジットは罪悪感に苛まれました。また時には，他の人がアリソンにすることに対して疑い深くなるのを止められず，アリソンの側にいつも寄り添って，過剰な世話をすることでその気持ちを収めようとしました。そして，アリソンが徐々にブリジットに怒りを露わにするようになると，ブリジットは隠していることへの不安を強く感じるようになりました。

　虐待の体験を忘却してしまいたいというブリジットの願いは，よりいっそう手に負えないものとなっていきました。もしトニーが知ったらどんな反応をするだろうかと心配していましたが，トニーにはその恐怖を秘密にしつづけました。トニーとアリソンのふたりにとって，ブリジットの一貫性のない行動を理解したり，話し合ったりすることは次第に難

しくなり，トニーの帰宅時間も以前よりも遅くなりました。悲しいことに，このせいでアリソンは孤立感を強く抱き，追い込まれ，自分が愛されておらず，自分には価値がないという感覚を抱くようになりました。さらにまた，アリソンはブリジットがこども時代にとても恐ろしがっていた感情，それはつまり，孤立感や見捨てられ感，自分の正しい行ないに耳を傾けてもらえないという感覚をかなり体験し始めたのです。

ブリジットの物語は，人との関わり方がどのようにして世代間伝達しうるかを描き出しています。家族は人が自分のことをどう思っているのか，自分が他者からどう見られていると感じるのかに深く影響を及ぼします。それは家族内のその後の関係性に影響を及ぼすだけではなく，友人や仕事上の同僚とどう関わるかということにさえも強力な影響を与えます。

この影響はいくつかの方向に展開されていきます。ひとつは，原家族で起きていたのと似たような人との関わり方を繰り返す可能性です。辛かったこども時代の体験を避けるため，両親にしてもらった以上に良いことをすることで過去を「修正」したいと思うこともあります。ブリジットのケースでは，安全を脅かすような状況や見知らぬ人，そしてブリジット自身の母親としての怒りや欲求不満から娘を守ろうとしたことがこれに当たります。しかし，過去を修正しようとするその過程そのものが，ブリジットがもっとも遠ざけておきたかった行動自体を図らずも，多少なりとも繰り返すことになってしまいました。避けようとしていることが些細なものである場合，たとえば，家族が食べ物のことや学業的成功を重視しすぎる場合や，何かを達成しても素直に祝ってくれない場合などにおいてもこうしたことは起こりえます。

しばしば過去を修正，または複製しようとしても，過去と現在に起きていることがまったく一致するということはなく，人と関わるには新たな方法を見つけなければなりません。その方法は過去の経験と現在の状況の両方から導き出されます。現在の家族の状況と虐待の間に存在する関係を認識するためには，ブリジット自身，自分の抱いていたよい母親というイメージと娘に実際に起きていることが，著しくかけ離れているということをしっかり知る

必要がありました。ブリジットがもっとも辛いと感じるのは，まさに自分が娘を守ろうとすることが，アリソンが自分のなかにひきこもり，自分の経験を理解できないようにさせてしまうのを認めることでした。これはとても苦しいことでしたが，アリソンの経験と自分自身の幼少期の経験を切り離すことは，人との関わり方の世代間伝達からこの家族を解放する第一歩となりました。ブリジットはアリソンが感じていることを推測するのではなく，実際に語りかけられたことを聞くようになりました。この過程は難しいものでしたが，ブリジットのアリソンへの関わり方以外にも変化を生じさせました。トニーとの関わり方も同じように変化したのです。

この変化の一部には，ブリジットの経験がトニー自身のこども時代の経験とある程度，似通っているということを考える契機にもなりました。トニーも自分でも破壊的だと感じている方法から逃れたいと望んでいました。トニーの両親は侵入的で，こどもの時，そして大人になってからもしばらくはトニーの決断に大きな影響を与えていました。この変化のおかげで，トニーとブリジットはすべての「責任」をブリジットに負わせることから，ふたりが過去の方法を反復することにいかに囚われているかということに視点を移すことが可能となり，家族に起きていることを改めて考えられるようになりました。

ふたりは，ブリジットがパニックを起こすことで生じるトニーへの影響や，トニーがブリジットから距離をおいたために，ブリジッドが今のアリソンの生活が自分の過去とはいかに違うのかを理解できなくなってしまっていることについて話し合うようになりました。トニーの助けを得て，ブリジットはどうすれば自分の父親や母親と，過去のことを話せるようになるかを考えるようになりました。ブリジットは，なぜ両親がそのように振る舞ったのかに疑問をもち，両親もこどもの時に虐待を受けていたのに違いないと考えたりするようにもなったのです。

▶ システムとしての家族

　ブリジットのストーリーは，家族のなかで起きていることを誰かひとりの動機や信念だけで説明するのは難しく，その人のこころに作動している過去のシナリオと，現在の家族との相互作用の一瞬一瞬の過程を考えなければならないのだということを強く示唆しています。家族の構成員は一人ひとりがそれぞれの考えを理解しようとしています。これらの「ストーリー」には共有されるものもありますが，どんな問題にも家族内の人数と同じだけ，それぞれの考え方がありえます。このケースの場合でも，たったひとつの「真実」のストーリーによってこの家族の生活を正確に説明することはできませんでした。家族内でのアリソンの立場は，母親とも父親とも違っていました。皆を支配しているストーリーや，隠蔽されたまま，抑圧されたままのストーリーが家庭生活のダイナミクスを形作るのです。

　家族についての考え方のひとつに，家族をシステムとして捉えるものがあります。1950年代以降，何人もの理論家がサイバネティクスとして知られる一連の考え方を展開しました。これらの大部分は生物科学に起源があり，そこでは人体と同じく，有機体は個別の器官や特定の機能という点だけで十分に説明するのは難しいということがより明快になっています。人の身体はそれぞれが連携しながら，一体となって安定した状態を維持できるように機能する構成要素の集合であると考えるのが，より正しいとされています。これらの連携はシステムの部分同士の連結が行なわれることによって成立しています。

　この視点から考えると，いかなるシステム内であっても，あらゆる部分は他の要素と相互関係があると見なすことができます。家族の構成員を想定した場合，これらの構成要素は何を指しているのでしょうか。これらをどのように説明できるのかと言えば，家族成員は互いに言葉や行動の両方でコミュニケーションしているという考え方になります。そうしたコミュニケーションの枠組みによって，人は相手との関係のなかで自分をどう捉えるのかを規

定するようになるのです。家族内の相互作用のパターンがより傷つきやすい家族成員を守るような行動であるとしたら、それが他者からの見られ方にもなることもあれば、自分自身を定義づけるものになることもあるでしょう。ただしここでは、保護するという役割が唯一その人を位置づけるものであると言っているわけではありません。家族のなかで自分より傷つきやすい家族成員と接する方法はたくさんあって当然です。つまり、人の役割はその人が属しているシステムとの関係で変化するのです。

対人関係はフィードバックを通して、発達あるいは維持される相互作用のパターンであると理解することができます。これは人類学者のグレゴリー・ベイトソン Gregory Bateson が 1950 年代にはじめて記述した「現象」です[1]。フィードバックのループのなかでは、A は B に影響を及ぼし、B は C に、そして次に C は B と A の両方に影響を与えます。

このサイクルのなかのいつ、どこで、その過程を観察するかで、C は A や B に生じていることの原因と見なされたり、結果と見なされたりします。ブリジットのパニックは、トニーがブリジットから距離をおくことの原因であると見ることもできます。あるいは、トニーがブリジットから距離をおいたことがパニックを引き起こしたと考えることもできます。こうした考え方に沿っていくと、一般的に原因と見なされている行為や、責めを負うべきだと考えられている行為も、複雑な相互関係のサイクルのなかでは恣意的な事柄となる可能性があるのです。

これらのフィードバックのループは、個人的な水準から政治的な水準まで、人の相互作用のあらゆる水準で作用し、言語、非言語の両方のコミュニケーションと関わっています。人は常に家族のなかで誰かと相互的に関係し合っているため、関係性のパターンはすぐに確立されます。そして、その他のあらゆるシステムと同じく、家族の構成員はシステムの安定性を維持するため

1　グレゴリー・ベイトソン（1904-1980）、英国出身の文化人類学者。サイバネティックス理論を生んだメイシー会議に加わり、後にアルコール依存症患者や統合失調症患者と接し、ダブルバインド理論を生み出した。

に動いているのです。

　　　　ある母親と父親は7歳になる息子の乱暴な行為のことでいつも喧嘩をしていました。両親はふたりとも、息子の要求が極端に多く、母親を好き放題に振り回していると感じていました。母親が息子の要求を断り、叱りつけようとすると、息子は必ずおもちゃを家中に投げ散らかし、もう少しで母親に当たってしまうことが何度もありました。息子の行為が極端になると、両親は息子のことで激しく争い、それが息子の破壊性を少なからず増長させているようでした。
　喧嘩が繰り返されるなか、ある時、母親は父親が厳しすぎるのだと思うようになり、父親の行動を危惧するようになりました。母親は争うのを止め、父親に対して息子の味方をするようになりました。父親はとても怒っていましたが、やがて引き下がり、母親が息子の言いなりになっている間、部屋から出てしまうようになりました。しばらくの間、穏やかな時間が流れましたが、母親が再び息子の行動をあまりにも乱暴すぎると感じ、父親に助けを求めることになると、またそのサイクルが再開するのでした。

　この相互作用を理解するひとつの見方として、両親の争いの原因は少年の行動にあると見なすことができるかもしれません。他の見方によれば、これは息子が乱暴に振る舞い始める直前に起きていることに気づくということがあるかもしれません。たとえば、母親と息子のふたりで静かにしている時間は何を意味しているのでしょう。ふたりの親しさは父親にとって受け入れがたく、それが父親側の何らかの行動につながり、少年の行動に変化を引き起こすきっかけとなっているのではないでしょうか。同じように、息子は自分以外の家族の代わりに怒りを表出している可能性はないでしょうか。もしくは、少年の行動は母親がひとりでは「うまく対処」できないことを父親に示し、両親が夫婦関係で生じている問題を脇において、ちゃんとふたりで居つづけるようにする手段となっているのではないでしょうか。

人はその時々に家族のなかで起きていることについていくつかの可能性を考えますが、それと同じようにこれらの仮説も妥当かどうかは分かりません。すべての行動の連鎖に必ずしも意図が含まれているわけではありません。しかし、**あるひとり**の人物に問題が集約されていると考える視点、ある人物が傷を負っていたり、病んでいたり、責めを負うべきであると考える視点からひとたび一歩踏み出せば、もっと相互作用的な解釈ができるようになってきます。こどもの行動について何か言及するなら、そのこどもの行動だけではなく、その両親の行動や家族システム内での行動の意味を考えてみる必要があるのです。つまり、誰かが家族のなかで取り上げようとする説明は、「たったひとつのリアルな真実」ではなく、むしろその誰かの解釈をより多く語っているのかもしれません。

おそらくこれが「システミックな」アプローチ[2]のもっとも偉大な長所でしょう。家族のダイナミクスが問題を引き出し、維持させていると考えることで、誰かひとりを非難することが減ります。そうすることで、現在の人との関わり方を互いに変化させることができます。それは悲惨な状況に囚われたままの家族を解放します。もし家族のなかでもっとも悩ましい問題が、現在行なわれている相互作用によって維持されているとすれば、その問題を長引かせている文脈や関わり方を変化させる方法を見出すことによって、変容を生じさせることが**できる**のです。

▶ 家族システムとその変容

家族の機能は、家族内のあらゆる動きから影響を受けています。どこかひ

2　近年の家族療法では、家族を個々の成員が互いに影響を与え合うひとつのシステムとして捉え、家族の成員のひとりに表われた問題は家族の構成員の相互作用から生じ、維持されているものと考え、家族成員間の交流的関係を重視するというシステムズ・アプローチ（またはシステミック・アプローチと呼ばれる）が主流となっている。

とつ（家族成員の誰かひとりの行動）でも変われば，必ずシステム全体の動きに影響が出ます。サーモスタットのように，家族にはそのバランスを回復させて，変容を補い混沌としたり崩壊したりするのを防ぐ能力があるのです。したがって，たとえば，ある家族のやり方が，問題が生じても「いつも通りに進める」というものであれば，年老いた父親が忘れっぽくなり，混乱状態を呈しているような局面にあっても，その父親をかばって何も影響が出てないかのように見せようと努め，家庭の長として父親に従いつづけることで対処しようとするでしょう。

　そうはいっても，まったく動かない家族システムというのは存在しません。人は過去に行なってきたことを状況に応じて順応させることによって，常に変化のある状況に対応していかなければなりません。戦争や病気，家族との別離，移住のように予測不能な変化もあります。予測しやすいライフサイクルの変化もありますが，たとえ予測していても，人は自分たちが強く何かの影響を受けていることに気づいていないために不意打ちを食らうこともあり，家族が「家族の公式見解」と見なしているものに沿って行動している場合にも，人は変化した状況に合わせるために規則や構造を変えなくてはなりません。ものごとを同じように進めようとしても，途中で続けられなくなる場合もあります。先の例に戻ると，ある段階で父親の混乱状態が家族の経済に影響を及ぼすようになるかもしれません。そうなれば，おそらく母親や娘などの誰かが，以前よりも大きな経済的な責任を負うことになります。難題に直面すると，家族のものごとの進め方は変化するのです。

　しかし，変化が切に望まれている場合であっても，それがとても危険なものだと感じられることがあります。人が自分をどのように見なすかということには，家族のなかで果たしている役割ととても強く結びついているため，自分たちの大切な部分が失われてしまうように感じられ，時々，大きな抵抗が起きることがあります。人は，それがもはやうまくいかないことが分かっていても，自分の古い行動様式に厳格にこだわっていることに気づくことがよくあります。つまり，自分たちが知っていることや価値をおいているものを手放すのは難しいのです。特に大きなストレスがかかっている時はなおさ

らです。家族の活力のもとを形作っているのは，連続性の維持と，変化への順応との間にある絶え間ない緊張です。しかし，変化が誰かの喪失という犠牲の上に成り立つような怖れがある場合には，変容はよりいっそう困難を極めるのです。

▶ 相互作用とコミュニケーション

　家族の相互作用を理解しようとする時，語られていることだけに目を向けると，家族の情緒生活の多くを見失うことになります。人はいつも互いに起きていることを考えようとしており，非言語的なコミュニケーションが家族の力動に大きな影響を与えています。そのおかげで，すべてを言葉にせずとも互いに理解ができるようになっています。語られていることをどのように理解するのかは，その内容や話し手と聞き手の関係性の両方によって変わってくるため，どのようなコミュニケーションにもたくさんの解釈が成り立ちます。声の調子や視線，アイコンタクトの微妙な終わり方，語られたことへの解釈の仕方，話している人に対する感じ方などです。

　しかし，言語的メッセージと非言語的メッセージは必ずしも一致しません。たとえば，口にしている言葉では怒っていないと言っていても，その人の目や声の調子では反対のことが示されていることがあります。大人でさえ，ふたつの「言語」がダブルバインド状態を呈していれば混乱することがあります。幼いこどもにとって，これはより大きな問題であり，自分たちの日常生活での出来事を理解する機会を奪うものとなって，こころのレジリエンスに影響を与えます。概して，次に挙げるシェーマスのケースのように，臨床経験では，こどもは聞いたことよりも目で見たものを「聞く」ことで，入り交じったメッセージによる混乱状態に対処することが示されています。

> **マ**リリンは母子家庭の母親で，4歳になる息子のシェーマスのことで悩み，助けを求めました。マリリンは最初ひとりで受診

し，息子がその年齢にしては甘えることがなく，しょっちゅう夜尿をして悪夢にうなされていることを話しました。マリリンは息子が生まれて間もなく夫と別れていました。夫は海外に移り住み，少なくとも2年以上は連絡をとっていませんでした。マリリンは自分が悪性黒色腫と診断されているので，シェーマスがそのことを心配しているのかもしれないと説明しました。手術の後，マリリンは息子に「お母さんはもう大丈夫よ。意地悪な病気はお医者さんが取り除いてくれたのよ」と伝えましたが，シェーマスは「だけど，お医者さんはお母さんを傷つけたんだ」（母親の傷あとのことを指している）と答えたのでした。

マリリンはその話をしながら泣きだし，自分は再発の可能性が高いことを知っており，予後は好ましくないのだと言いました。マリリンは自分が死んだら息子がどうなってしまうのかを案じており，シェーマスに包み隠さず本当のことを話すべきかどうか迷っていました。しかし，マリリンが治療を受けている間，シェーマスの面倒を見ていた祖母は，この段階でシェーマスに話せば事態をより悪化させるだろうと話していました。祖母はシェーマスの面倒をよく見ていたので，マリリンはおそらく息子のことを一番よく分かっているのは祖母だと感じていました。マリリンは自分をだめな母親だと思っており，自分が何をしても，息子を落胆させるだけだろうと考えていたのです。2回目のセッションはシェーマスも同席で行なわれました。その時，次のようなやりとりが起きました。

 マリリン 私の今の状況を理解できないのはとても辛いでしょうね。とても心配です。だって，こどもが向き合えるようなものじゃないでしょうから。
 シェーマス 赤ちゃんだよ，お母さん。（母親におもちゃの人形を渡す）
 マリリン もちろん，私もとても動揺しているんです。でも，ちゃんと助けてくれる人もいます。
 シェーマス （低い声で受話器に向かって話している）会社に電話して

いるんだよ。「もしもし、ジョーだ」。
(母親に向かって) お母さん、ジョーだよ。お母さんと話したいって。お母さん、お母さん。

マリリン かけなおすって言ってちょうだい。手が放せないから。今、人と会っているから。

シェーマス (おもちゃを落とし) 見て、死んじゃった。(中略) (間) 悲しいね、悲しいよ。(中略) (小さなパトカーを持ち上げて、サイレンの音を鳴らして、叫んだ) 助けて、助けて。

マリリン ねえ、誰に助けが必要なのかしら。

シェーマス 分からないんだ。ね、僕、助けられるかなあ。

　シェーマスの体験を理解するため、もう一度、誰が助けを必要としているのか尋ねると、シェーマスはマリリンを見ました。セラピストは母親に何が起きているのかを尋ねました。シェーマスはETの絵を描いて、ETは家に帰って、病気が治ったんだと話しました。そして母親を見ました。母親は目に涙をためており、シェーマスは「お母さんは重い病気なんだ」と話しました。

マリリンはシェーマスと自分の抱えている恐怖を一見、共有してはいませんでしたが、シェーマスは明らかに部屋で見たことや聞いたことを覚えていました。シェーマスは誰かが助けを必要としていること、状況を良くするために責任を感じているように見えました。シェーマスは幼すぎて、母親が話している言葉を理解できなかったのかもしれませんが、シェーマスの話から

3　ETとは1982年に公開されたスティーヴン・スピルバーグ監督のSF映画『ET』の主人公の地球外生命体 (The Extra Terrestrial) である。地球の植物採集のために地球にやってきた宇宙船からひとり取り残されたETと、それを見つけた子どもたちとのこころの交流が描かれた映画である。最後、ETは瀕死状態となり、彼を捕獲しようとする地球の科学者たちに追われるが、子どもたちの助けを得て、E.T.は迎えに来た宇宙船に帰っていく。

は，シェーマスは母親が息子を安心させようと発言したことよりも，自分が見たことを信じているようでした。つまり，母親が泣いていること，元気そうには見えないこと，復職していないことなどでした。シェーマスの発言やプレイは，死についての心配や母親の注意を得ようとする必死の努力を描き出していました。シェーマスは安心感とはかけ離れた状態にあり，自分には知らされていないとても危険なことが何か起きていることを知っていました。シェーマスは口にすれば魔法のように事態が悪くなるのを恐れるあまり，そのことを言葉にできないでいたのです。

　セッションが進むにつれて，シェーマスは母親のこころの動揺は自分に怒っているからで，自分が悪い子なんだと漠然と思っていることが分かってきました。セラピストはマリリンに，今，自分に起きていることをシェーマスが理解するために，何を伝えることができるかしらと尋ねました。マリリンはシェーマスと語り合い，その話に耳を傾けました。マリリンはシェーマスのなかに，母親がどこかに行ってしまい，首にもっと大きな傷あとを作るとか，あるいは父親のように二度と戻って来ないのではないかと恐れる気持ちがあることが分かってきました。

　これを聞いて，マリリンはシェーマスが何を感じているかをじっくりと考え，親子ふたりに降りかかろうとしているこれからの厳しい状況と向き合えるようになってきました。これを気楽に考える術はありませんでしたが，マリリンはできるだけ息子と情緒的に触れ合える状態でいようとこころに決めました。マリリンの母親も何度かセッションに同席し，一緒にシェーマスの恐怖に対処しようと試み，将来の計画を立てました。

　こどもに何を知らせるべきかを識別するのは難しいことです。特定の心配事は大人の間に留めておき，こどもには背負えないほどの責任を課さないように守る必要があります。しかし，とても大きな問題が生じている時に，何も起きていないようなふりをすることは決して手助けにはならないこともあります。信頼できる情報がないと，こどもは自分で物語を作り上げますが，その物語は秘密にされていることよりも，かなり悲惨になることもあります。事実を知ることによって，皆が自分たちの直面している難題にともに取り組

めるようにもなります。こどもを守っているという思い込みが，他の心配な情報，たとえば金銭的なことや，関係性が破綻する可能性などを隠そうとしている場合もあります。しかし，かなり幼いこどもでさえ，私たちが理解していること以上に多くを知っており，他の家族の代わりに不安を抱きつづけることもあるのです。

　保護しようとすることや秘密が，こどもを自分自身の体験から引き離してしまう危険性があります。さらに，傷つきやすいと思われている他の家族の人にも同じように対応して，似たようなパターンを生じさせてしまうこともあります。幼いこどもだけでなく，年老いた家族を安心させて守ろうとする試みも，家庭生活のなかで起きていることへの心配事から，自分たちが置き去りにされているという気持ちを抱かせることがあります。たとえ善意からだとしてもやみくもに安心を与えることは，家族がまさに慰めや援助の手を必要としているその人々を孤立させてしまうことにもなります。

▶家族内の折り合い

　家族の構成員の各々の意見は，何を食べるか，休みにどこに行くかといったことについても異なります。ものごとの善悪などになると，さらに深刻な意見の違いも生じます。この違いに折り合いをつけようという試みはあらゆる関係において重要なものですが，個々の責任や考え方の違いはここまで記述してきた相互の影響の及ぼし方とどう作用し合うのでしょうか。折り合いをつけなければならないような葛藤が生じる場面は，いつもの日常生活のなかの平凡で身近な，そして些細な事柄に及んでいます。たとえば，それは食事の時間を守るかどうか，友人と遊んで何時までに家に帰るかなどの取り決めです。

　これらの問題は，どのくらい両親と顔を合わせるか，どのくらい会話を交わすかという家族の絆に対する葛藤をしばしば反映しています。家族とは単に部品が組み合わさったもの，個人の総和から構成される以上のものであり，

それぞれの経験や意見，欲求は異なっています。権力は必ずしも同意や交渉などを基本にしているものではありません。それぞれの家族成員が皆同じように，家族への影響を左右するわけではありません。情緒や経済的資源，身体的能力を手に入れることができれば，その人が他者よりも簡単に優位に立つことができることを意味しているのです。家族によっては，大人かこどもかということでも各成員の権力に大きな差が生じることもあります。時には，ひとりの人の見方が支配的になっていることもありますが，それは他の人が権限を与えたからです。つまり，他の家族は決定に対して責任をとってくれる人に頼っているのです。ただし他の組織と同じように，家族でもっとも権力をもっているように見える人が，必ずしも支配しているわけではありません。もっと隠された力学によってヒエラルキーが覆されることもあります。無意識のうちに両親が要求の多いこどもに頼り，その言いなりになって，家族内にあるその他の困難から目を逸らすこともあるのです。

　この権力と個人の違いに折り合いをつけるという過程は，家庭生活が営まれる間，ずっと継続していくものであり，新たな関係性が生じるとその過程が明白化することになります。たとえば，結婚するかどうかは各々が決断したり，他の人によってお膳立てされたりもします。そして，個々の関係性に期待されるものは文化や養育された家庭環境，その他，個別の経験によっても影響を受けることが多くあります。各々の相手の期待が大きく異なることもあるため，新たな関係性においてもっとも重要な課題は，共有可能な「家族の文化」を打ち立てることです。たとえ，それほど大きな違いが見えない場合でも，家庭生活のどの枠組みやストーリーを優先させるのかという決断は，難しく感じられることもあります。

　きょうだい間の考え方の相違に対処する際に，自分自身の経験が親として大きな役割を果たすこともあります。こどもたちはそれぞれの家族に特有のポジションをもっています。たとえば，心配性のこどももいれば，より「楽天的な」生活に向けて進もうとするこどももいます。最年長のこどもは年下のこどもより，多くを期待されます。男の子と女の子でも期待は異なります。さらに，こどもはそれぞれ学力や運動能力も異なります。そうした違いが他

の家族成員との差の根拠となり、さらにそれぞれの経験を通しても人生のストーリーを左右し、決定づけるのです。かつて自分たちの体験した卑劣な戦いからこどもを守りたいという願いが、より能力のあるこどもたちの成長を抑えつけてしまうことになる場合もあります。他にも、両親がこどもたちの間の競争を煽ることによって、その違いが広がることもあります。

　このような体験は大人になってから、きょうだいの違いへの対処の仕方に大きな影響を与えます。そして、自分が二番手であるという感情や、きょうだいよりも自分は優れているという居心地の悪さが、同時に生じることもあります。後の関係性が強力な癒しの力をもつこともありますが、トニーとブリジットのケースのように、相容れず矛盾する内なる声が、人を前に進めないようにして行動や感情に影響を与えつづけることもあります。それゆえに、親の生まれ育った家庭のなかで、きょうだい間葛藤がどのように扱われていたかということは、そのこどもたちが同じような問題に対処する際に役立つ方法を導き出すのかもしれません。

▶ 家庭生活のなかでのレジリエンス

　多くの家族は自分たちの家族生活のなかで混乱に対処しなければなりませんが、変化に適応する家族を助けるために、レジリエンスと柔軟性を発揮します。「ホームスタート」[4]のようなプロジェクトは、ボランティアが家庭のなかでその家族とともに活動を行なっている良い例です。このプロジェクトは、専門家のもっとも有効な利用法は必ずしも家族に直接働きかけることではなく、人々が支援的なネットワークを自らの手で作り上げられるようになるための技術を広めることにあるということをよく示しています。こうした新たな取り組みには、最初は時間や資源をより多く必要としますが、長い目

4　英国でソーシャルワーカーのマーガレット・ハリソン氏が30年前に立ち上げた訪問型子育て支援のプロジェクト。

図11 これは5歳のこどもにとって，新しい赤ちゃんが誕生した自分の家族がどのように見えているかを表わしたものです。

で見れば大きな利益があるのです。

　研究では，病気や死，目の前で進展している両親の不和，辛辣な離婚，身体的または性的虐待などの心的外傷が，その後のこどもたちの関係性に与えるマイナスの影響が明らかにされています。しかし，こうした経験に対するこどもたちの反応はかなり多様で，他のこどもたちに比べてはるかに強い耐性を示すこどもたちもいます。この耐性やレジリエンスは個人の性格のみから生じるわけではなく，防御因子や危険因子のすべてが関与しています。

　特にこの研究では，動揺するような体験の影響を抑えるためにマイナスの連鎖反応を減らし，プラスの連鎖反応を増やすといった評価に焦点を当てています。たとえば，退学や家庭での葛藤から逃れるための薬物依存があると，不都合な体験の可能性が増加します。警察の厄介になるような状況が増えるとも言われます。これらが深刻化するのを避けるための方法を見出せれば，それはレジリエンスが発揮される結果を生み出すような機会を増やすことになるのです。よい関係性は，たとえそれがいつ生じるかにかかわらず，早期の心的外傷や愛情剥奪の影響をやわらげるのに役立つのです。

　何か困ったことが起こると，両親であれ，他の信用できる大人であれ，周囲の人々としっかりとした関係性がかなり役立ちます。さらにまた，学問やスポーツ，その他の活動における成功のように何かの領域で能力を有していることは，よい自己イメージの発達に寄与します。たとえどんなに難しか

ろうとも，人生について一貫したストーリーを作り上げることができれば，こどもは自分たちの人生における現実性の意味を理解し，心理的なバランス感覚を身につける上で前進することができるようになるのです。

　人々が家族という概念に対してもつ意味が一定でなくなるにしたがって，家族というひとつの考えに固執することへの価値は，徐々に下がってきています。今日，こどもたちの多くは，メディアからほとんど好意的な表現をされることのないような家族のなかで育っています。さらに，こどもたちは自分たちの生活のなかで起こるさまざまな問題に対して，将来どれほど親を助けられるようになるかということに負担を感じています。このように，こどもと両親，その次世代といったふたつの価値体系の間でバランスをとるためのコストは明らかにされていません。一方，家族がそれぞれ異なっているとしても，「多くの家族のなかのひとつの家族」という視点から考えることによって，現実的な家庭生活を維持する方法に焦点を当てることができるようになります。家族の意味を改めて定義するならば，ある特定の家族形態の正当性に関して定義すべきではありません。むしろ，よい体験を提供してひどい体験から保護するような，家族成員間の関係性や相互作用の質に関する定義をすべきなのです。

第9章
集団

　本章では，視野を広げて集団の本質を考えます。集団は，人間が規模や複雑さの異なるユニットに互いに参加し合うことで，各要素の合計よりも大きな環境となります。このような社会構造は多くの実体をもちながらも，多くの点で単一の有機的組織体のように機能します。そのため，集団の構造は特有の力動性をもち，その組織自体，そして他の組織との関係性をも独自に観察することができるのです。

　著名な外科医であり，集団における人間を観察研究するさきがけともなったウィルフレッド・トロッター Wilfred Trotter（1916）が人間を「群れをなす動物」と名づけたように，人間は思慮深く社会的な動物なのです。人は人生最初の瞬間から人類という同じ種に属する仲間を捜し求めます。まさしく人間の目が可視スペクトラム中の光に対して敏感なように，人間のパーソナリティは他の人間との関係において機能するように設計されているのです。人が他者との関係で自己や行動を決定するのは，それが人間のこころの構造そのものだからなのです。隠者は社会から遠ざかることを選んでいますが，それでもなお，社会組織のなかである程度の役割を担っています。生物学者と同じく，精神分析家も人間が仲間と関わる動機について認識しています。それは人間の構造の内的な部分においてもっとも重要なものであり，人間の存在，精神機能，また衣・食・住・性といった生存の基盤ともなるのです。

　人は少なくとも3人のメンバーからなる社会集団に生まれ出てきます。母親と赤ちゃんとのつながりにおける必然的な本質を認めることは容易なことですが，現実には，母子のみの構成単位は存在しません。近年の生殖医学が発展するまで，赤ちゃんの母親の人生には，きわめて短い期間であったとしても，常に物理的な父親の存在があったのです。父親または提供された精子

なしに赤ちゃんは存在せず，また赤ちゃんの母親も母親になることはないのです。もっとも重要なのは，その父親が母親の人生に存在するかどうかではなく，父親は良くも悪くもその赤ちゃんの**父親**として母親のこころのなかに存在するということなのです。さらに赤ちゃんは母親と父親の生物的な役割に対応する情動的かつ認知的な準備を携えてこの世に生まれます。そして，文化特有の違いはあるにせよ，赤ちゃんはひとりの親ではなく，ふたりの親についてのイメージを作り上げるのです。

　それゆえ，人はそれぞれ，いわゆる核家族に誰が存在するかは関係なく，誕生時から生物学的にも心理学的にも 3 という一次的な集団の一員なのです。この **3 という性質**は人のこころの発達に多大な影響をもたらします。核家族と呼ばれる集団のなかで母親と父親はともに暮らし，互いに惹かれ合い，赤ちゃんのためにともに協力するのでしょう。片方の親はこどもの世話をするもう片方の親を支えるでしょう。その結果としてひとつの三角形が形成されると，そこでは各メンバーが他のメンバーたちと関係をもったり，場合によっては各メンバーが他のふたりの間で起きていることから排除されたりするのです。時には，父親は母親が赤ちゃんに授乳する間，待たなければならないでしょうし，赤ちゃんは母親と父親がふたりきりで過ごそうとする間，待たなければならないでしょう。赤ちゃんはこの三角形の本質である移動や循環，つまり赤ちゃんは，たった今両親の注目の的となり一緒にいたかと思うと，次の瞬間には両親がふたりきりの空間を作って赤ちゃんに背を向けるという状況に置かれます。赤ちゃんがこの移動や循をともなう三角形の性質にどう反応するかということは，個人の精神構造，そして後の人生における性質的な強さや脆弱性にも影響を及ぼすことになるのです。

▶ 嫉妬

　人は，のけ者にされて精神的な苦痛を感じたり動揺したりする時，その感情を嫉妬と呼びます。嫉妬は，自分が誰かを求めている際に，相手のほうは

自分に対して何か物足りない部分があると感じて他の人たちの下へと去って行ってしまう時に生じます。嫉妬はいつの世でも厄介な情動です。もっとも深刻な場合には，嫉妬は死にさらされるような恐怖さえ含むことがあります。たとえば，赤ちゃんにとって母親と父親がふたりでいることに夢中になってかなり長い間放置されることは，自分が両親に忘れられてふたりのこころから抜け落ち，自らの存在さえ破滅させられるような体験なのです。さらに，その赤ちゃんが両親が互いに注目し合うことに強烈な羨望や剥奪感，激怒を感じて苦しむために，そうした感情は破滅の感覚をよりいっそう強めるかもしれません。強烈な嫉妬が殺人にもつながりかねないという背景には，この死にさらされる恐怖があり，心的生存における絶望が，**破滅させるか破滅させられるか**という問題に感じられるからなのです。世間でよく取り上げられる情熱ゆえの罪が，法そのものは別にしても，大抵の人から奇妙な同情を買うのは，生きているすべての人間が衝動の力を認めているからなのです（しかも，特に愛を重視する伝統のある国フランスでは，愛への同情が法にまで及び，**情熱ゆえの罪** *crimes passionnels* が特別な減免措置を受けています）。嫉妬は多大な困難や苦痛，悩みを引き起こしますが，それだけでなく生存するための価値をももたらします。乳児であれ大人であれ，のけ者にされることへの声高な抗議は，ガラクタのなかの味噌っかすが使い捨てられるように扱われたとしても，忘れさられることはないと保証してくれるのです。また，嫉妬は略奪者から自己や相手をしっかり守ってくれるという結束や願望を含んでいます。抗争と同じく，この競争を通した嫉妬の表出はいかなる集団の力動的な生存においても重要な要素なのです。抗争，嫉妬，競争はすべて3からなる早期の集団の派生物ですが，人間の生物学的な基本特性から生ずるボンディングや関係性のパターンを構成しています。そして，抗争，嫉妬，競争がどのように表現されるのかは，特定の文化と個人の経験両方から強く影響を受けています。家族や親類の集団はこのような構造や衝動によってまとまりを保っているのですが，そうでなければ，おそらくこうした集団は抗争や嫉妬，競争によってバラバラに吹き飛んでしまうでしょう。このことこそ，「血は水よりも濃い」という諺が意味していることなのです。

図12 ひとつの社会を形成する大集団は下位集団に分かれて闘争しがちで，そこでは憎しみや競争心，敵意が行動化されます。それぞれの下位集団がすべての悪を敵に投影して相手を攻撃します。この構図を通して社会のより小さな下位集団がこのような状況からさまざまな方法で利益を享受していることが明確になるのです。

▶ 社会集団

　昔の人は自分の親族を重視しました。親族のまとまりには強さがあり，ともに忠誠を分かつ家族の絆に安心感を得ることができたのです。やがてこのような親族は各メンバーたちの機能の違いによってますます洗練されていきました。なぜなら，生存するためには仕事を分配したほうがより確実になるからです。ある者は狩りへ行き，ある者は幼い子の世話をし，ある者は家畜を管理し，またある者は農業をするのです。うまく機能する集団はこれらの活動に貢献できるような新しいメンバーを招き入れ，そのメンバーの忠誠心が個人の幸福と同じく集団の幸福にも貢献することに価値を見出しました。

　さらに人間が人類の歴史ともなる進化過程を経るにつれ，集団はより一層適応と生存に関係した特定の機能のために集まるようになりました。それだけでなく，ある人々が特定の課題により適していたり得意であったりするこ

とを，根拠をもって明確に示すようになると，人々の長所や好みには異なる方向性があることが明らかになりました。先進国では社会的かつ労働上の役割が急激に発展し，ますます特殊化されていきました。人は社会と呼ばれるきわめて大きな集団のなかで他者に頼り，必ずしも自分単独ではなしえないような事柄をしてもらうことで助けられています。人は自らを商売や職業，または専門家と呼ばれる作業集団に分類しています。そのような作業集団は，好き嫌いにかかわらずメンバーになる家族や親類集団とは異なり，大抵自発的かつ選択的で，特別な訓練や特殊な技能に関連するのです。

　ある若い女性教師がスープを作るために鶏のガラや骨の入った鍋を火にかけっ放しにしたことを忘れたまま，夕方に恋人と外出しました。女性教師は帰宅すると，建物の外に大きな消防車，ドアや窓からあふれ出る煙，そしてアパートの自分の部屋が消防隊員でいっぱいになっている様子を目にしました。女性教師の階下の住人がフロアにひびく警報を聞いてその女性教師へ電話を掛けましたが，応答がなかったために消防署に電話をしたのでした。ある消防隊員は女性教師が恥じ入った表情で謝罪をすると，「お嬢さん，心配ないさ。よくあることだよ」とぶっきらぼうに励ましました。ある隊員は，女性教師が自分の娘がいる幼児クラスを教えていることに気づき，その学校の校長には言わないと約束をしてからかいました。ただし，女性教師の恋人は，その女性教師のアパートの部屋で一カ月以上も焦げた骨のにおいがしていたために，消防隊員たちほど寛容にはなれませんでした。

　こうした潜在的に危険な状況では，人々が属するカテゴリー間の相互的な内的依存が明らかに示されます。その場にいる人々のほとんどが，かつて顔を合わせたことがなくても，助けを求めて暗に互いを頼っているのです。そして社会が分裂せずに必要最低限の機能が続くよう，役割や課題が相互に実行されているのです。

　この相互的な支援や協力は簡単でも単純でもありません。政治の世界では

困難な交渉や駆け引きが行なわれますが、そこにはより大きな社会集団を作り上げる構成単位があります。しばしば集団内の政治から生じる軋轢(あつれき)は自らの集団が境界外に共通の敵を認めることで対処されますが、これは当事者集団が他の集団との間に衝突が生じるという犠牲を払ってでも集団内の協力を手に入れるということや、さらにはこの原理が国内外を問わず通用することを意味しています。

　人がより自己内省的で自己研鑽的になるにつれて、小さく凝集されたものであっても大きく複雑なものであっても、集団は与えられた課題の遂行を助けたり妨害したりする自らの内的力動に気づくようになります。集団力動という研究領域は集団が形成される過程の理解と関連しています。つまり、どのようにして集団の作用が次々と個々のメンバーに利益不利益といった影響を及ぼすのか、またどのように集団全体として他の集団と関わるのかということです。

　実際のところ、人間は内的力動を生み出す集団をどのようなものだと考えているのでしょうか。たとえば、2階建てバスの上のデッキに乗って、さまざまな仕事場に通勤する一集団のような人々の集まりはどうでしょうか。大抵そのような集団には、バスのなかである共通課題をめぐって団結するような何かが起きない限り、何のつながりもありません。乗客のひとりが突然体調を崩したりすると、他の乗客の社会的または集団的能力が結集されます。ある人は運転手にバスを止めるよう言いに行き、ある人は救急車を呼ぶために携帯電話を取り出すでしょう。またある人は病人を楽な姿勢にさせ、きちんと面倒を見ると伝えて、安心させようと努めるでしょう。必死になった人たちの集まりは課題の効率的な遂行に焦点を合わせた作業集団になるのです。

　実際に、すべての集団は目的や努力、確実に達成すべき任務の遂行のために存在するようになります。そのような任務には、たとえば家族を育てること、火をおこすこと、病院で手術を行なうこと、救助艇を配備することなどがあるでしょう。時には集団の目的は生存の本質に必須なものではなく、より宗教的あるいはスピリチュアルな行為、その他のさまざまな形態の活動に関わることかもしれません。たとえば山に登ること、サッカーをすること（付

録写真11），集会で祈ること，モーツァルトの交響曲を演奏すること，もしくは人が何もすることがない場合に考え出す試みと言えば，パーティーを開くことでしょう。

　集団の**課題**であるこのような任務やそれに関連する活動は，まさしく集団の起源なのです。次に，その集団は自らが効率的に機能するように，**外部**と**内部**の線引きをして境界をもつような構造を発展させなければなりません。ある個人は私たちのチームのメンバーとして仲間に入れますが，ある個人はメンバーになれずに外で待たなければならないでしょう。その結果として**テリトリー**が明確になり，公演中の劇場，会議室，自宅，またはサッカー競技場，山といった現実に存在する場所ができるようになるでしょう。もしくは，テリトリーは興味や好み，態度を共有する友人関係につながるような，より心理的なものかもしれません。

　さらに集団には**時間**の問題もあります。たとえばバスのなかで倒れた乗客を世話するような場合，一部の特定された任務を行なうために形成された集団は，いったんその任務が終了すると解消されることがよくあります。その一方，ある種の形態をもつ集団では，そのメンバーが死によって人生を終結するまで，おだやかな状態で存続するものもあります。クリケットクラブの生涯会員などはその例でしょう。このことは家族により一層当てはまります。家族という集団の一員であることは遺伝的な理由（「この子はお祖母ちゃんの目を受け継いでいるでしょう」)，そして社会的な理由の双方から，個人の生涯期間を越えて続くのです。出生証明書や死亡証明書は人々をその集団のメンバーとして規定します。人間は，良くも悪くも生きている間だけでなく，その後も何らかのメンバーであり，大抵の場合はそのことを享受しています。それゆえ，「血は水よりも濃い」という諺は，困難な状況に陥った際，互いに援助し世話をするために自らの家族の下に戻ることを意味しているのです。

　作業集団はしばしば，このチームにとってどのような人が役に立ち，また生産的かというように，何らかの**能力**という概念に基づいてそのメンバーを選択しようとします。この種の任務に求められるさまざまな課題を効率的に処理できるのは誰でしょうか。たとえば，誰が議長，秘書，会計，キャプテン，

料理人になるべきでしょうか。非公式的な集団のなかには、好み、趣向、共通の関心、感情に関わる**直感**といった概念の下に作られるものもよくあります。つまり、自分が一緒に時を過ごしたいのは誰でしょうか（付録写真12）。運が良ければ、能力と直感は重なり合い、人は職場の同僚との付き合いを楽しみ、そうした理由から自らの共通課題をより効率的に遂行することができるのです。

▶ 集団内の厄介な情動

　しかしながら、いかなる集団の活動生活にも厄介な弱点があります。それは先ほど述べたように、母親、父親、こどもという3人からなる早期の集団からの派生物が、情動的心理的に長期間作用するからです。後の人生で属するいかなる集団においても、こうした早期の感情からの派生物が再び掻き立てられる可能性はあります。そうした感情は集団のなかで喚起され、作用し、単に気分だけでなく行動をも決定づけるようになります。特別な地位に対する嫉妬、羨望、抗争、欲望やコントロールしたいという願望は普遍的で、いたるところに存在しています。それらの感情は、集団が効率的かつ協調的に機能するためには何らかの方法で管理されるか、統制されなければなりません。集団生活の裏表を平静に許容できる人は、協調性のあるよい同僚であると思われます。大抵そのような人は、個人的な願望や感情、好き嫌いにかかわらず、課題を第一優先にして、まずは仕事を収めることができる人なのです。

　しかしながら、集団に属することを苦痛に感じている人も多く、集団が小規模で非公式なものであっても、その一員でいることが難しく、あるいは不可能とさえ考える人もいます。時にはそのような人も社会に留まる方法を見つけ、集団から利益を得て、また集団に貢献することができます。たとえば家政婦のような職種は、大きな社会集団に関わる上で、何らかの個人的な困難さを感じる人にとっても解決策となるかもしれません。ただし、より広い社会性という文脈において、孤独で孤立した状態を続ける人もいます。人は

回避や恐怖や敵意といったサインに素早く反応し、そのような人に**一匹狼**というレッテルを貼るものです。そのため一匹狼たちは避けられがちで、終わらないサイクルを自分のなかに築いてしまい、介入なしには回復の見込みがなくなってしまうのです。初期（家族）の集団が問題を抱えていると、こうした困難の遺産がその後の一対一、小規模、大規模な集団といった多くの社会的環境で露呈してくるのは、かなり確かなことであると言えるでしょう。

▶ グループセラピー

　観察のひとつの形態として、集団内での困難に対する治療の基盤として集団そのものが用いられ、治癒力のある治療の力強い形態へと発展したものがあります。**グループセラピー**はある部分で精神分析の基本的概念を用い、またある部分では集団力動の領域における概念を使っています。グループセラピーでは患者に対する集団、そして集団に対する患者の影響を実際に見ることができます。なぜなら、同席するメンバー間で発展する現実の関係を通して、セッション中に各個人の内的な困難が明らかになるからです。ひとつのグループでは、7、8人の患者が一緒になり、ひとりのセラピストをともなって、中立な設定のなかで会うことになります。時間、場所、メンバーがセラピストによって選択されます。個々のメンバーの**課題**は、徐々にでも互いに深く知り合っていくことです。これを実行するに当たり、メンバーは個人の心理療法と同じく、一般的な社会的慣習に囚われることなく、自分のこころにあるもっとも重要なことをどのようなことでも互いに語る機会が与えられます。セラピストの仕事はそれぞれのメンバーが行動、感情、態度において、よい状態に変化するよう手助けすることです。セラピストは意識と無意識の両面から、セラピーの進行の妨げになるいろいろな要因について、グループに解釈をしていくことで助けるのです。そのような要因には、グループ全体から生じるいろいろな圧力やメンバーそれぞれのこころに存在するさまざまな無意識の抵抗があるでしょう。

ここで，ある大きな教育研修病院の精神科内の，ある外来患者グループの話を例に挙げましょう。そのグループは活動2年目に入っていました。その頃には，メンバーたちは互いをよく知るようになっており，自分たちにはまだやるべき仕事がたくさんあると気づいていました。そのグループのなかには，仕事を続けながら活動するミュージシャン，フリーの記者，見習い建築家，公務員（その人は血友病患者でした），小学校教師，主婦，海軍の退役軍人，失業中の男性がいました。このエピソードの中心となる語り手はラルフ（フリーの記者）で，濃いグレーの前髪を下ろしてとかしつけた，50代前半のがっしりした体型の男性でした。

　ラルフは一度も結婚したことがありませんでした。ラルフはひとりっ子として比較的年を取った両親の下に遅くに生まれましたが，両親ともすでに亡くなっていました。どんな天気であっても，ラルフは決まってブルー・ジーンズと漁師が着る厚手の紺のセーターを身に着けていました。ラルフは慎重かつ落ち着いた口調で話し，語彙には主に初期に試みた「代替」治療から身についた専門用語がおしげもなく散りばめられていました。

　ラルフはグループのなかでもっとも信頼できる忠実なメンバーのひとりでした。ラルフはいつも最初に到着していました。ラルフはメンバーが時間通りに来られなかった時には，いつも他のメンバーから伝言があるか尋ね，またよく人々が今の状況についてどう思うか気づく前にその週の問題を取り上げました。ラルフは「皆がどこにいるか」疑問を投げかけることで沈黙を破り，知性化を止めて自らの感情について話すよう他のメンバーに働きかけました。また，ラルフは執筆の仕事や慢性的な軽いうつ病についての苦難，そしていかなる女性とも，また長期的な関係では男性との関わりであっても失敗するといった自分の苦難を語りました。ラルフは他のメンバーから，すばらしいメンバーであると考えられて，認められていました。しかしセラピストの目には，ラルフには2年前にグループに入った時からどのような点においても，特に何ら大き

な変化は見られませんでした。

　新年直後のこのセッションは特別なものでした。ラルフは自分がある パーティーでひとりの女性に魅力を感じたものの，数日内にその女性は アメリカ合衆国に帰ってしまうという話をしました。はたして，ラルフ はその女性に対する関心を追い求めるべきなのでしょうか。グループは それほどの熱心さもなくこの話題を取り上げ（これはよくある話なので す），ラルフがそのことについて考えられるように手伝い始めたのです が，それはやや義務的なやり方でした。ラルフがルーシー（学校教師） の発言に反応した時，ひとりかふたりのメンバーはかなりぼんやりとラ ルフを見つめていました。

　セラピスト自身は落ち着かなく感じ，時折他のことを考えていました。 セラピストは夕食の買い物，または，グループにいる血友病のメンバー を見て，朝のひげそりで負った切り傷から静かに血が流れ始めたので， 血のしずくがシャツの襟に付く前に気づくだろうかとか，一度付いてし まったらそのシミを取るのはどんなに大変だろうかということを心配し てその時間の大半を費やしていました。セラピストはジャック（その公 務員）に血をふき取るよう伝えるために，ラルフを妨害したくなる衝動 に耐えなければなりませんでした。他には誰もそのことには気づいてい ないようでしたが，気づいたとしてもそれほど関心を払わなかったこと でしょう。ラルフにとってこのグループは，現実的で親しい人間関係を 得られるもっとも身近な仲間であり，また定期的に負担のない暖かさと 交わることのできる場でした。ただし，セラピストはラルフが単にこの ような形でグループを利用するのを許容しつづけるのではなく，このグ ループがラルフの抑うつ的でいくぶん孤立した性質に対して，もっと何 か役に立てないだろうかととてもぼんやり考えていました。

　その直後，突然ルーシーがほおをピンク色に染めて，絶望と困惑が強 烈に入り混じった様子で「あぁ，ラルフ，いつも私はあなたとこういう 状態になるような気がするわ。何だか分からないけど，私は自分で質問 をしているのにあなたが話していることをちゃんと聴いてないと分かっ

たの。ただ意識が流れてしまうのよ。こんなことを言うなんて本当にひどいわね。ごめんなさい。きっと私のほうに問題があるんだわ」と語りました。ルーシーは「知的」でないことに長い間囚われていましたが，それはその女性自身が他のグループメンバーに対してもっていた見方だったのです。ルーシーはかなりみじめな様子でセラピストを見て，そして床に視線を落としました。しかしルーシーのその発言が完全にグループの目を覚まし，他の人たちもラルフを見ました。ラルフは顔色を変えてひと呼吸置くと，「君は僕がつまらないと言っているんだろう」と言いました。

　一瞬の緊張が走ったものの，それはかなり生き生きとした沈黙になりました。ラルフは再び話し出し，「恐ろしいことに僕は自分がつまらないことを知っているんだ。ある意味自動運転装置が話しているみたいだな。僕は数分間話しているのに，一体自分が何を言っているのか分からないと気づいたよ」と言いました。皆が笑い，そしてメンバーたちはそれまでに過ぎた20分間，自分たちもどこか別のところに気が向いていたと口々に言い始めました。スージーはジャックに顔から血が出ていると言い，誰かがジャックに血を拭き取るようにティッシュペーパーを渡しました。ラルフはかなりの恥じらいとともに，しかしまさに真実味を感じられる状態で話しつづけました。ラルフは，実際は何も話すことがないことを恐れ，自分が空虚であり，その空虚さを抱えていることを取り繕うためにたくさん話していたのだと語りました。最終的に，ラルフは自分が母親のことさえ退屈させていたと思っていたのだと言いながら，すすり泣きました。ラルフは，母親が自分と一緒にいることを本当に楽しんでいると感じたことなど一瞬たりとも思い出せなかったのです。ラルフは母親のこころはそこにはなかったと言いました。矛盾しているようですが，それはラルフがグループにとってこれまでになく生き生きと存在感を示した瞬間に思われました。

ラルフが語り終わった後，セラピストはルーシーの介入前にグループに存

在していた，麻痺したような状況の理由を自分が薄々感じていたことに気づき始めました。グループの設定やメンバーの間で現実のものとなったのは，ラルフの内的世界の本質でした。それは，ラルフの内界に存在し，行きづまりや支配されている状態を感じさせるような関係性でした。セラピストを含めたグループメンバーが体験していたことは，ラルフが自分にとって重要な人物（自分の母親）とこころを通わせることができないという慢性的な絶望感の本質だったのです。その人物がそこに存在して「正しく」振る舞い，明らかにそこで起きている状況に関心を見せる一方で，実際にその人物の**こころがそこにない**ことはラルフを耐えがたいほどに困惑させていたのです。情動を養うのに必要な栄養や親密さ，関わりの代わりにそこにあったのは，ただ困惑と情動的なへだたりだけでした。

　セラピストには，ラルフが自己の内部に自分の母親のある側面を抱えているように思えました。ラルフの母親は自分の赤ちゃんやその幼児的なニーズに戸惑い，おびえていたのでしょう。セラピスト自身もこの経験で母親の本質の一端を感じていました。つまり，女性は自分の赤ちゃんの原始的で強烈な要求に対応しきれずに，自分のこころをどこか別の場所に置いたり，母親の現実的な家事，たとえば洋服をシミなく洗濯することや買い物について考えることに集中したりすることで，赤ちゃんやその要求を締め出してしまうのです。グループはルーシーを発端に話し合われていた個人特有の問題について，言葉で埋めつくすだけの説明をくつがえし，情動的状態を捉えることができました。なぜなら皆がラルフと接触しているように見せかけつつ，それぞれの内面では熟考するラルフを見捨てていたからです。セラピストはすべてを口に出すことはしませんでした。セラピストの目的はグループメンバーがこれらのことを自ら考える余地を残し，メンバー自身が観察して理解する能力を成長させることでした。セラピストはグループの内部で意識が薄れてしまう傾向を注視すべきだろうとコメントしました。なぜなら，このような行動は母親のなかにあるのと同じように自分たちのなかにもあり，見捨てられた赤ちゃんが自動運転を続けることになりかねないからです。セラピストは将来同じことが起きた時にメンバーたちがそのことを気がねなく話せ

るようになることを期待しました。

　メンバーたちが自らの内的状態をグループにうまく投影した場面で起きたことを，私たちはどれだけ理解できるでしょうか。このようなことはすべての集団で起きますが，特にグループセラピーでは明確になりやすいものです。まず，その理由として，集団の目的がただひとつに結集されているために，その機能がもっともよく理解されるということが挙げられます。視点は内部に向いていて，そこには刈りとるべき茂みも，建てるべき家も，解決すべき政治的問題も存在しません。次に，日常の社会生活では集団自体について声高に吟味することが暗黙のうちに禁じられていますが，グループセラピーではそれが許されるのです。人々は普段口に出せないようなことも互いに言い合えるのです。グループセラピーの話し合いは，言う側にとっても言われる側にとっても，そして聞く側にとっても，ものごとを明らかにするための場なのです。最後に，もっとも重要なことは，これが集団自体の本質だということです。メンバーは互いの心的状態にきわめて敏感になります。ほとんどの場合，このような心的状態は聞き手に無意識的かつ非言語的に取り上げられ，それらの心的状態があたかも自分のものであるかのように体験されます。さらに，時には聞き手が行動を起こします。あるメンバーの尊大で傲慢な冷静さが他のメンバーを激しい怒りに駆り立てます。そして聞き手は挑発したメンバーに拒絶されたという怒りを表わしながら，苛立った振る舞いをします。特にメンバーが互いをよく知るようになると，場合によって人々は投影をはっきりと捉える前に知覚するようになるのです。

　先述された記録のなかで，ルーシーは自分が取り上げたラルフの心的状態が耐えがたいものであると認識したようでした。それは母親がラルフの養育に気持ちを込めながらも，ラルフ自身は母親に接触することができなかったという早期の体験でした。ルーシーはこの体験を表わすために，**自分たちの間に起きていることにも起きていないことにも耐えられない**という人間の叫びを率直に爆発させました。そしてルーシーの堂々とした発言によって他のメンバーたちも解放され，その場で起きていることに気づいたのです。また，それはセラピスト自身の考えを解放するのにも十分でした。セラピストは，今

回自分がシャツの襟や買い物にこころが奪われたことは、ラルフの母親の投影への反応であり、母親はラルフがこころに抱えつづけた重石のような存在だったのだと気づきました。

　ここにグループセラピー独特の状況があります。メンバー個人におけるさまざまな内的世界の側面が、セラピストを含む他のメンバーに取り上げられるのです。その内的世界は同席するメンバーの関係性を通じて、目に見える形で生き生きと能動的に実現されます。もしセラピストが赤ちゃんの要求に冷酷な強迫的防衛（買い物のリストや襟の洗濯）へと気を逸らすような、憎むべき母親の理解の無さをコンテインできなかったとしたら、ルーシーは実際に発言したようにラルフへの自分自身の反応を体験することも、伝えることもできなかったでしょう。またルーシーが、ラルフのなかには見捨てられて拒絶された赤ちゃんが存在し、そうした状況への恐怖があると気づかなかったら、セラピストもそのような憎しみを安心して感じつづけたり、それを自分の倦怠と忍耐をもって経験したりすることはできなかったでしょう。ルーシーの苦痛は抗議を通して行動化されましたが、そのことがまさにラルフの見捨てられる感覚をやわらげたのです。そしてラルフが自分の母親を想起することで現在と過去がつながり、同席する皆にとっても生きた経験となったのです。

　セラピストはここまで事態が展開する前に、これらすべてを理解すべきだったのでしょうか。おそらくはそうかもしれません。しかし、もしかなり抜け目のないセラピストが計算された解釈をしていたら、ラルフが息継ぎをした際に行なったルーシーの抗議は新鮮味や現実世界の質感を欠いていたでしょう。またその後、ラルフが記憶や苦痛をともないながら突如として自己への認識を得ることもなかったでしょうし、これまでと異なる自分自身やグ

1　相手からの無意識的願望などの無意識から投影された感情や思考を受容的に受け入れる心的態度のことで、ビオン Bion, Wilfred Ruprecht によって精神分析的に洗練された。コンテイニングは包容機能などと訳され、赤ん坊と母親の交流でのコンテイニング、考えることの思考作用による思考のコンテイニング、精神分析治療において精神分析家がクライエントに示す母親的な機能などが代表的である。

ループとの関係性を見出すことで，安堵を感じることもなかったでしょう。そして，ルーシーも自ら声を上げるという発見の機会を奪われたでしょうし，グループの他のメンバーも貴重な機会を得られなかったでしょう。グループセラピーにおける最大の利点のひとつは，メンバーが互いに真の助けとなることやそれを認識することです。つまり，その部屋のなかで唯一セラピストだけが何かの役に立ち，貢献しうる人だというわけではありません。グループメンバーは，どのセラピストも口にできないようなことを互いの直接的な体験から導き出せるのです。そしてそのようなことは単に耐えしのぶためのものではなく活用できるものなのです。ラルフは自分が自動運転士として行動する傾向にますます気を配るようになり，それによる他の人々への影響や人々が自分に耳を傾ける様子をも理解するようになりました。そのうちラルフはグループメンバーがかろうじて自分のことを耐えているというより，むしろ熱心に自分とともに耐えてくれる仲間であることをもっと信じられるようになりました。同じように，ラルフがシゾイドの虚無感を充満させながら，メンバーを退屈させることによって締め出してしまう傾向も減りました。

　グループセッションの重要性は，同席するメンバーたちの間でとても複雑な内的事象が明らかになり，理解されてよい方向へ転換されることにあります。このケースの場合，グループリーダーであるセラピストは仮に困難な状況になった場合にも，精神内界と対人的な関わりの過程への理解，介入のタイミングや方法についての経験がありました。それは技術を要する仕事でたやすいことではありません。このことはまさに他の職種の集団にも当てはまります。学校教師やソーシャルワーカー，ビジネスマネージャー，司祭，刑務官，軍指令官などのリーダーたちは，集団が機能する際の固有の利益と落とし穴について，ある程度は直感的に分かっています。また集団力動に関する知識や経験があれば，その直感を裏打ちしてくれるでしょう。それによってリーダーたちは自分の集団が**頭を突き合わせて**相談しながら危険を回避することや，集団本来の計り知れない可能性を利用するために役立てるのです。そしてうまく機能している作業集団は，孤立した個人の理解力や技能が及ばないような課題にも取り組むことができるのです。

▶ 民衆, 群集, 軍隊

　しかしながら，必ずしもすべての集団が自らの成立過程について聞いたり，学んだり，理解したりすることに関心を抱いているわけではありません。すべてのメンバーが他の人たちの顔も名前も知らないような大集団は，先に述べた小さなセラピーグループとはかなり異なります。自分自身のアイデンティティとも言える思案や思考，問題解決や意志決定の個人の能力は大集団そのものに組み込まれたり，埋もれたりするでしょう。

　七十人訳聖書（旧約聖書のギリシャ版）にある聖書外典[2]はイスラエルの都市が残忍なホロフェルネス[3]率いるアッシリア軍に包囲された逸話を伝えています。イスラエル人がまさに窮状に陥り，人々が降伏するか死ぬかを選ぶ瀬戸際に立たされた時，美しいユダヤの未亡人ユディトは都市ベトゥリアの長老たちから，最後に一度だけ命がけの策略を行なうことを許されました。ユディトは一番上等な衣装と宝石を身に着けて贈り物を携えると，召使をたったひとりだけ連れてベトゥリアから敵陣に忍び込みました。ユディトは予想通りアッシリア兵に捕えられ，ホロフェルネスのもとへ連れて行かれました。ユディトはそこで自分がイスラエル人を裏切りたいと思っているとホロフェルネスに信じ込ませたかったのです。それから4日後，ユディトの美しさの虜になったホロフェルネスはユディトを誘惑しようと決心し，その晩ふたりのために宴を用意させました。ユディトはホロフェルネスがたらふく酒を飲むまで自分を寝室に連れて行かせないように慎重に見計らいました。ホロフェルネスが酔い潰れて眠り込んだ途端，ユディトはその男の剣を抜いてひと振りで首を胴体から切り落としました。そしてユディトは首の入った袋

2　聖書の正典は『旧約聖書』39巻と『新約聖書』27巻とされ，それ以外の聖書関連の文書が外典とされる。原語では「アポクリファ apocrypha」と言われ，「隠されている」という意味を含む。

3　第二正典「ユディト記」に登場するアッシリアの将軍。ネブカドネザル王の統治に協力をしなかった西の国々への報復のために派遣された。

を持つと，包囲されたベトゥリアへと静かに舞い戻ったのです。明け方になり，アッシリア軍は首のない将軍を見つけると大混乱に陥り，崩壊して消滅しました。アッシリア軍のもつ思考や計画，遂行といった能力のすべてがホロフェルネスに与えられた結果，ユディトの行動がまさに軍隊そのものの首を効率的に切り落とすことになったのでしょう。同じく，ホロフェルネスは全人員の権力と権限を帰属させることによって万能的になり，さらには軽率さを膨れ上がらせて愚かにも傲慢な振る舞いをするようになったのでしょう。大集団というのは発生するあらゆる過程で従う側と従われる側に危険がともなうものですが，リーダーへの自動的な服従が基本的な文化の一部となっている場合はなおさらそうなるのです。

　大集団を説明する名称には**民衆**と**群集**があります。民衆はそれほど構造や組織をもたない大集団で，その行動は予測しがたいものです。群集はより凝集的ですが，それは敵が現実のものであっても想像上のものであっても突き止めて破滅させる願望を抱き，その途端に収拾がつかなくなるほどの危険をもはらんでいます。群集は現実や理性の声を無視して一気に作り上げられます。群集は思考を嫌います。すべてのメンバー（すべての人間）のなかに潜在的に存在する原始的な衝動は，無法なリーダーに悪用されて増幅し，大混乱や殺戮という結末を迎えることにもなります。1930年代終わりのナチ支配下のドイツでは，群集の感情がユダヤ人のなかに断固たる敵意を見出し，さらに現在では水晶の夜 Kristallnacht として知られる1938年4月9日から10日にかけての晩，ユダヤ人が所有すると判明したすべての家や店の窓が粉々に砕かれました。それは，パウル・ヨーゼフ・ゲッベルス Paul Joseph Goebbels に煽動されて，熱狂し分別を失った暴動によるものでした。7,500軒ものユダヤ人の商店は粉々にされ，177堂のシナゴーグが焼き討ちや破壊

4　パウル・ヨーゼフ・ゲッベルス（1897〜1945），ナチス党政権下のドイツの政治家で，ドイツ労働者党の国民啓蒙・初代宣伝大臣を務め，「プロパガンダの天才」と呼ばれた。敗戦直前にヒトラーの遺書によってドイツ国首相に任命されたが，その直後に自害した。

に遭い，さらに91人のユダヤ人が殺害されました。

　シェイクスピアは群集の熱狂について理解していました。シェイクスピアはローマ帝国の複雑な歴史を取り上げて簡潔にまとめ，それを戯曲化することで集団行動のある原理を描きました。陰謀者たちは，ローマ皇帝になったジュリアス・シーザー Gaius Julius Caesar が大衆の賛美によって万能的な怪物へと変貌してしまうこと（おそらくホロフェルネスに起こったような）を恐れて暗殺します。そしてシーザーに忠実だったアンソニーと陰謀者たちのリーダーだったブルータスは元老院で劇的な公開議論を行ないましたが，それは剣のように強力な雄弁術として知られています。アントニーとブルータスは熱情的で気まぐれな群集として描かれるローマ市民を統制するために争いました。群集の感情は激しく高まって揺れ動き，吊し上げる敵を探して通りを駆け巡りました。群集はその男がまったく無実で自分たちの探している人物ではないと気づいたにもかかわらず，捕えて殺害しました。群集の熱情は無実であることなど関係なくしてしまうのです。このような原始的な状態にある集団は，自らの目的を達成する原始的なリーダーを探したり招き入れたりします。さらに適当な敵が見つからないと，作り上げてしまうのです。

シナ　　名前はシナ，正直な話だがね。
市民一　それ，八つ裂きにしちまえ。徒党のひとりだ，此奴は。
シナ　　いや，詩人のシナだよ，私は。詩人のシナ。
市民四　あんなヘボ詩を書く奴なんざ，八つ裂きにしちまえ。ヘボ詩の罰さ。
シナ　　私はね，あの一味徒党のシナじゃない。
市民四　どうだっていい，そんなことは。名前がシナだ。こいつの胸許から名前だけをえぐり取りゃいいんだ。あとは放免さ。
市民三　やっつけちまえ！　さ，火だ，おい，松明だ！　さ，行け，ブルータスの家，キャシアスの家。一切合財焼いちまえ。

シェイクスピア『ジュリアス・シーザー』[5]

　歴史のなかでは幾度となく、これと同じような場面が繰り広げられています。中世や近代初期の宗教的な熱狂は宗教裁判へとつながりました。その名の通り、宗教裁判は訴えを受けつけることなく、異端者や魔女や錬金術師と見なされた人々を能動的に探し出しました[6]。自白を強要する手段である拷問の使用も、ローマ教皇の支持者によって1252年に施行されました。さらにスペインの異端審問所長官トマス・デ・トルケマダ Tomas de Torquemada は2,000人以上もの火あぶりの刑を指示しました。1789年のフランス革命の嵐は、生存に必要な食物までもが危機にさらされたことから勃発しましたが、それは恐怖政治を先導し、30万人の容疑者と17,000人の処刑者を出す結果となったのです。

▶ 魔女狩りと理想主義――同じコインの表裏

　かのジョセフ・レイモンド・マッカーシー Josepf Raymond McCarthy [7]の魔女狩りは、1950年代のアメリカで合衆国の敵である共産主義者を探し出すことを名目として行なわれましたが、そこにはある共通した熱狂が存在しました。刑罰は一生涯にもわたり、働く機会の喪失を意味しました。ここにはこころに刻まれた憎しみがあります。また、憎しみの反対である愛もこころに

5　Shakespear, W., *Julius Caesar.*（中野好夫＝訳（1980）『ジュリアス・シーザー（改訂版）』岩波文庫）

6　異端審問は15世紀以降にスペイン王の監督の下で行なわれ、一旦キリスト教に改宗しながらもユダヤ教やイスラム教の習慣を守る「異端者」を裁くことを目的とした。

7　ジョセフ・レイモンド・マッカーシー（1908～1957）、アメリカ合衆国の共和党上院議員で、共産主義への強い批判を展開し、共産主義者に共感する疑いのある人々を糾弾する活動を行なった。「マッカーシズム」は攻撃的かつ懲罰的な魔女狩りにたとえられた。

刻まれて増幅し，**理想主義**を生み出します。愛と憎しみに似通った矛盾をともなって，理想的なリーダーや考え，原理を手に入れたいという願望に囚われる集団もあります。顕在化した行動は異なるにしろ，当初の予想を超えて憎しみに煽動されるような集団は，より群集と共通している部分があります。選ばれしリーダーの絶対性に異論がある者は集団から追放されるか排除されます。不安を抱える若者が，一見して自分たちが切望する無償の愛や援助を与えてくれそうな宗教団体に引っかかってしまうことはよくあります。しかし，若者がより自信をもつようになり，ある程度まで集団の根本的な教義について熟考し始めるだけでなく，論議への意欲を見せるようになったり，または単に**家に帰りたい**と望んだりするようになると，状況は劇的に変わるのです。若者は投獄されて罪人のように扱われるでしょう。

集団にはふたつのタイプがあります。敵を求め憎しみによって煽動される集団と，神性を求め理想によって刺激される集団です。両方に共通しているのは各メンバーの思考，計画，判断，意志決定といった自己の個別能力がひとりのリーダーにおおい隠されることです。1978 年，ジム・ジョーンズ Jim Jones[8] は 1,000 人（そのうち約 4 分の 1 はこどもでした）にも及ぶ巨大な集団を率いてギアナのジャングルで集団自殺を図りましたが，そこでは個々のメンバーが完全に自分の思考や判断の能力をリーダーに引き渡してしまったのです。そのリーダーの言葉は単に重視されるだけでなく神聖であるとさえ考えられました。そのため，それぞれのメンバーは盲目的にリーダーの命令を守り，服従し，そして屈服したのです。

▶ 国家，大衆，信念

8 　ジム・ジョーンズ（1931 〜 1978），アメリカ出身のキリスト教系カルト教団「人民寺院」の教祖。南米ガイアナの密林奥地に信者とともに入植したが，アメリカ下院議員の調査を受けた直後に信者と集団自殺を遂げた。

政治学者や外交官，そして国際関係の専門家は，皆集団における課題と苦闘せざるをえません。なぜなら国家でも国家間でも同じようなプロセスが行なわれるからです。それだけでなく，このようなプロセスが国家首脳に活用されたり，大っぴらに私的利用されたりすると国全体の雰囲気にも影響が及びます。人の知識の精密さには限界があり，変化をもたらすための能力にはさらなる限界があります。いまだに強欲や略奪，偏狭，卑劣さ，不誠実といった好ましくない特質のすべてが，敵と認識された集団の仕業であるかのように見なされることがよくあります。北と南，カトリックとプロテスタント，黒人と白人，ナチとユダヤ人，ユダヤ人とパレスチナ人，セルビア人とアルバニア人，アラブ人とクリスチャンなどがそうです。時にそれぞれの集団が，真実，清廉潔白さ，そして礼儀正しい行為は自分たちだけがしていると信じ込む傾向があるようです。

　甚大な宗教紛争と領地紛争は否認や投影といった心理的メカニズムにより，人々に流血の惨事を起こさせます。そのような心理的メカニズムは集団内で素早く表出され，危険なほどに拡大し，さらに大きな国内，国際関係の集団ではより統制しにくくなります。先に提示したような治療を目的とする小集団では，否認や投影などのメカニズムは注視されて話し合われます。心理療法のなかでさえ，感情や行動を変容させることがいかに難しいかが認識されています。しかし，国や民族，宗教的な集団全体の行動に影響を与えることは，それよりもはるかに難しいのです。国際的な改善の変化を追求していくことは，個人と集団両方にとって長く険しい遂行課題と言えるでしょう。近年では，たとえ国家元首であっても基本的人権を侵害すれば法廷の裁きを免れることはできないという変化が起きているように，基本的人権は何よりも重視されています。

　そして善きにつけ悪しきにつけ，集団が個人に，そして個人も集団に影響を及ぼしていると知るほど，自分たちがそのような要因を重視しなくなることは不思議なことです。教育，政治，社会福祉，病院，警察，矯正施設，工場，宗教集団，若者の流行，ベンチャー企業，これらすべてが集団に関する理論や，さらには実践といったより深い理解をさらに役立てることができるので

す。自分ではつい見過ごしがちな知識であっても、無視すべきではありません。おそらく同じことが集団のプロセスのなかにも存在するでしょう。そのプロセスは個人の内側や集団内部に存在する人間的葛藤のもっとも基本的な部分に触れるでしょう。その葛藤は創造と破壊、生存への願望そして精神分析で**死の本能**といわれる死への願望との間に存在しています。ここで人が直面するのは、どちらを選ぶかというほど単純なものではなく、むしろ一生涯かけてもなくすことができない葛藤であり、ゆえにその意味を軽視することはできないのです。

第 10 章
仕事

> 実際のところ，私は溶接工として自信がついてからはじめて自分自身にも自信がもてるようになりました。それはすべてのことにおいて，歩き方についてさえ言えることでした。
>
> プリーモ・レーヴィ

　これはプリーモ・レーヴィ Primo Levi[1] の小説『星型レンチ』[2]の一節です。この文は，人の自尊心が自らの仕事から得る経験と密接に関係していることを表わしています。なぜそのように言えるのでしょうか。それは，人が自分が何者かという感覚や自分の価値，特に自分の有能感の大部分を仕事から得ているからです。仕事は人の生活に枠組みを与えてくれます。つまり，仕事は人が過去の思い出や将来の夢からなる内的な世界で身動きができなくならないように，ものごとを「いま，ここ」という現在へと導いてくれるのです。

　仕事が人々の情緒的な生活に関わる場合，仕事の世界は家族，保育園や幼稚園，学校よりも深く関わります。人はお金のために働きますが，お金のためだけに働くのではありません。あらゆる調査結果が示しているのは，単にお金やボーナスなど給料に上乗せするような契約（その金額が一世帯にとっ

1　プリーモ・レーヴィ（1919〜1987），イタリアの科学者，作家。アウシュヴィッツ強制収容所からの生還者であり，代表作に『これが人間か』（竹山博英＝訳（1980）『アウシュヴィッツは終わらない』朝日選書）がある。

2　Primo Levi, *The Wrench*, 1994.（1997 年ストレーガ賞受賞作品）

て相当大きな割合を占めない限り）は人々の働き方にほとんど影響を及ぼさないということです。議論は他にもあります。人々が仕事に満足している組織では，人が一生懸命取り組むために何を重視するのか，そして何を達成するために働くのかということと，組織の価値や積極的関与との間に，ある程度の一致が見られます。

　経営者とスタッフとの間では，互いに深い交流がないと，相手の言動をコントロールしようとする企てが終わりなきダンスのように何度も繰り返されるでしょう。仕事の世界は幅広い情緒が体験される場なのです。情緒は人々の私生活に密接に関わり，根ざしてもいます。その一方では，職場でも私生活とは異なる一連の課題，たとえば忠誠心や愛，嫌悪，憎しみ，嫉妬，欲望，理想などに関わる情緒が生じます。そのような情緒は別の枠組みで理解されなくてはなりません。組織の情緒には，組織にいる一人ひとりのパーソナリティという個別の「枠組み」に，組織内の力動関係と，環境や競合会社，政府の政策などの力動関係が加わるのです。

▶ 職場での善と悪

　人のこころが機能するには，善と悪，愛と憎しみの明確な区別が必要なようです。どちらか一方，または互いに対峙する機能が相反するコンテイナーとなることで，過剰な愛情や，逆に過剰な憎しみを防いでくれるのです。しかし，その両極があまりにも離れている場合，ある情緒がもう一方の情緒によって緩和されることはなく，それぞれの要素をコンテインし対処しようとする自己感覚が崩れ始めます。人が自分の精神的なバランスを保つために組織に参加するというのはよくあることです。つまり，人には情緒的に（個人的にも集団的にも）自分の人生において善であり理想的な人間像だけでなく，悪であり汚れた人間像が必要なようです。人が大人になれば，自分の親のよい像と悪い像の狭間で苦悩するような単純なおとぎ話など自然と不要になるという考えがあるとしたら，それは明らかに違っています。なぜなら，テレ

ビや娯楽映画，そしてコンピューターゲームでは，そうしたおとぎ話に似たような内容が多く見られるからです。

同じように，このような心的メカニズムは職場のなかでも表現の場を見つけようとします。**自分たち**が属する集団や組織はよい組織であったり，反対に外部や離れた部署が悪い組織であったりするように，人は自分のより受け入れがたい部分を他者に投影し，それと戦うと同時に自分のなかに存在する多くの部分を失うのです。このようなことは，社会全体を見わたすとあらゆる場所で表わされています。善良な市民と強欲で自分勝手な民間企業，あるいは怠惰で人まかせの公衆と効率的で自立した商業団体などです。こうした空想は，現実とかなりかけ離れています。空想は人間の善悪を区別し，世界をも善悪や白黒に二分したいという欲求に突き動かされているのです。

職場は情緒や意思からなる私的な世界と，現実や目標達成といった公の世界が一体となる環境です。それは，内界と外界，私生活と公共性が影響し合い相互に意味づけを行なうといった情緒のるつぼであり，コンテイナーでもあります。職場は現実的で成熟した経験をしたり，他者と関わったりすることで，ほどよいバランスでものごとを共有できる土壌を与えてくれます。そうは言っても，そういう関わりは家族との緊迫した親密さや生物学的に決定された関係とは異なります。仕事は給料が支払われるかどうかよりも，結果的に幅広い満足感や達成感をともなって，個人よりも大きな水準の目標や目的に触れる機会を与えてくれます。さらに，仕事は他者との自発的な関わりを通して自己の感覚や個人がもたらす作用，つまり世界における自分の地位やアイデンティティを付与してくれるのです。

フロイトは，人間の健常性を示すふたつの中心的な要素が「他者を愛する能力」と「働く能力」であると述べました。これらの能力には，ともに自己中心的で私的な世界を超えて達成したり，他者と関わったりすることが求められます。仕事が自己の努力に対する成功や欠点を明らかにすることで，人は精神面と物質面の両面で外界と現実的に関わる機会を得るのです。それは具体的には現実を検討すること，（創造的あるいは破壊的に）壊すこと，修復して創造することです。

すべての仕事は，たとえもっとも単純なものであっても，いまだ達成されていない何らかの目標に基づいています。目標には常に（思考や感情のなかにあるような）**象徴的な**要素が含まれています。それが「それと似たようなものを作る」という単純な作業であったとしても，達成されるべき目的に向けて内的象徴的表象を必要とします。仕事がうまくいくと，人の破壊衝動と修復や創造という他の衝動とのバランスが取れて安定がもたらされます。人々が仕事に属しているという側面を認識できないような職場は，ひどく単調でつまらない環境となるでしょう。なぜなら人間の精神とこころは，物質的な領域だけでなく，心理的な領域にも含まれるような現実や真実を通して育まれるからです。仕事というのは，何かが**足りないこと**，満たされるべき何かが欠けていること，何かが不完全であることからスタートするのです。

▶ 仕事における情緒の起源

　仕事や，そのなかでも特別に何かが欠けているという経験は，消耗し破壊するという欲求と愛し修復し創造するという欲求の狭間で緊張を生み，人のこころのもっとも深い無意識レベルにある「赤ちゃん」の部分を刺激します。このことは一連の共通した危惧を生じさせます。それは，衝動とその表現，自信とその欠如，修復し保持する能力，失敗から生じる気分の落ち込み，不安定や混乱といった不可避な経験，あるいは愛するものを打ち負かし破壊することと引き換えに得られる成功の恐怖などに関連しています。

　経営者がこのような深い情緒が仕事によって刺激を受けるのはやむをえないことだと認識し，そうした情緒を個別の面談や時にはチーム自体で効果的に処理するための適切な場を提供しない限り，情緒は蓄積されて周期的に爆発するでしょう。

　ジムはある製造会社でマーケティング部の部長をしていました。ジムがコンサルティング会社を訪ねたのは，これまでに営業部

長との間で生じた数々の衝突が自分の意欲やキャリアを阻んでおり，その軋轢(あつれき)をよりよく理解して，回避したいと思ったからでした。一通りの相談面接を終えると，その軋轢に関して個人的な面と組織的な面とのふたつの側面が浮かび上がってきました。個人的な面では，ジムの父親に対する未解決の感情が焦点となりました。こどもの頃，ジムは自分の父親に対して大きな距離を感じていました。ジムは自分が父親から愛されていないという考えには何の根拠もないと分かっていました。しかし，父親は「幼い少年」に理解できるような形で愛情を表現することに困難を抱えていたようでした。

ジムのなかにあるこの「幼い少年」の側面は，現在の職場生活でもかなり表面化していました。ジムは無意識のうちに上司とのやりとりを自分の子ども時代の父親とのことのように体験し，愛してもらうことを求めました。もちろん職場においてこのような要求は筋が通らず，望ましいものでもありません。しかし，そうしたジムの感情が仕事中に表面化しそうなことはしばしばありました。

管理者会議では，ジムは同僚に対して辛辣でひどく競争心を剥き出しにしたような態度を度々見せていました。このことについては，取締役である上司も問題だと感じていましたが，ジムの行動を理解してはいませんでした。相談を進めるなかで，この行動はグループの誰よりも愛されたいというジムの願望の表われであるという視点から理解されるようになりました。他者が注目されたりジムから見て浅はかで粗末な振る舞いをしたりすると，ジムはその人たちをこきおろすのでした。それはまるで，ジムが取締役の上司に向かって「ねえ，僕がどれだけおりこうさんか見てよ。そして，誰よりも僕のことを愛してよ」と言っているようでした。無意識のうちに，ジムは賢いことと父親から愛されることを同じだと考えていたのです。

さらに，この状況における組織的な側面では，ジムが会社全体の風土に対してより進んだマーケティング手法を取っていることが挙げられました。ジムは消費者に関する深い理解や企業と消費者との長期的な関係

構築に基づいた効果的な販売戦略を実践していました。しかしながら，営業部長のテリーは「昔ながらのやり方」を用いていました。テリーは，消費者の関心が単に短期的な価格や手に入れやすさに向いており，要は「商品は山積みにして安値で売るべき」だと信じていました。今日でもこの手法の効果に疑いはないものの，販売市場で不十分なことは明らかでした。消費者が競合ブランドではなく特定の会社のブランドを選ぶ際には，売り場にいる販売員の接客態度といった微妙な理由があったのです。それゆえ，ジムとテリーの争いは組織内での戦略をめぐる衝突の表われでもありました。取締役の上司は両者を同時になだめたり批判したりしながら衝突を避けていましたが，営業のアプローチを刷新するという決断をめぐっては，苛立ちを収めるだけの十分な体制を取っていませんでした。その上司は自分までテリーから不評を買うのではないかと恐れていました。

ジムとその上司がともにこれらの問題に取り組むことができたのは，ジムが自分の行動をより理解することで数々の厄介な言動を上司に説明できるようになり，状況を変えることができたからです。さらにジムは上司と一緒に組織上の問題を適切に位置づけて，経営陣に議題を提出することができました。この議論はジムとテリーの間で内密に行なわれたものではなく，むしろ公の場で効果的な決断を下すためになされたのです。

この話は個人のパーソナリティや歴史，そして精神力動がどのように引き起こされ，またどのように組織自体の力動と関わり合うのかを示しています。一見個人の問題のように見えるものは組織上の問題でもあるのです。これは常に当てはまるわけではありませんが，表面上は組織のなかで単に「個人的な問題」として扱われているものが，実際には組織内に潜在する未解決の問題の表われだということがよくあります。個人は全体を代表して組織の課題を示す「無意識の代弁者」となるべく，その場に合った性質の問題を抱え，組織の力動を受けて注目を浴びているのです。それゆえ賢明な経営者であれ

ば，いかなる場面で生じる個人的な問題をも組織の潜在的な葛藤についての手掛かりであると見なすでしょう。

ジムがマーケティングというキャリアを選択したのは，認めてもらいたい，コミュニケーションをしたい，愛されたいという欲求に駆り立てられる部分があったからでしょう。したがって，これらの情緒が今回のケースに潜在する力動の一部であってもそれほど驚くべきことではありません。他の部署にもそれなりの課題があるのです。たとえば経理では，よく支配にまつわる課題が生じます。人が特定のキャリアに適しているのは，意識的な適性だけでなく無意識的な適性もあるからです。仕事がもたらす感情の意味や奥深さ，そして意識下にある意欲の源が，職場で完全に意識されることなど滅多にないでしょう。ただし，優秀な経営者はしばしば直観的かつ無意識的にこのような人間の要素を理解することで，自らのスタッフの意欲を効果的に高める直観力を備えているのです。

レイチェルが自分の管理方法に関するコンサルテーションを求めたのは，自分の部下の扱い方が不必要に衝動的で冷酷であると評価されていたからでした。レイチェルが部下を長時間働かせてかなり厳しく追い立てるので，部下はレイチェルの常に批判的な見解に対して不満を漏らしていました。レイチェルは実際に自分の管理方法に欠点があることを分かっていました。私たちとの面談を重ねるうちに，レイチェルはなぜ自分が課題に過剰に注目するのか，なぜ自分が管理する人々の欲求に対して配慮を欠いているのかを，少しずつ理解するようになりました。レイチェルは部下の作業に業を煮やすと，部下を非難するだけでなく仕事を取り上げてしまい，部下を訓練したり育成したりする必要性には気づいていませんでした。

しかし，レイチェルのケースでは会社全体の文脈から理解する必要がありました。レイチェルにはまさにその業務を遂行する手段やものごとを仕上げる能力が求められており，そうでなければ会社は単に自由放任主義的な環境となったでしょう。そのため，レイチェルへの役員会によ

る公的な評価は明らかに理解を示す「すばらしい」ものでありながら，役員個人の物言いはかなり攻撃的でした。このような特に煩わしい側面は，レイチェルのように何としても課題を仕上げるよう求められた部下によって表現されるものなのです。

▶ **変わりゆく組織**

　人が組織に参加する理由のひとつは，個人のより原始的で衝動的な側面を社会的に有用な形で表現できるような環境や「コンテイナー」を組織が提供してくれるからです。攻撃衝動は労働となり，「性的」欲求は他者に奉仕することで快感を得るためのより洗練された表現になります（フロイトはこの過程を「昇華」と名づけましたが，これは原初的欲求を社会的に有用な行動に転換するものです）。その仕事がもつ特殊な本質が，ある特定の衝動に関わって刺激を与えるのです。商業がより攻撃的でものを手に入れたいという衝動を求めてこれを刺激する一方で，援助職はより愛することや修復する衝動を引き出します。組織や職業の構造は，働き手とそれを消費する人の双方がこのような衝動に圧倒されないように防御する機能をもっています。

　かつて人々は官僚的な組織の構造に対して苛立ちを向けていたものですが，このような構造は安定性の供給源であり，さまざまな愛情や憎しみの客体でもありました。かつての構造は愛情や憎しみに耐えうるものだったのですが，それは今日の組織には徐々に当てはまらなくなっています。変化の速さは組織の構造や役割や機能が絶えず変わりつづけていることを意味しています。組織が人々の生活に信頼できるサポートを提供しないまま，状況は逆行しています。つまり，仕事が組織を支えるためのものとなり，存在している組織自体は明らかに時代遅れのものになってしまっているのです。

　このように予測不可能な変化を続ける組織の構造と相まって信頼への期待が裏切られると，疑いが生じ，もはや安定した心的コンテイナーを提供することはできなくなります。それは従業員のストレスや混乱，怒りにつながり

図13　アンツ・グロース Groz, Ants Ⅱ画。産業革命時代の風刺画。

ます。しかしながら、大抵の経営者は自社の労働力に及ぼす情緒的な影響をどう判断すればよいのかを理解して対処する訓練を受けてはいません。さらに、仕事のキャリアにおいても、もはや信頼できる経営者を探すことや仕事に自分の身を捧げることは重要でなくなってきています。今日では、たとえ雇用側である組織が望んだところで終身雇用を保障することもできません。そして、段々と個人が自己のキャリアを管理する責任をもつようになっているのです。

　このような変化によって、より思慮深い経営者が求められるようになっています。チームで仕事をする上では、変化する世界に対して効率的に適応できることが求められるのです。要するに、達成するために統制をしたり、何らか一定の視点にこだわったりすることなく、むしろ他者の視点を**受け止める**能力が求められているのです。

▶ 仕事の影響

　仕事にはさまざまなタイプがあり、そのタイプによって異なる情緒が喚起されます。精神分析家であり組織についての専門家でもあるイザベル・メンジーズ・ライス Isabel Menzies Lyth は、公共に従事する領域のなかでも、看護職では仕事に対する要求度が低下しやすいと指摘しています。看護職は多かれ少なかれ常に痛みや苦しみに接しており、個人レベルでも（燃えつき症候群）、組織レベルでも（ストレスの影響を否認するためにスタッフは集団レベルの防衛的構えによって統制されています。たとえば患者のことを「9番ベッドの住人」と言うことなどです）、患者を防衛的に遠ざけるようになるのです。しばしば退職する看護師は最良の看護師だと言われることがあります。そのような看護師が職場を去るのは、病院組織の構造による防衛的なやり方が看護師に患者との接触から充実感を得ることを禁じ、個人の才能を抑制してしまうからです。看護師が日常的に病棟から病棟へと移動させられるのは、その典型的な例です。

　このことは心理的には鉱山のちりと同じで、うまく対処できないと病気を引き起こす副作用にもなります。しかし、看護師や警官のようにもっともストレスを受けやすい特殊な仕事では、職場で精神疾患を招くような結果となっても、なかなか気づかれないものです。これは批判をしているわけではありません。そもそも、働き手にもっとも大きなリスクをもたらすような仕事では、ストレスと取り組むことが一番大変なことなのです。看護師や警官といった職種にありながらストレスを認識することは、必然的に万能感的な防衛を脅威にさらす体験でもあるのです。万能感的な防衛は個人や組織が働

3　イザベル・メンジーズ・ライス（1917 ～ 2008），精神分析家，社会学者。タビストック人間関係研究所の創設メンバーのひとりである。集団力動学や組織行動学に精通し，第二次世界大戦中，大戦後の治療にも貢献した。著書に *The Functioning of Social Systems as a Defence Against Anxiety.*（『不安に対する防衛機制としての社会構造の機能』）(1959) などがある。

き手の脆弱性を認識することから自身を守るために作り上げられます。しかし、ある程度のバランスを話し合って取り決める必要はあるでしょうし、給与や条件がこのような職業の問題点をすべて解決するということもほとんどありません。

　援助職で働く人たちにとっては、人々の役に立ちたいという願望が動機になりますが、自らの破壊性に対する無意識の恐怖や罪悪感が動機の一部になることもあります。患者やクライエントの修復を促すような仕事は、破壊性の恐怖に打ち勝つ安心感をもたらしてくれます。どの職業にも暗い側面があるのです。治療が患者にとって不要な苦しみにつながったとしても、医師が治療をしたいという自らの欲求に圧倒される可能性もあります。昔から「**手術は成功したが患者は死んだ**」といったジョークがあるぐらいです。働き手は仕事の目的に反して害を及ぼしかねないような能力も備えています。職業上の行動規範は、働き手がそうした能力に圧倒されることなく、ものごとを適切に行なえるよう促してくれるのです。人は互いに活動を行なう上で所属する組織のサポートを必要とします。しかし、今日では状況が大きく様変わりしたために組織が力を保つことは難しくなっており、組織も本来の機能を果たすことに苦闘しているのです。

▶ 経営管理の今後

　20世紀には炭鉱のちりが肺気腫の原因として認められたように、物理的な労働条件に劇的な改善が見られました。21世紀に情緒的な条件が注目されるようになったのは、炭鉱のちりに象徴されるような問題がどの職場にも存在するからです。組織は特に情緒的な要因にも気を配ることで、より対外的な競争力や従業員の意欲を保てるようになるでしょう。経営者たちは、実際にその呼び名が維持管理を意味するように、職場での予測や統制をするべく訓練されてきました。しかし経営手法による過剰な締めつけは、否認やいじめを引き起こしたり、その経営手法が労働力の動機づけや組織化にとって

「最良の方法」だと断定して固執するような経営管理を存続させたりすることになるでしょう。

　職務訓練は個人レベルで私権を行使することがないように**仕事における良識**を内在化する意図を含んでいます。しかしながら、劇的な変化が続く状況下では、こうした良識はあまり支持されず、組織の存続に対する不安といった葛藤にもつながりかねません。物質的な現実だけでなく心的現実を認識することは、客観性をもった見通しのきく職場という側面を引き出してくれます。そういう認識は現場で何がどのようにうまくいっていないのか、またそれが個人、グループ、組織のどのレベルのことなのかを人々がよりよく理解するのに役立ちます。組織については比較的自律した構成単位からなるヒエラルキーと考えるよりも、むしろ社会環境のなかにあってかなり柔軟な境界を持つ組織体であると考えるべきでしょう。職場での言動は包括的かつ体系的に理解されるだけでなく詳細に理解されるべきであり、全体的なものとしてだけでなく個別のものとしても把握されることが必要でしょう。

　ABCカンパニーはマイクロチップを製造していました。その市場は急速に変化し、かなり激しい競争がありました。新製品の開発は三段階で行なわれていました。設計者が新しいデザインを持ち込むと、検査者がひな型を作って検査を実施し、さらに製造チームがひな型を市場用の製品へと変換するのです。しかしながら、その3つのチームはコミュニケーションがうまく取れていませんでした。設計者の行動は俊敏でしたが、態度が横柄で、設計者は期限に間に合わない原因は検査者の使用している検査に問題があると考えていました。それに対して検査者側は、検査一つひとつを手作業で行なうために時間を要し、既存の検査を使うことは不可能であると主張していました。また一方では、検査者は製造チームのことを不器用で遅いと責めていました。階級的な地位の力動では設計者がトップに位置していましたが、これは市場におけるこの組織の地位とも対応していました。

　この会社の製品は基本的に消費者の予測不能な移り気によって成功や

失敗を左右されるため，急速に型落ちになってしまうという難題を抱えていました。こうした不安に満ちたストレスの多い業界で，それぞれのチームはこれまで互いを責め合っていたのです。しかし，この分析を通して，それぞれのチームが相手との「コミュニケーションの改善」だけに集中することによって，工場長の時間の無駄を省くことができるようになりました。むしろ3チームすべての目を市場という外へ向けさせることで視点の方向性を修正し，自分たちのなかに生じている不安の原因を認識させたのです。これにより3チームは外部の競争相手に立ち向かうために一緒に取り組むべきだと考え，その方法をともに検討できるようになりました。また，それぞれのチームは「責め合う風土」が不確かさや不安の症状として生じたということも理解できました。ここでは，互いに問題を隠しながら最終的な結果について相手を非難するよりも，むしろ生じた問題に関する情報を常に相手に伝えるようにすることで，より協力的な勤務体制を作り上げることが必要だったのです。

組織は有機体であり，人の延長線上にあり，ある程度は人間の生物学的構造をもつものです。しかし，これは経営者養成訓練のなかでは十分に注目されていない要素でもあります。経営者は「管理する」能力をもつという言葉通り，いかなる時にも最後に専門的な投資判断を行ないます。しかし，心理的，生物的，社会的な影響力を把握することは組織の脆弱性を認識することでもあり，その多くは経営者にとって居心地の悪い経験となるため，経営者はそれを否認するようにも訓練されているのです。

▶ 心理療法または疾患としての仕事

組織を情緒的な局面から見ることは，少なくとも社会的な問題に取り組む上で，伝統的に政治や社会福祉で用いられる便宜的なアプローチよりも効果的な戦略であると言えます。経営管理において職場生活のより暗部に秘めら

れた無意識的な側面を捉えようとする組織は，理論的な物理環境のみならず，従業員やその心理的な安定への欲求を理解するという点から，仕事上でも情緒面を重視しています。そして情緒面に取り組んでいる組織はかなりの効果を上げています。従業員や消費者，クライエント（いわゆる「株主たち」）も自分たちがそのような待遇を受けることには利点があると感じています。

人々の多くは，なぜか国家が自分たちの親であり，教育や健康管理や社会福祉によって社会の病を治療すべきであるといった幻想を抱いています。職場や従業員の振る舞いは少なくともこうした幻想による影響を生じる可能性を多くはらんでいます。そして，チームに属する人々には3つの基本的な欲求があり，経営者はチームの目的を達成するためにこれらの欲求を満たす機会を与えるべきだと言われています。

- 所属すること ―― 自分がメンバーの一員であり，自分よりも大きな存在の一部であると感じられること
- 影響力をもつこと ―― 自分の考えや行動が認識され，組織に効果を及ぼしていると感じられること
- 達成すること ―― 世界を変容させているという何らかの感覚をもてること

これらの欲求が満たされないと，人は失望や無力感，怒りの入り混じったストレスを感じます。

職場でのストレスは失望感とともに始まります。個人的にも組織的にも難題に直面するのは，そこに職務の要求度と資源とのバランスの悪さがあるからです。典型的な例では第二段階で身体的な症状が続きますが，この症状はストレスが不安や緊張，時にはかなり深刻なその他の身体症状の形をともない，慢性的な身体疾患にもつながりかねません。そして最終的にはバーンアウトという燃えつき症候群の段階があります。バーンアウトは否定的な適応であり，皮肉さや無能感，そして仕事上の要求に取り組む挑戦に対するひきこもりの状態なのです。

ストレスに直面した際のもう一方の結末は過剰労働です。過剰労働は失敗や無能と思われるのではないかと思う恐怖，あるいは親密な家族関係からの逃避などの欲求の結果なのです。過剰労働はある範囲の領域に特有のものです。ロンドン市内の法律事務所では身体的あるいは精神的な潜在能力がことのほか重んじられます。そのような潜在能力は無力になったり二番手になったりした時に落ち込むことをどうにか食い止めたいという欲求から発揮されます。あらゆる組織で始終起きている権力闘争では，集団が何らかの方法で互いを脅かしながら駆け引きをしているのですが，このような状態の多くには無力感が反映されています。

　大切なのは，民間企業であれ公共機関であれ，経済活動には異なるタイプのストレスがあるのだと認識することです。職務的にこのふたつの領域には根本的な違いがあります。一般的には，民間企業は製品に対する需要を喚起することを目的とし，自らの置かれている環境と積極的に関わろうとすると言われています。この領域では競争心を攻撃的に表現する手段がもたらされます。それに対して公共機関では大抵潜在的な需要が供給能力よりも大きく，結果として環境への関わりが受身的になる傾向があります。そこでは攻撃性を適切な形で表出する機会はほとんどありません。他にも違いはあります。民間企業は**資源**や**エネルギー**を製品やサービスに変容させ，消費の対象として販売し，利益を得ています。一方，公共機関は教育や医療や社会的な活動を通して**人々**を変容させることに従事しています。このことがふたつの領域における経営管理のやり方に根本的な違いをもたらしているのです。しかし，それぞれが互いの領域から学ぶこともあります。公共機関は時に無駄足に終わることがあっても，人々の理想を表わすための手法を提供することを得意としています。民間企業はより個人の野望や欲望を表わす機会を提供してくれるのです。

▶ 失業——悲嘆のひとつの形態

　何らかの仕事に従事するということはきわめて重要です。愛することと愛されることはメンタルヘルスの基盤の一部を担っていますが、仕事やそこから生じる人間関係もまた基盤の一部をなしています。仕事を失うことは愛するパートナーを失うのと同じように心的外傷的な経験です。その喪失は活動の喪失や経済的な損失だけでなく、内的世界のなかでも生じます。喪失は個人が他者によい行ないをする経路を奪いとってしまいます。そのような経路は安心をもたらすだけでなく、誰のパーソナリティにも存在する羨望や憎しみ、その他の破壊的な要素につながる圧力を抑え込む手段なのです。

　そのような理由から、失業は二重の痛手となります。失業した人にとっては、幅広い世界から締め出されることによる喪失や自分で生計をまかなう自由の喪失だけでなく、自分の価値を支えて安心感を得る根本的な機会の喪失にもなるのです。世界に影響を及ぼす能力が取り上げられると、しばしば破滅的な結果につながります。多くのケースで見られる結末はうつ病です。以前は社会という外部に向けられていた攻撃性が、今や自分自身に向けられるようになると、その過程では自殺さえ起こりえます。定年退職した人がその直後に深刻な病気になったり、時に死亡したりするのは、珍しいことではありません。認識しやすいレベルでは自身の職を失うことによる無能感や抑うつ感がありますが、それだけではなく、無意識的なレベルでは創造し修復する機会をもたらす媒介の喪失もあります。こうした機会は通常内的な価値や良識の感覚を保つ助けとなっているのです。このような心理的な修復の手段を失うことは、最初に生じる職や同僚などの表面的な喪失よりもさらに破滅的なものとなりうるのです。

　先進的な福祉国家であっても、失業から必然的に生じる情緒的影響への援助ではまったく効果を上げていません。失業について単なる物質的かつ経済的な影響に注目しているうちは、失業者個人に対する心理的援助の重要性を見逃しやすくなります。経済的あるいは物質的な支援がどれだけ提供された

としても、必然的な抑うつ状態を克服して失業の結果生じた無気力状態から再び立ち上がるためには、心理的援助が大切なのです。

▶ 知恵と情報——資本の新しい形態

　20世紀には仕事の本質が急激に変化した結果、大量の失業が発生しました。かつて成功を収めた裕福な組織が重点的に行なっていたのは、まず**土地**と**資源**を所有することであり、次いで**資本**（所有権やその他の財産の形態として）を蓄えることでした。しかし、今や人々は第三の移行期を迎え、そこで起きていることを目の当たりにしています。人々は資本から離れるようになり、たやすく大量に手に入るローンという形態が一般的な話題となっています。時代の流れは**情報**へと向いており、情報は企業の成功を左右する鍵ともなる資産になっています。そこには情報を適用した学びや成長の力、さらには情報を統制し応用する能力も含まれます。組織に関する研究者で記者でもあるピーター・センゲ Peter Senge は、情報を「効果的な実行能力」と定義づけています。情報はかつての資本形態とは異なります。情報は物質的なものではないために組織が管理することは難しいのです。事実、情報は用いられるほどにその価値を増しているため、情報へのアクセスを制限すると組織の能力を阻むことにもなります。

　肉体労働の商品価値が下がっているのは、機械やその他の形態による技術のほうがより効果的に作業できるからです。機械や技術はありふれた肉体労働だけでなく、徐々に知的労働にも取って代わり、今や労働以上に知的財産が支配力をもっているのです。多くの場合、ものごとの価値は不足量によっ

　　4　ピーター・センゲ（1947～）、アメリカの研究者。社会システムのモデリングを、複雑性や変化が加速する世界に組織がどのように適応しているかという視点で研究し、「学習する組織」という理論を世に広めた。研究論文は『最強組織の法則』という著書にまとめられている。

て決定されます。現代ではIT（情報技術）や経済産業のように技術的で専門性の高い仕事に求められる知識や経験が不足しており，大きな価値をもっているのです。

　この証拠として，**リソースは乏しくとも知能は豊かな**IT企業に高い価値が置かれています。経営管理の先端技術は利益を生み出すための情報適用に用いられるようになり，もはや資本利益率の拡大にはほとんど費やされていません。関連機関では資源の分配に主眼が置かれていましたが，これからは援助者と被援助者を統合することによって資源を最大限に活用できるような経営管理スタイルに向けた変化が必要となるでしょう。

　それにも関わらず，ほとんどの組織が階級的なヒエラルキー構造をもち，時にはかなり慎重に知識や資源へのアクセスを制限しています。現代の組織は，はたして現在設計されているのと同じ方法で知識という新しい資産を活用できるのかという点を考えなおさねばなりません。さもないとヒエラルキーに準じ，あきれるようなやり方で資産を分配することになりかねないのです。

　効率的な組織は職場での学びや成長を促進しながら，顧客とのやりとりでも知識を統制することを学んでいきます。インテルのCEO（最高経営責任者）であるアンディ・グローブ Andrew Stephen Grove は「経営陣は自分たちの戦略的な表現に踊らされていました。しかし最前線にいる人たちは自分たちがメモリーチップから撤退するべきだと分かっていたのです。（中略）人はその指先から戦略を作り出します。私たちのもっとも重要な戦略的決断は一点の曇りもない明確な企業理念に即して下されたのではなく，真に何が起きているのかを知る前線の経営者たちによってマーケティングや投資に対する判断として下されたのです。」と振り返っています。技術的な変化やその結果生じる社会的かつ心理的な変化のペースが，組織を率いている管理職の人たちの学ぶペースを上回った場合，トップに立つ人は業務上のことや戦略上のことであっても，決断をするのに最適な立場にいないことが多いのです。

　本章では，職場で見られる人間の本質のなかでも，より公共性の少ない部分についていくらか述べてきました。経営者と従業員がこのことをある程度

認識できるようになった時，克服すべき課題はそれほどなく，むしろ矛盾を人間の本質の一部として受け入れる器の大きさから創造的資源が生まれるでしょう。人間はそれぞれが似たような生物体でありながら，複雑で多様な経験の影響を受けた産物なのです。その一方で，人間は想像以上に環境に基づく生き物でもあるのです。人間の思考や感情は他者の感情や行動と密接に絡み合い相互に依存しています。職場でこの本質を認識することは，赤ちゃんがおっぱいへの依存を認識する発達上の課題に直面することと，程度も困難さも同じくらい過酷な挑戦なのです。

第11章
こころの食べ物

　人間の身体的な健康は、その生理的な要求に見合う栄養のある食べ物と物理的な環境に依拠しています。近代科学の知識は、先祖たちよりも長い寿命と優良な健康状態を与えてくれます。ただし、このような利点は世界のさまざまな地域に平等に分け与えられているわけではなく、かなりの地域差があります。これは、よりよい食生活と住環境、適切な労働環境、健康維持に役立つフィットネスなどを行なう十分な場所と機会を得る手段、より清浄な空気と土壌や海水の汚染管理といったすべてが、生活の質（QOL）の改善を目的として行なわれた社会政策の結果なのです。このようなあらゆる利権を巡る争いが絶えないなかでも世界の国々が公衆衛生への対処に一貫した責務を表明していることは、世界が社会的な意識の高さや科学的基準に関して一致した意見をもち、共有していることを示しています。

　人々は、真新しく厄介な現実にうまく対処しなければならないたびに、決まって辛辣な争いが勃発することを知るべきでしょう。たとえば、経済の不均衡が（社会の貧困層だけでなく）一般的な健康水準の低さに結びつくという近年の研究結果は、いまだに議論を呼んでいます。なぜなら、その結果はさらに拡大する不均衡を正当化しようとする、強固な政治的かつ経済的な流れに逆行するからです。実際、特に人類の課題に関連している問題は決して中立な普遍性をもって処理されないものです。おそらくそれは人々が、これ

1　Quality of Life の略で、一般に、一人ひとりの人生の内容の質や社会的に見た生活の質のことを指し、国家の発展、個人の人権や自由が保証されている度合い、居住の快適さとの関連性も指摘される。個人の収入や財産をもとに算出される生活水準（Standard of living）とは分けて考えられる。

までとは異なり，目前に迫ってくる価値や関心に直面しているからでしょう。

　それでも教育が役立つという点では，ほぼ普遍的な同意が見られます。ただ，教育方法に関する課題になると話はまったく別で，カリキュラムから教授法まですべてにおいて激しい議論が交わされるのです。ある人はテレビの放送内容や新聞の掲載内容が知識を供給し，心理的な豊かさを与える有益なものであると考えるでしょう。しかし，別の人は同じ情報を無益あるいは有害なものとして捉えるかもしれません。情緒発達の主な特徴に関する知識や精神分析的なアイディアは，ある側面から有益な視点をもたらします。それは，どのような種類の経験がこころの栄養となるのか，そして何が有害で不健全なものとして区別されるのかを考える際に，かなり役立つ視点となるでしょう。また，意見の相違が生じることで，根幹に潜んでいる共通の見解が共有されることもあります。こころは確かに身体と同じ生理的な欲求をもっているのです。次に紹介する話では，まったく異なる状況に置かれたふたりのこどもたちについて，まさにそうした問いに迫っています。

▶ ダレン

　最初のエピソードはダレンという生後4カ月の男の赤ちゃんについてです。ダレンの両親はかなり良好な関係にあり，家族や友人とのネットワークも築いています。そしてダレン自身も，恵まれてうまく適応した幸せな赤ちゃんです。

　　　　ダレンはちょうど母親とスイミングプールに通い始めたばかりでした。この時には，ダレンの祖母や叔母や大叔母までもがプールへの短い道のりに付き添いながらおしゃべりをし，ダレンもそれを聞いていました。道すがら，母親がスポーツセンターのスタッフに会うと，スタッフは「こんにちは」と声を掛けてダレンをじっと見つめました。母親は妊娠中から定期的にプールに通っており，そのスタッフも母

親をとてもよく知っていたのです。母親はダレンの服を脱がせると，真新しい翼型の浮き輪を装着しました。更衣室にいる何人かの少女たちが一連の準備の様子を熱心に見ていました。ダレンはおとなしくしていましたが，すべての物や人を見つめながら，目に見える物，音，におい（そこには，たくさんのこどもたちと大人たちがいて，水の音もしています）をすべて自分のなかに取り入れました。母親がダレンをプールに連れて行くと，母親がプールに入る間にスタッフのひとりがダレンを抱き上げ，ダレンはそれを予想していたかのように待っていました。

　母親はダレンと水中でダンスをしました。ダレンはダンスを楽しみながら，その状況に一心に耳を傾け，目を向けました。そして10分ほどすると，ダレンの祖母が母親と交代し，母親は自由に泳げるようになりました。ダレンは祖母へと手渡されましたが，ゲームはまだ続いていました。突然，ダレンは口いっぱいの水を誤って飲み込んでしまいました。ダレンは興奮してもごもご言うと泣き始めました。ダレンは祖母にそっと抱きしめられましたが，母親が戻るまでは静まりませんでした。一度祖母が気を逸らそうと，ダレンを父親の腕に抱かれた別の赤ちゃんに紹介すると，ダレンは顔を背けて激しく泣き叫びました。しかし，ダレンは母親の腕に抱かれた途端におとなしくなり，母親の肩に吸いついたのです。

　スイミングプールまでの道のりで，ダレンはかなりの新しい体験をしました。ダレンは活力と情熱をもってそれに応じ，そこで起きるすべてのことに深く関わりました。ダレンは何を取り入れたのでしょうか。たくさんの新しい身体感覚はもちろんのこと，そこで起こるすべての出来事についての意味も考えていました。たとえば，自分の母親がスタッフと話すために立ち止まっている時には，何が起きていたのでしょうか。母親とその男性が互いに何らかのやりとりをしていることは明らかでした。ダレンはふたりの会話のなかに迎え入れられ，引き合いに出され，そして参加を求められました。ただし，ここでの大前提として，ダレンは第三者であり傍観者でした。また，この新しい翼型の浮き輪は何

をするものなのでしょうか。これは一体何なのでしょう。ダレンは，母親が浮き輪に息を入れて膨らませて栓を閉め，自分に装着するのを注意深く見ていました。ダレンは，母親が喜びに満ちた声で自分に語りかけ浮き輪を膨らませる様子から，その浮き輪のこともよいものだと感じたのでしょう。ここまでは大概順調に進んでいます。プールに入る段になって自分が母親に手渡されるのを待つ間，ダレンは母親から目を離さずにじっと見ていました。母親がダレンの注目の的であることは間違いありませんでした。赤ちゃんは母親との相互的なまなざしや触れ合い，そこで生じる音を通して母親とつながり，安心感を保つのです。

　母親の一時的な不在や水の誤飲は，ダレンにとってあまりにも多くの出来事が組み合わさっていることを十分に表わしています。その後でダレンの祖母が慰めようと試みても，それは単に母親が自分の下に戻ってはいないことを思い起こさせただけでした。他の赤ちゃんが父親の腕のなかで心地よさそうにしている姿は，確かにさらなる苦痛を引き起こしたのです。ダレンは，何日も前からとても要求度の高く目新しい経験をしていました。ダレンは食事ではじめて野菜ピューレのような固形物に挑戦し，口から吐き出していました。さらに，ダレンははじめて歩行器に乗るという体験もしました。ダレンは自分の身体を上下に動かし，いろんな角度から周りを見渡せる自由を体験し，それが大好きになりました。おそらく水のなかで上下に跳ね上がる感覚は，歩行器を呼び起こすものだったのでしょう。

　ダレンが外的な状況や出来事にとても積極的に参加する形で応じたことは，自分自身でも満足だったに違いありません。ダレンは安心感を保てるように，親（この場面では母親）が自分のすぐ側にいることを求めています。赤ちゃんのなかでしばしば引き起こされる感情は，情緒面で赤ちゃん自身の受容能力を若干超えることもあるでしょうし，赤ちゃんにとってすべてを一度に学ぶことは困難に違いありません。たとえば，ダレンは母親と一緒に過ごせずに，何か別のことを行なう経験で苦闘したようでした。ダレンは祖母と別のことをしながら母親を待たなければ

なりませんでした。きっとダレンはよその赤ちゃんのとても幸せそうな様子を目の前に差し出されて，わずかばかりも耐えがたい嫉妬の痛みをはじめて味わったのでしょう。もしくは母親が自分と一緒にいないことや，母親ではなく祖母が自分と一緒にいることについて，自分自身がどれだけ不機嫌になるのかをはじめて知ったのかもしれません。ダレンが涙ながらにもごもごと言っている間，ダレンのこころには非難のイメージが描かれていました。それは，「どうしてママは，こんなものを全部ぼくに飲み込めっていうんだ」と言っているかのようでした。そして，ダレンの口いっぱいに広がった断固たる抗議の叫びが表わされたようでした。

ただし，この状況下でさまざまな支えを受けながら切り抜けた一連の経験や出来事は，ダレンの思考に刺激を与えました。母親は親しみのある声でダレンを慰める間，自分でも意識しないまま，そこで起きたすべてのことを悟っていました。小さな赤ちゃんは言語を理解しないながらも，他者が自分の気持ちを理解してくれたという感覚をもつのです。それは赤ちゃんが自己理解の能力を成長させるために重要なものです。母親が赤ちゃんのなかに生じる悲しみ，幸せ，怒り，好奇心，期待，嫉妬，関心や恐怖に注意を向けて認識するという本能は，赤ちゃんが後の人生でさまざまな感情を耐え忍んだり，処理したりする能力，さらにはこれらがどのような感情であるかを理解する能力を発達させるために必要不可欠なのです。

このような理由から，赤ちゃんが日常生活で経験するすべての苦痛から保護されることは望ましくありません。こうした経験や出来事は段階的に与えられ，また過剰でない限り，こころの成長を刺激して価値あるものとなるのです。自分の感情が何らかの方法で認識されることによって，赤ちゃんが現実に根ざした自己の感覚を築き上げていくことが重要なのです。もし人が人生において日常的な苦難に直面した際に，理解されなかったり誤解されつづけたならば，自分の情緒的な活力やその先の精神的な健康に欠かせない言語

表現を身につけることも難しくなるでしょう。

▶ ジョージ

　ジョージの人生は，ダレンとはまったく対照的なものでした。ジョージはダレンよりも長期間，過酷な逆境の下で生きてきました。ジョージは 12 歳の男の子ですが，生後 18 カ月間をヨーロッパ中部の国にある，恵まれない児童養護施設で過ごしました。その後，ジョージは中流階級のイギリス人夫婦の養子となりました。しかし不運にも，間もなく両親の夫婦関係が悪くなったために，家庭ではあらゆることに問題が生じるようになりました。それにもかかわらず，ジョージの養父母はこころからジョージのことを気にかけていたので，夫婦関係に大きな問題を抱えつつも，ジョージにはできる限りの援助を与えようと力を尽くしました。その一環として，ジョージはかなり長い間にわたって週 3 回の心理療法を受けていました。

　ジョージは落ち着きがない乱暴なこどもで，予測できない気分の変調などの症状を呈していました。ジョージはひどく恐怖におびえたり困惑したりすると，パニックになって暴力を振るいかねませんでした。ある月曜日の面接のなかで，ジョージは翌週のハーフタームの休みに，スキーに行く予定だという話題に辿りつきました。ただ，天気予報によると雪崩の危険性があるため，母親はまだその旅行を決定していないと話しているようでした。ジョージは面接の途中でその旅行のことが心配であると熱心に伝え，セラピストはジョージの心配を人生のなかで起きた多くの喪失と関連づけることができました（実母は赤ちゃん

2　英国の学校のシステムでは 1 年間を 3 学期制とし，各学期の序盤に 1 週間程度の休暇を設けている。新年度は 9 月に始まり，1 学期は 9 〜 12 月（秋学期），2 学期は 1 〜 3 月（春学期），3 学期は 4 〜 7 月（夏学期）となっている。

の時にジョージを見捨て，養父はもはや家庭では一緒に暮らしていませんでした）。そしてセラピストは，自分は望まれていないのではないかというジョージの危惧について伝え，特にセラピストがジョージの扱いづらい振る舞いのために，自分のことを追い払いたいと思っているのではないかという恐怖を，ジョージが抱いていることについても話すことができました。

　こうした会話が続いている間，ジョージはずっと自分のポケットのなかで何かを握り締めていましたが，最後にセラピストにそれが何であるかを当てるように求めました。ジョージはポケットからサンドイッチを取り出してラップを取ると，艶めかしいほどに誇張した手さばきで食べ始めました。ジョージは目を閉じながら「まさに夢のようなサンドイッチだな」と呟きました。その直後，ジョージはまるで恍惚とした体験から目覚めたかのように，「サンドイッチを少し欲しいだろう。ほんのちょっとだけだよ」と，セラピストに向かって言いました。そしてジョージはセラピストの手にそのかけらを押し込むと，それを食べてほしいと哀願しました。突然，ジョージは何も持っていないもう片方の手をセラピストの口元に突き出しました。ジョージは，「ここにクソをしろよ。俺が食べるからさ。早く」と言い，セラピストを怯ませるほどうっとりとした口調で誘惑しながら，自分の言う通りにするよう命令しました。セラピストは衝撃を受けて無言で驚愕したまま，どう反応しようかと思いを巡らしました。しかし，ジョージは突然セラピストの側に座り込むと，数秒前の自分の言動はすべてなかったかのように普段通りの口調で話し始めました。ジョージは，「ぼくは変なんだ……雪崩って何なんだよ」と言うと，「ぼくは逃げたいんだ。だけど真っ暗なんだよ。ひとりで道を歩きながら歌い始めるんだけど，とっても怖いんだ。でも道はちゃんとあって，そこに公衆電話のボックスがあるんだ。ぼくは走って家に帰るんだよ」と語りました。

　セラピストはいまだショックを受けており，ジョージが自分に夢を語っているのか，それとも現実のエピソードを話しているのか分かりま

第 11 章──こころの食べ物

せんでした。ジョージは静かにプレイルームの灯を消すと腹ばいに寝転がり、「アルプスには行きたいんだ……ねえ、絵葉書を持って来ようか」と言いました。セラピストは、まさに雪崩がジョージの倒錯的で混乱させるような誘いについて言及しており、自分はそれを伝えることができていないことに気づきました。セラピストは、やっとジョージがふたつの感情を抱いているのだということについて話しました。つまり、ジョージはスキーに行きたいがセラピストとも一緒にいたいということ、そしてどうにかそのふたつのことを同時に可能にしようともがいているということでした。ジョージは少ししてからセラピストにスキー旅行では母親と一緒の寝室に泊まらなければならないだろうと話しました。セラピストがジョージにその辛さについて話すと、ジョージは横になってまるで酔っぱらったように歌い出し、唾や鼻水を自分の体とカウチに擦りつけ出しました。ジョージはセラピストに相当近づくと、かなり奇妙な声で話し始めました。セラピストは、ジョージは今自分自身のことを別人のように感じているのだろうと言いました。ジョージはそんな感じがしていると認めました。

その次の面接で、ジョージは電話線をイメージさせるような短いプラスチックのコードで遊び、とても情熱的にそれをしゃぶると、まるで「チョコレート」や「ラズベリー」の味がするふりをしました。セラピストはジョージがセラピストに会えなくなるかもしれないと恐れ、自ら特別な食べ物を作ることができると想像したいようだと伝えました。すぐに、ジョージはとりつかれたような声のトーンで雪崩が来ると言いました。ジョージは自分が雪崩によって部屋の外まで押し流されて廊下に横たわり、「死体」のまま置き去りにされる様子をパントマイムで演じました。しかしジョージは少し経ってから部屋に戻り、まだセラピストが生き残っていることを確かめました。おそらく、このことがジョージの真の不安だったのでしょう。これに続いて、ジョージはある「夢」について話しましたが、それは次のようなものでした。「僕は両親と離れてロサンゼルスにいた（ジョージは、自分が見るお気に入りのテレビや

映画から引用したロサンゼルスのイメージについてよく話していました)。僕が海で泳いでいると，巨大な津波が僕の上に押し寄せてくるんだ。僕は力を振り絞って必死に頑張って泳ぐんだ。僕はもがくけど，津波の力は強すぎて（中略）目覚めるんだ。その恐怖といったらないよ」。

　セラピストはこの時，ジョージの頭のなかにある自分が押し流されてしまうというイメージがどれだけのものかということに気づきました。それは巨大な津波と雪崩の恐怖でした。セラピストはこうした津波はジョージの人生のなかで起きたものであり，またそれに直面しつづけたという根本的な無力感を表象していると考えました。さらに，ジョージは幾度となく自分自身のすさまじい怒りや性愛化された倒錯的で空虚な感情の波に押し流されてきたのです。セラピストはロサンゼルスの夢が，ジョージの圧倒されるような興奮に満ちた世界のなかで起きていることを示していると考えました。両親やセラピストがジョージのこころのなかから消え去ると，ジョージは荒々しい倒錯の津波が自分を呑み込み，苦しみもがく自分を誰も助けることはできないと感じたのです。ジョージは注意深くセラピストの言葉を聞き，自分自身に向かって呟きました。「あんたは，そこに僕と一緒にはいなかったんだ」。そして突然部屋の灯を消すと，セラピストに向かって自分が歌いたいから「ワン，ツー，スリー……ゴー」と言えと叫び出しました。ジョージの金切り声は，どうにかして絶望を寄せつけないために歌っていることを，必死に隠しているようでした。

　このような混沌とした面接の流れ（ジョージの治療においてはまさに典型的なものでしたが）からは，ジョージがふたつの世界をさまよっている様子が見て取れます。ひとつはセラピストが食べ物だと思い込まされた途端に大便を差し出されるといった狂気に満ちた倒錯した世界であり，もうひとつはジョージが自分の感情についてセラピストが語った話を聞くことのできる正気の世界です。こうした穏やかな状態の時には，ジョージは自分の考えに与えられた意味づけにも耳を傾けることができるのです。ジョージがセラピス

トにサンドイッチと自分の手を差し出した様子から，ジョージが2種類の食べ物があると考えていることは明らかで，その食べ物はジョージがこれまでに2種類の経験をしてきたことを表象しています。セラピストがジョージの手に大便をして，それをジョージが食べるということは，早期に受けた強烈な剥奪やその後に養父が見捨てたことを含み，自分の養育に対して怒りをともなった失望を意図しているのではないでしょうか。ジョージはこの種の経験にどのように対処するべきなのかを問うているように見えます。ジョージはそれを飲み込むべきなのでしょうか。ジョージは自分の経験によって怒りを駆り立てられ，屈辱を与えられてきました。しかし，ジョージは倒錯の雰囲気が蔓延する潮流を受け，やむをえずそれを受け入れるようなふりをしながら，さらにはそれを食べようと言うのです。実際のところ，ジョージには他の選択肢などまったくありませんでした。なぜなら，ジョージに起きたことは自分の意志やコントロールに関係なく起こったからです。その体験は活性化されたままジョージの体内で損傷を与えつづけているのです。

　ジョージは，自分は本来両親（ただし，その両親の困難も想起しなければなりませんが）に依存するこどもであることに気づいたり，セラピストに頼りたいと感じたりする際，自分が周りの大人たちをコントロールする力を備えていないことをとても不安に感じました。ジョージは自分の願望を満たすために，自身がちっぽけで無力なものだという感情の否認（万能感）を基盤にもち，ふたつの異なる機構の間を行き来しなければなりませんでした。しかし，そうした体制は脆弱なため，ジョージは感情からも自分を防衛しようとするのです。さらに，ジョージはいまだに自分にとって未知のものがあることも否定します（全知）。ジョージの代替案はおいしいもの（想像上はチョコレートとラズベリーの風味）に仕立てられます。ジョージは，しばしば長い間非現実的な感覚あるいは口唇期的な満足の世界に浸るのですが，それは自分のこころを掻き乱すことすべてを忘れようとするためでした。

　このようにして，ジョージは自作のおとぎ話のなかで生きています。ヘンゼルとグレーテルは母親もなく危険にさらされて見捨てられたこどもたちですが，森のなかで偶然ジンジャーブレッドの家を見つけます。こどもたちは

お菓子で全体が覆われた家に夢中になり、魔女に囚われてしまいます。ジョージも早期の剝奪があったため、飢餓を恐れていました。ジョージには、両親が自分のこころや体の世話をしてくれるという経験がほとんどありませんでした。つまり、ジョージが官能状態に浸っている時は、自分自身の防衛に囚われている最中だということです。ジョージのこころは、ごみ屑や心的現実を目の当たりにした時に飛び交う錯覚と信念に埋め尽くされています。このような状態は薬物依存状態にとてもよく似ています。ジョージの空想は、そもそも「大便」と戦うために設定された「悪い食べ物」として内的世界のなかに作り上げられたものです。そして薬物依存が満足を与えるように、ジョージの倒錯的な官能状態も満足を与えます。さらに、そのような体験は学びを得るための辛い経験を記憶し消化することを妨げてしまいます。ジョージにとっての治療は、そのことが間違いであり、魔女の家に閉じ込められたままでは危険だと気づくための機会なのです。

▶ よい食べ物と悪い食べ物

　セラピストが提供するこころの食べ物は、感情のラベルづけがなされ、その感情の出所を探し出すという治療関係のなかに存在しています。このことを行なうために、こどものセラピストは定型的な発達を阻害する有害な不安の原因を評価しなければなりません。ひどい剝奪を受けたこどもは、しばしばセラピストによって差し出された理解が、単なる言葉以上のものを意味していると信じられるようになるまでに、長期間、激しい怒り、苦痛、混乱を吐き出すことが必要です。セラピストとこどもは徐々にこどものものの見方に適応した方法で、大切な問題について話し合うための言語を探していくのです。

　この洞察は、社会のなかでこどもにとって何がよい情報で何が悪い情報なのかを議論することにも役立ちます。心理療法の構成は、日常生活のなかでこころと感情に供給される栄養源が濃縮されたような特殊な形態なのです。

こうした栄養を人生のなかで最初に供給するのは人間同士の親密な関係性です。それは，人が現実的で意味深い日常のやりとりから学ぶことのできる自然発生的な成長の場なのです。恋人，家族，友達，また職場の同僚は皆，人が感じたり考えたりすることに互いに誠実であるという安心感を与えてくれます。それだけでなく，そうした人たちは不安に対する防衛から生じる自己欺瞞さえも棄てさせてくれます。このような支えがないと，人は放り出されて自身の内的に備わっている能力に頼るしかありません。さらにその内的な能力も乏しい場合には，人は困難に陥ったまま，他者から認識される感覚もない体験，つまり「無秩序状態」に直面します。
　第二の栄養源である教育によって，人は最大の文化的遺産のなかでも二番目に重要な資源を享受できます。音楽，芸術，文学，演劇，舞踊や映画は，より遮断された（自閉的な），そして自己に囚われた（自己愛的な）こころの状態にまで侵入してきます。それらは芸術家の独創性に富んだ想像力と接触したり，読者や聴衆などの観客からなる幅広い社会コミュニティに参加したりすることを通して，人を外界との関係へと引き入れてくれるのです。大衆芸術や卓越したスポーツイベントを含む真の芸術作品は，人生におけるすべての重要な課題に一般常識的な視点を与えてくれます。第三の新たなる栄養源は自分のなかにあります。つまり，その源は想像や夢のなかで表現される自分自身の無意識の世界にあるのです。本章で述べられたこころの栄養源をどの程度活用できるのかということは，いずれもその人の能力次第で決まります。それは，他者と共有する外的世界と個人の内省による内的世界との間をうまく行き来する能力です。第四の栄養源は第10章のタイトルともなった仕事です。
　それぞれの栄養源は有害になりえますし，危険な収穫物を生み出すことにもなりかねません。ある個人的な人間関係は成長を妨げ，またある芸術は倒錯的であり，時に自分自身の想像や夢は間違った方向へとつながりかねないのです。これは悪い食べ物であり，まさに本章の始まりで登場した問題です。ダレンやジョージ，そしてふたりのようなこどもたちの経験は，人が人生経験のなかで決断するという一種の**生得的**な能力をもっていることを裏づけて

います。基本的情緒に対する過剰な欲求不満が精神発達を阻害することは明らかですが，限界に挑むことによる成長は，たとえ当人や社会全体に苛立ちを感じさせるものであっても，定型的な発達に不可欠なのです。

　概して，こころにとっての食べ物は何らかの影響を及ぼすものにならざるをえません。自由主義社会で規制や法的制限を最小限にするのは，多様な価値感があることが認められているからでしょう。ものごとには，どのように展開するかという確信は決してありません。もし自分たちにとって何がよいもので何が悪いものかという揺るぎない確信を手に入れようと考えるならば，それは危険なことでしょう。確信など存在しないというここでの結論は控えめながらも普遍的であり，なおかつ人間発達に関する重要な臨床的事実に基づいています。このことは，社会として許容できる情緒的かつ心的側面について公の議論をする際に，有効な原則を提示してくれるでしょう。

第12章
正常と精神疾患へのこころの態度

　精神疾患の捉え方は，それに対する人々の偏見や予想によって変わります。その意味で，精神疾患は嵐や陽だまりのような自然現象とは違います。なぜなら，自然現象は人間の考えや行動によって変わることはないからです。今やある身体疾患は患者のこころの状態に影響を受けることが知られていますが，たとえば感染症を起こすような病原体に関しては，そうした影響があるとは気づかれていません。髄膜炎に感染していることが疑われる場合に，医師が椅子に腰を掛けてじっくりその問題について考えることなど，実際に了承できる話ではありません。そうした状況では，迅速に適切な抗生物質を投与することがきわめて重要なのです。
　精神疾患は多岐にわたりますが，そのほとんどの疾患において身体的な原因を確定することはできません。精神疾患への接し方はそれぞれの社会水準によって異なり，それが精神疾患を有する人々や精神疾患そのものにも影響を及ぼします。ここでは，単に，因習，偏見，レッテル，烙印などの心理的あるいは社会的要因が，精神疾患の主な原因であると指摘しているわけではありません。しかし，ある一定のきわめて過酷な幼少期体験は結果的に悪影響を及ぼし，精神疾患に罹るこどもや大人を生み出す可能性を含んでいます。そうした精神疾患の治療において，薬物は重要な役割を担っています。しかしまた，薬物だけに頼ろうとする傾向や長年にわたりもっぱら薬物療法の進歩のみに期待する傾向もあります。多くの人々は自分自身の情緒的バランスについて不快感を抱いている時，薬物を信用したほうが楽なのです。しかし，その結果として，社会とその社会に属する人々は，対処困難な問題について奮闘しながら学ぶことを怠るようになるのです。つまり，困難な情緒的要因を認めたり，理解したり，変容させたりする苦闘に目を向けないようになる

のです。

　精神疾患を抱える患者にとって、周囲の人々が自分のことをどう感じるかということや、それによって生じる影響は、情緒的な嵐やハリケーンにたとえることができます。周囲の人々からの影響によって、実際に患者のこころやパーソナリティ、他者との関係は深刻で長期的な損傷を受けることが多くあります。患者の精神状態によっては、周囲の人々の態度やそこから受ける衝撃が病気の原因と結果の両方であるかのように思われることもあります。脳内の構造上の変化について明確な確証が示されているわけではありませんが、多くの精神疾患では情緒的損傷の程度があまりにも甚大なために、しばしば身体的なものであるかのように感じられます。人々の考え方がこうした病気自体に影響を及ぼすという見解には、少なからず説得力があります。言うなれば、周囲の人々の精神疾患に向けた態度や反応を注意深く吟味することで、患者やその世話をする人たちにも重大な変化が生じるのです。

　たとえば、統合失調症はすべての精神疾患のなかでもっとも損傷が大きく、すべての国において同じ割合で発生するとされています。ただし、あくまでも現時点では、先進国ではなく、プレッシャーや競争の少ない社会のほうが、統合失調症にとって良い予後をもたらすようです。次に紹介するのは、こうした事実を検討した研究記事です。その記事は、近代社会における産業化が、統合失調症様の疾患を長引かせて悪化させる結果をもたらしているという考えを簡潔に示しています。

　　産業化が進んでいない社会では、精神疾患の性質と身体疾患双方についての考えがほとんど区別されていません。なぜなら、大抵どちらの疾患の概念も、宗教的で魔術的な信念と重なり合っていたり、そうした信念に含まれていたりするからです。文化が産業化されると、宗教的で魔術的な信念体系を支持したり、擁護したりする習慣は一般的にすたれていく傾向があります。また、精神疾患と身体疾患は医療技術にともなう進歩に基づき分類される方向にありますが、今なお深刻な精神疾患が十分に解明されていないために、精神疾患に関わる人たちへの拒絶や烙印

を生み出すような状況が作り上げられてしまうのです。

　魔術的で宗教的な信念と精神疾患との間には特殊な関係があります。なぜなら，一般的にそうした信念のすべてが，想像力のようにあまり理論的でない思考の領域から生じるからです。多くの場合，信念体系は人が異常であると見なすものも含めて，特殊な心的状態を理解する際の枠組みを与えてくれます。一部の社会ではこうした理解の枠組みが用いられ，抑うつ的な人や幻覚を体験する人は邪悪な霊にとりつかれている可能性があるため，除霊をして救済することが必要であると説明されます。悪魔は外的な存在であると見なされているため，とりつかれていた人から悪魔が追い払われると，その人は本来の人間性を取り戻すことができると考えられているのです。こうした信念は，個人と社会双方にとって役立つでしょう。他の例としては，お告げが霊的な世界の気運や何らかの意図について，自分たちの集団に重要なメッセージを運んでくると考える社会もあります。また，ある集団内にいる特定のメンバーの病気は，社会自体に存在する何らかの腐敗や病の徴候であると見なされることもあります。預言者はこうした問題を占い，患者個人だけでなく社会全体を是正する方法を示します。しかし，このような社会の裏側には，集団の問題を個人の責任に転嫁し，個人を身代わりとするような古代儀式も存在するのです。西欧文化でユダヤ教やキリスト教が最大の勢力を誇っていた時代には，こうした宗教が経験の意味や人生の苦難について，すべてを網羅するような考え方を示していました。そこには，たとえば不運への落胆や憤慨（ヨブの逸話），兄弟間の破滅的な抗争（カインとアベル），強力な洞察と自己犠牲（キリスト），病人への立派な対応（善きサマリア人）といった教訓的な説話も含まれます。

　しかし，このように異なった文化圏の社会に対しては，あまり叙情的に考えたり，ノスタルジーに浸ったりしないことが大切です。こうした社会では，残酷で恐ろしいことや短絡的な過ちも，かなり多く起きていました。宗教裁判時代の魔女狩りは文字通り残忍な過ちですし，さらにほとんどの民間療法には現代の薬物療法のような効能はありません。そうした側面がありながら

も，一部の社会では，病気や困難を抱える人が何らかの信念体系によって特権を与えられ，その立場が擁護されて相当寛大に扱われたり，受け入れられたりしているのです。そして，精神疾患に類似するこころの不調については，積極的にその原因を見出そうという傾向があることも覚えておくべきでしょう。ほぼすべての社会が，マッシュルーム（薬物）や麻薬，リズミカルな儀式的舞踏によって，興奮し恍惚とした心的状態になることを容認しています。アルコールが「どのような人をも臆病にさせてしまう」良心を一時的に解決できるのは，大概の場合，酔うと良心による抑制が解放されるからなのです。

▶ 他者のこころの状態への敏感さ

精神疾患に関係するこころの状態のひとつに，患者の周囲にいる人々にかなり大きな不安を生じさせることが挙げられます。そうした不安はしばしばこちらの意図が患者に気づかれた際に生じる直感的な反応であり，対人間のレーダーのようなものです。人に対して生じる慎重でおびえたような反応は，生き残るための重要で有益な手段かもしれません。言うなれば，そうした反応は人間が攻撃や暴力に対する潜在的な警告を非言語的に拾い上げているということでしょう。

あ る女性患者は自分のセラピストに激しい敵対心を抱いており，それによってセラピストも不安を感じていました。女性患者はしばしば面接にビニール袋を持参し，それをひざの上に置いていました。女性患者が面接中にその袋のなかから取り出すものは大概本や手紙でしたが，セラピストはいつもそれが武器なのではないかと恐れていました。

実際にアンテナを張りめぐらしてみると，私たちは患者の気持ちや体験に関する幅広い情報に触れることができます。たとえば，躁病患者（多幸感にあふれ過剰に活動的になる）は，しばらくの間は他者を共通の喜びに引き込

むかもしれませんが，少し経つと，それは無意味さや抑うつ，苛立ちや苦痛といった感情が生じる状態に取って代わられてしまいます。大抵そうした状態には，患者が自分の抱く本当の感情をコントロールできず，躁病によってそれらを否認していることが示されています。

しかし，こうした対人間のレーダーが正確だったとしても，その徴候を捉えるには範囲が広すぎて，レーダーが正確に作動しないこともしばしば起きます。人は誰でも狂気に対して不合理で非現実的な反応を示しますが，それは単に精神障害自体がかなり厄介なものだからです。人間にとって，精神的健康は身体的健康と同じくらい重要です。そのため，人は誰かが深刻な精神障害を発症しているのを見ると，深刻な身体的損傷を目撃した時と同じような反応を示します。そこでは深刻な衝撃や恐怖，時には興奮までもが生じます。人は自らが目撃したことを自分にとって重要な事柄であると見なし，消化することが必要なのです。

50代後半の女性が重篤なうつ病を発症しました。その女性は退院後にある夕食会に出席しましたが，それは女性にとって病後はじめての社交的な場面でした。その女性は回復しているはずでしたが，周囲の人々が近づくのもためらうほどに苦渋の表情を浮かべていました。その態度から，紛れもなくその女性は自分がどの席にも着く資格がないと感じ，存在そのものを詫びているように見えました。

さらに──

ある40代の男性にはふたりの息子がいました。その男性は感じのよい人でしたが，数カ月前に妻を亡くしていました。その人は次第に普段の会話のなかでも，突然冗談まじりに助けを求めるようなことを言い始めました。会話のなかで，その人は自分が精神的に参っていると感じており，まもなく入院して，二度と愛など信じることができなくなるだろうと話していました。それを聞いている人は自分が何を聞

いているのかよく分からないまま対応しました。聞いている人はその人が言ったことや示した意味を考えることに、内心では嫌悪感を抱いていたのです。

このような人々の痛みを知ることは、多くの点で厄介かつ困難です。夕食会に参加した女性にそこまでひどい挫折を感じさせたのは、どのようなこころの状態や感情なのでしょうか。最近妻と死別した男性が過敏になり、警告を発して訴えたのは、その男性にどのようなこころの状態が生じていたからでしょうか。もはや愛を信じることができなくなっている人のこころのなかでは何が起きているのでしょう。人はかなり破壊的な感情にさらされて自らを守ることもできない時ですら、なぜ絶望へと滑り落ちずにいられるのでしょうか。普段は健康な人が苦しんでいる状態を、周囲の人々が見聞きして自分のなかで反芻するのはとても大変なことです。そのような状態が起こると、周囲の人々のなかでも死や自殺や精神疾患に関連し、自分自身の人生やパーソナリティの問題が掻き立てられるかもしれません。整理されていないまま棚上げにされていたこども時代の出来事が再浮上する可能性もあります。しかし、人の反応はほとんどの場合、何か単一の劇的な出来事や心的外傷から生じるのではなく、こども時代の日常生活の出来事に起因した脆弱性から生じるものなのです。

▶ 正常についての不安

多くの場合、精神疾患患者は自分が抱える辛い感情の意味を回避した時よりも、理解した時のほうが快方に向かいます。しかし同時に、患者のなかにはほぼ共通して深く知ることへの抵抗も存在します。大抵、現実は予想ほど過酷ではなく、大変だったとしても別の形へと展開するものです。人は開放的になると、少なくとも問題に取り組めるようになるのです。その一方で、人々がうまく生活していくためには慎重な分別が重要な鍵となります。人が

第 12 章 ── 正常と精神疾患へのこころの態度　261

ただそこにある問題をどうにかやり過ごし，眠っている犬を起こさないほうがよいと感じる時ほど，自分や他者のなかに困難があるものなのです。

　　ウィンストン・チャーチル Winston Leonard Spencer Churchill は「暗黒の時代」に人々を統率する能力を発揮しましたが，自分自身は「暗黒の犬」と自ら名づけるほどの深刻なうつ病を抱え，恐れていました。チャーチルが決して駅のプラットホームの端に近づくことができなかったのは，ホームに入ってくる列車に身を投げるのではないかと恐れたからでした。それにもかかわらず，チャーチルは精神科医を嫌い，疑っていました。そのため，チャーチルの顧問は戦時中に将校の選抜や，戦闘で極度の疲労を負った兵士たちの復帰について，精神科医（タビストックからも参加した人々を含め）が関わっていることを秘密にしなければなりませんでした。顧問たちは，選抜された将校の質の改善や深刻なストレスを抱えた兵士たちの復帰に精神科医が関与することを，チャーチルは許さないだろうと恐れていました。おそらく，チャーチルが精神科医を避けていたことはチャーチル個人，そして結果的には国家にとって有効だったのでしょうが，軍にとっては不利益なことだったでしょう。

つい最近，著名で世間にも認められた男性アナウンサーが，自分が 10 代の頃にある精神疾患に罹り，精神的な破綻を経験していたことを新聞記事で告白しました。その男性は自分と自分のこころが体の外に浮いて，部屋の天井の隅から自らの体を見下ろしているように感じていました。もしこの存在が自分の身体に戻らなかったら，自分は死んでしまうか，さらに悪いことにはまったく存在もしなくなるだろうと確信しました。そうした状態やそのことへの激しい恐怖は長い間続きました。最初のエピソードから数十年経った今でも，その男性はパニック発作に苦しんでいました。発作の間，その男性は一回一回の呼吸に集中しなければ，自分の息は止まってしまうだろうと強く感じていたのです。男性はこのような状態や結果がこれまでの 30 年間の

自分の人生を決定づけたと考えていました。その記事が公表されると、その人は同じような経験をしたと感じた読者たちから何百通もの手紙を受け取りました。しかしいくつかの例外を除き、ほとんどの人たちは自分たちの経験から解放されたと感じましたが、その経験がそのアナウンサー自身を震撼させていたという事実からは目を背けていました。

　一般的な人でも、大抵ある程度の混乱は付きものです。正直なところ私たちのなかで自分のことを完全に正常だと感じている人はいるでしょうか。完全に正常な人たちであふれた世界など、目にしたことはないでしょう。また、人間の極限状態について語り、体現することができる人などいるでしょうか。人の苦難にはそれなりの意味があるでしょうし、苦難があるからこそ他者とのつながりが生まれることもあるのです。ほとんどの人が正常な状態はそれほど自分で注意しなくても維持できるものだと思っていますが、人間のこころやパーソナリティに関する複雑さや負荷を考えると、それを可能にする方法など到底ありません。実際、人によっては、内的な困難が特別な能力や想像性の源と密接な関係にあると感じ、自分の困難に価値を見出すこともあるでしょう。

　正常とされる人々も、多かれ少なかれ自分の混乱した部分について不安を抱いています。こうした不安が転じて、他者や他者の混乱に対するスタンスに影響が及ぶことがあります。6人から8人で構成されるセラピーグループの状況を考えてみても、男女ともに、多様ですが、かなり一般的な困難を抱えています。なかには人間関係の破綻から回復できない人もいるでしょう。人間関係を築くことが難しいと感じている人や落ち込みを感じている人もいるでしょう。そして、人生のなかで経験したことを乗り越えられる能力をもちながらも、それを歪めてその出来事がまだ続いているかのように考える人もいるでしょう。セラピーグループでは、ほとんどのメンバーが仕事に就いており、なかには高い能力や専門性をもっている人もいます。そのうち、「精神的破綻」に陥った経験や入院した経験のある人は、ひとり、または多くともふたりでしょう。さらに、かなり奇異と思える人が、少なくともひとりはグループのなかにいるでしょう。

あるセラピーグループは毎週開催されていましたが、当初のセッションでは、大抵とりとめのない些細なことばかり話されていました。ある時、メンバーのひとりが困難を抱える者として名乗りをあげて、自分には拒食症の娘がいるという問題について話し始めると、他のメンバーたちは明らかに安堵を感じました。しばらくして、そのグループのメンバーたちは、娘の話をしている男性がかなりはっきりと震えていることに注目しました。その男性は自分がどれだけそのことに危険を感じているかということや、はじめて入院した時のことについて語りました。その何週か後に、その男性は欠席しましたが、誰もそのことに言及しませんでした。グループセラピストは、その男性のこの日の欠席についてグループに注目を促しましたが、その指摘は無視されました。セラピストが数回にわたって解釈をすると、やっとグループはその男性の欠席を認識し、自分たちはその男性がまた調子を崩したのかもしれないと恐れていたのだと気づきました。その後、実際にその男性が調子を崩していたことが明らかになりました。こうした一連の過程を経て、メンバーたちは自分たちがグループセラピーが始まった頃に恐れを抱いていたことを打ち明けました。誰もが自分の感情は「適切」ではなく、期待されたものでもないと感じて、もし自分がそのことを話したら、きっと奇妙であるとか狂っていると思われるのではないかと恐れていたのです。何人もの人たちが、自分への反応を予想し、感情が麻痺していたと報告しました。自己開示のプロセスこそが、制御不能の状態を招くかのように体験されていたのです。メンバーたちは自分が大きな失敗をして、足下の地面が割れてしまうかのように感じていました。メンバーの一人ひとりが、自分が奇異な人物になってしまうことを恐れていたのです。

　こころのバランスを失うことに不安を感じる人はたくさんいます。一点の曇りもなく正常であろうとする人の多くが、パーソナリティの領域に狂気を感じられる部分や思慮深い願望や判断から逸脱していると感じられる部分を

もっており，それが多様な形で作用しているのです。一般的に人がそのような刺激を受けると，こころのなかでも手に負えないような性的感情や痛み，悲惨な感情，さらには破壊的で攻撃的な衝動に関係するようなこころの領域が掻き立てられます。こうした感情は荒々しく手に負えないかもしれません。また，そうした刺激の範囲や深刻さにはかなりの違いがあり，パーソナリティにも影響を及ぼしかねません。しかし，そのような感情はしばしば奇妙で突飛な行動や神経症的な問題の背後に潜んでいるものです。そして，そのような問題は多くの比較的正常な人々にもあり，頑強で困難な性質の基盤をなしているのです。

▶ 人間の本質

　当然のことですが，人の振る舞いや性質，人生経験はそれぞれにまったく異なる唯一のものです。そのため結果的に，人が直面する課題も個人にとって特別な唯一無二のものとなります。こうした自らの課題のなかでも，その人のパーソナリティにとって特に他の問題よりも対応しにくく，何度も浮上してくる課題があります。人間の性質のなかにはあらかじめ備わっている遺伝的な問題があるのです。人々の問題やパーソナリティにかなりの多様性や個別性があるのは，決まってそこに何らかの心理的な困難が大きな役割を果たしているからなのです。

　　　ある男性患者が週1回の心理療法を受けていました。その患者は若くして成功を収めた健康な男性でしたが，自分のことをどこか特別で魅力的なパーソナリティをもっている人間だと思い込んでいました。実際に，その男性の現実の才能や業績はかなり立派なものでしたが，その男性は次第に，自分自身のパーソナリティについての見方が才能や業績とはそれほど関係ないと気づき始めました。これまで業績を収めてきた際にも，その男性は達成前にすでに自分の理想の姿を作り上げ

ていました。一方で，その理想の姿と実際の行動とは，ほとんど関係していませんでした。その男性の業績は仕事の遂行と能力の発揮との堅固な連携によってもたらされたものでしたが，その男性は自分の業績に信憑性をもたせるために理想の姿を維持しているようでした。その男性はこのことをまさに明瞭に認識した後で，ある夢を見ました。その夢はひとりの男が血液のいっぱい詰まった注射器を周囲の人々に 2 本突きつけ，危険に脅すものでした。その血液はエイズウィルスに感染したものでした。その男性は恐怖で冷や汗をかきながら，夢から目覚めました。

　次の面接で，その男性はこの夢のことをセラピストに説明しましたが，重要性を秘めた部分については無視をしました。その代わりに，その男性はセラピストの言葉から本質的ではない側面を拾い上げ，適当にまとめ上げることに時間を費やしました。その男性は，こうしたやり方で本質を切り捨てていたのです。その後しばらく経つと，いつもこのやり方が前の週に展開された洞察を弱めてしまうことが分かりました。この行動を通じて，その男性のこころの機能は自らの発見を弱めるために使われていたのです。エイズウィルスが免疫システムを脆弱化させるという夢はこのやり方をたとえていました。面接内で達成された表の活動は，夢を見るための想像へとつながります。その男性は，自分のなかに存在する理想化された快感が現実の業績とは無関係であるという気づきに幾度となく触れていましたが，真の気づきはそうした一連の行為によってすべて打ち消されていたのです。

　次第に，その男性は自分のなかのある部分がほとんど統制不能なまま作動していると確信するようになりました。その人はそれまでの理解によって自分の性質が強化されたことを認識していましたが，ある特徴が自分自身に関する貴重な洞察を台無しにしていました。その男性は自分の振る舞いの背景にかなりの敵意が存在しているのだと気づき始めました。その男性が人並みの行動を取ろうとすると，先ほど登場したような暴力的で手に負えない夢を見るのです。時には悪意に満ちた敵意がより直接的に表われました。こうした一連の流れによって，その男性にはあ

る考えが浮かんできました。「私は，自分がずば抜けて魅力的で，しかも賢い存在でないと，他の誰かが際立って優秀なように感じてしまうのです。自分にとっては，それが耐えられないことなのだと気づきました。私は強い嫉妬心や劣等感を感じているので，自分以外の誰かに好意的な評価が向けられると，毒をもってそれを破壊したくなるのです。自分のなかで他者への好意的な評価が生じると，毒のように強烈な侮蔑でそれを破壊してしまうということは，自分でもよく実感しています。一旦その侮蔑の感情を確信すると，再び自分が特別で，他者への好意的な評価は取るに足らないものだと思えるのです。自分のなかでその感覚が起こると，自分にとって状況が好転するような気がします。時には，さっきまで自分が怒りに満ちた劣等感を抱えていたという認識さえ，もはやすべてが現実ではなかったことのように感じられるのです。それどころか，そうしたすべてのことに戸惑いさえも感じるのです」。

この心理療法を通して明らかになったのは，人というものは自分が特別な存在でありたいと思い，その感情が自分の親やその親のこどもである自分のきょうだいに向けられているということです。そして，このケースの患者が抱いた劣等感は特別な存在でありたいという感情と関係する一方で，今の現実にはほとんど関係がないようでした。このケースでは，この男性にある乳幼児期の感情が未発達のまま残っていたということが言えるでしょう。乳幼児は自分が知覚した両親の力や創造性に対して憤慨します。こんな雰囲気のなかでは，人々が一緒にいる状況も愛情の表われと感じられることはなく，むしろ，ものごとを台無しにし，嫌悪に満ちたままで互いにおべっかを使っていることのように感じられます。それだけでなく，この種の憤りは巨大なエネルギーを生み出すような感覚をもたらします。人の内側に存在する危険な侮蔑は，いかなる外的行動にも匹敵するほどの威力があるように感じられるのです。

こうした羨望に限らず，統合されていない厄介な感情の源泉はかなり正常な人々にも多く認められます。またさらに，羨望の的になる関係が成長途中

のパーソナリティにとって特別に厄介なのは当然のことでしょう。羨望は自覚することが難しい情緒なため、いとも簡単にものごとを台無しにするような行動を起こさせたり、認識を否定的に歪めたりします。明らかな敵意や暴力、犯罪行為は羨望を表現するためのさまざまな手段です。優越感や傲慢さは、他者への劣等感と羨望という特徴を変容させたものです。羨望は正当化がほとんどできないように感じられるため、許してもらえないように感じ、そんな自分の側面に対して抱く罪悪感を耐えがたいものにするのです。このようにして、羨望を抱いた人は罪悪感を味わうことなく、しばしば自分が犠牲になっていたり、酷評されたりしているように振る舞い、羨望を表わすことのできる状況を仕立て上げるのかもしれません。言うなれば、羨望を体験する能力は成長の印でもあるのです。

　少し奇異に思えるかもしれませんが、強烈な感情ほど、その存在があまり自己洞察されないまま、人々のなかに存在しうるものです。その一方で、こうした無意識の感情やそれに類似したものには、人々の考えや感情、信念、意見、行動を左右する力があります。こうした生来備わっている困難な特徴のために、この課題の大部分は大概パーソナリティの隠れた（スプリット・オフされた）領域にしまい込まれます。そうした感情はきわめて正常な人々が自分のなかの狂気や慢性的な不安を感じるようなものを作り上げます。このような狂気という感情の根本のひとつに、よいものの源泉に落とし穴を開けるような羨望の威力があります。羨望が混乱を招いてピントのずれたアンテナを打ち立てると、こどもも大人も何がよくて何が悪いのかという区別をつけられなくなる可能性があります。人々は好ましいものや他者に関する分別がつかなくなり、周囲の状況や他者が自分の価値に反しているかもしれないと恐れるようになります。羨望という感情は人間のパーソナリティの生得的な部分ですが、それは現実に剥奪を経験すると増大し、その後にかなり良好な養育を経験してもなくなることはありません。周知の通り、きわめて強烈な剥奪や情緒的な屈辱と取り組まなければならない人はたくさんいるものです。そして、このような感情が自分よりも幸運な他者の体験を台無しにしたいという衝動を増大させる危険性につながるのです。

▶ 個人の境界

　狂気に囚われたり，気の狂ったような考えに魅了されたり，自分のアイデンティティを失ったり，誰か厄介な人と深く関わったり，誰かの支配下に置かれたりするような恐怖は，すべて自分が精神病的な疾病に至るのではないかという不安をもたらします。こうした不安のいくつかを理解する上では，他者との違いを認識する能力，つまり安定したアイデンティティの感覚をもつ自立した人間へと成長する体験のなかで困難が生じるという視点が役立ちます。たとえば，人が長い間定着していた関係から別れる時にも，そのような能力が試されるのです。

　「注意喚起」という用語は，しばしば分離不安によって引き起こされる混乱に対して軽蔑を込めた表現として用いられます。ただし，誰かのこころのなかに存在したいという無意識的な願望や欲求はほぼ普遍的であり，重要なものです。誰かが自分の目の前に存在している状態や自分が誰かのこころのなかに存在している状態が，常に保たれるわけではないという事実と向き合うためには，人間はある程度の早い段階で不在を経験する必要があるのです。また，そうした不在は基盤になる両親の愛によって支えられながら適切な方法で経験されるべきです。さもなければ，人間の個人的な境界は明確なものにも，対応可能なものにもならないでしょう。ルーマニアの児童養護施設にいる不運な乳児だけに限らず，多くの乳児は過度な剥奪を通して最初の分離に気づきます。これは乳児にとって遺棄されて死ぬほどの恐怖が誘発される最初の経験となります。実際に，乳児が他者から十分に関心を得られず愛情を注がれないと，幼い年齢で死に至る確率が増大するとされています。そして，乳児はこの恐怖や想像で作り上げられた悲運に屈することなく，「注意喚起」によって関心を惹きつけようとする死に物狂いの努力を発揮するのです。

　人生後期には，情緒的に健康な人でさえ分離を痛ましい不在として経験するでしょう。傷つきやすく脆い人にとって，分離経験は後にその出来事に相当するだけの災難を惹き起こす潜在的な脅威となるでしょう。人はそれを回

避するために常に他者と関わり，結びつき，交わり，束縛したりされたりして囚われながら生きているのです。分離を体験することが不可能なために，他者と一緒に過ごしている人もいます。他には，個人間の距離の調整がかなり深刻な問題となる人もいます。孤立している状態にたとえ我慢ができたとしても，孤独に心地よさを感じることは難しいでしょう。過剰な接近は他者から侵入されたように感じることだけでなく，自分が侵入したいと感じていることも意味します。あまりに距離を置きすぎると，深い溝を示すことにもなりかねません。乳幼児や幼少期，青年期における途方もなく大きな喪失は，圧倒されるような怒りや残忍な殺意，自殺衝動でしか代替できないような，ある種の情緒的断絶へとつながりかねないのです。

▶ 正常な人に生じるスプリッティング

　乳幼児期からの未解決の感情に取り組むためには，一般的に大人ひとりの能力を超えるエネルギーが必要なように思われます。そのために困難な問題はしばしばパーソナリティのある領域にしまい込まれ，人生の主流から押し除けられてしまうのです。このパーソナリティのスプリッティングの程度にはかなりの違いがあり，その最大の極致は統合失調症を発症するほどの精神病理学的な状態です。一方では，スティーヴンソンの作品『ジキルとハイド』に見られるような，ある程度一貫性があり了解可能なパーソナリティのスプリッティングで，こちらはもっと機能的かつ日常的で，一般的に生じうる状態です。ただし，これはバランスよく発達せずに，自分のなかでうまく機能しないまま，一方が他方を無視してしまう部分でもあるのです。
　スプリッティングは真にすべての部分が一体となっている人などほぼ存在しないということを示していますが，それでも人間には完璧なものへの強い憧れがあります。多くの人が自分は全体的に欠けている部分がなく正常なはずで，そうであることが求められているとも感じています。たとえば，先ほどのケースに登場した若い男性は魅力的でどこか自分の考えに囚われていま

したが，自分の無意識的な羨望の感情に対処するためだけにそうした状態に陥っていたわけではありません。その男性のもつ羨望の感情と同じくらい注目すべきものは，その両親がこれまでその人に注いできた充分な思い入れや，その人がうまくこなせるはずだという強い感情なのです。その人にとって，ひとりの人間としてさまざまな部分を了解しつつ絶え間ない困難の体験を認識することは，世界から求められている自己像を裏切ることのように感じられたのです。人は自分の原始的な破壊感情や分離への耐えがたい不安に恐怖を抱きますが，自らの理想への切望がそうした恐怖を否認するような圧力を加えるのです。それは世界がこうあるべきだという人間の捉え方です。こうした要素が精神疾患に対する人の知覚や反応に色づけをするのです。人は皆，見た目に病気であると分かる人のなかに，自分の混乱をある程度見出すため，その人には自分の代理として治ってほしいと思ったり，恐怖を抱いたりします。すべてが正しくいくという願望は，不本意にも健康な人と病気の人の双方にとって全面的に真実に反します。なぜなら，心理的発達においては，特定の類に寄らず深刻な内的困難を抱えつつ，決して完全な成功とはならない出来事に絶え間なく遭遇するからです。

　グループセラピーの例にあった通り，人々がたとえ自分自身のあらゆる側面について話してよいと許可された状況におかれていても，常に恐れるのは自分自身の態度ではなくて他者の態度です。人は他者から変な人だと思われることを恐れるのです。ほとんどの場合に，人は自分が思っているよりも，他者が寛大で懐が深く理解あるものだと気づきます。時に人は，いろいろな友人や自分が属する集団の人々がまったく理屈抜きの状態で，かなり寛大な理解を示してくれることも実感します。それでも人は，そうした他者の寛大な態度が自分の状況ではうまく発揮されないと考えてしまいます。しかし，自分も他者も相手の困惑した思いを暴くことはできないものです。自分が相手の評価を恐れるように，他者もこちらの評価を恐れています。また，人は自分が現実的になるべきだと気づきます。人はたとえ人類で最高に立派な人であっても，常に寛大で理解があるわけではありません。それでは，人は互いにどのようなことを言い合うのでしょうか。実際のところ，人生がど

第 12 章 —— 正常と精神疾患へのこころの態度　271

図14　「デビッド，あなたはまた自分の気持ちを否認しているのね」。人は病気の人々に自分の感情を投影する傾向があります。そうした投影が人の考え方に影響を及ぼし，患者への負担を増加させるのです。

のようなものかという現実的な観念は，私たち自身の過剰に意識している疑念が混在するために明確にはなっていません。人が現実に友人を重んじるのは，友人が自分のことをただ甘やかすように許す人ではないからです。人は皆，完全に甘やかされて許容されたいと願う一方で，他者から真の関わりを期待されることの大切さも認識しているのです。

▶ 良心

　人の評価に対する期待とそれに応じる現実との不一致は，自らの良心によって説明されます。しかし，良心はフロイト以降の精神分析家たちが超自我と呼ぶ，もっと大きくて強力な精神構造のなかのひとつの要素です。超自我は人のこころのなかにある外界の表象ですが，もともとはものごとの限度を超えないように，自分を世話し，導き，助け，批評してくれる両親像なのです。

人の良心や超自我は他者を容認することを可能にし、自分の特徴について自ら許容できる限度を定めてくれます。ある人の超自我がどれほど厳しいものかは、当人のパーソナリティの問題と密接に関わっています。概して、精神的に健康な人ほど、超自我もより誠実かつ率直で人の役に立とうとし、礼儀正しく見通しのよさをもっています。潜在的に罪悪感を引き起こしそうな感情が許容されて認められると、パーソナリティの他の部分によって修正されることが可能になり、そこに良好な循環が生まれます。そうした状態のなかでは、他者や自分自身に対してさほど過酷で要求がましく矛盾した超自我が向けられることはありません。超自我が関与する状態は、単に自分の両親がしばしば同じように振る舞っていたことから生じるわけでもなく、自分自身がもつより一般的な良心から生じるわけでもありません。むしろ、超自我は自らの原始的な感情に深く影響を受け、色づけされているのです。

　超自我に関する影響は愛情剥奪を経験したパーソナリティに見られがちです。そのパーソナリティをもつ人は、養育の過程でいくつもの破壊的、暴力的、または虐待的な関係を経験していることがよくあります。このような人たちは、しばしば自分のなかに存在する情動的な混沌や衝動から愛情深い関係性を守ることに、大変な苦労をしています。よく見られる特徴は自分のこどもの理想化です。しかし、その理想が崩壊する時には大々的に崩れます。その人たちは、よくあるこどもの「ぐずり」に対しても自分が迫害されたように感じてしまうと、突如として激しい怒りが湧き上がります。この時点で、憎むべきこどもは大抵、その人たち自身のなかにある乳幼児の部分を表わしています。それは養育において適切な世話を受けてこなかった赤ちゃんの自分なのです。

　そうした人々は自分自身の怒りから愛する人を守るために、自分が社会の害虫であると感じている他者に憎しみを向けようと努めます。そうした人々は性質的に異なる人種の集団や邪道であると感じられるような人々を害虫と見なします。そこにはしばしば、「自分が何か狂っているとでも言いたいのか」「誰のことを見てるんだ」といったような狂気の妄想的な恐怖が存在します。ある男性患者は自分のこどもたちのことを深く心配するあまりに、こどもた

ちを薬物にさらす人がいたら，その人を殺すだろうと憮然として話しました。そして，その数回後の面接では，その男性が数年前に10万ポンド以上の麻薬の売人をしていたことが明らかになったのです。

　こうした人々はよく良心の欠片もないと思われがちです。しかしむしろ，このような人々は自分の良心があまりにも処罰的であるために，罪悪感が生じるいかなる経験にも耐えられないのです。罪悪感が生じる経験は，自分が死ぬほど憎まれるようなものなのです。もしそうした人々が自分の感情や衝動を認識しようとしたら，自分自身を殺したくなるほどの暴力性が引き出されることになるでしょう。そうした感情は不安定なため，粗雑かつ乱暴に払い除けられます。言い換えれば，超自我は16世紀の枢機卿や法王が好ましいと思った時には免罪符を与える一方で，無実の人を処罰するような，腐敗し矛盾したものにもなるのです。タブロイド紙（欧米の大衆新聞）は超自我に潜むこの種の矛盾について鮮烈な考えを示すことがあります。興奮を搔き立てるようなやり方でタブロイド紙の3ページ目に登場する女の子に対して，読者が露骨な道徳心を示そうとするならば，赤面するのも無関心を装うのも可能であり，双方の誘惑がありうるでしょう。ただし，タブロイド紙が露骨で活気のあるネタを提供していても，人は自分の地域社会における現実生活のなかでまで，同じようなものを目撃しているわけではありません。むしろ，公共生活における他の側面では，正常であることへの強制的な見方が作用しています。これは，社会には普通に生活をしている人に対してごく一般的な無価値感を指摘し，落ちこぼれのように感じさせるといった脅威となります。過剰な行儀の良さや几帳面さは，天使のように振る舞わなければ堕落した人間であるかのような意味を含んでいるのです。また，人間が常に理論的なやり方で動くものだという考えは，本当の意味で試練にもちこたえることはできません。それでもなお，良心は人の視点に異常なまでの影響力をもっているのです。

▶ 精神疾患の現実

　今日，精神疾患については一般的に相反する位置づけがあります。ひとつには，深刻な精神疾患は殺人を含む凶悪犯罪の件数の急激な上昇に関係しているという見方があります。しかしその一方で，こうした疾患の重症度や現実生活，慢性化の程度，苦痛は縮小しています。他のいかなる疾患においても否認が起きるように，狂気のなかの狂気は思い浮かべようとすることすら否認されてしまうのです。このような傾向が進むなかで，事実に目を向けられることはほとんどありません。

　英国とウェールズでは，1年間におよそ600件から700件の殺人犯罪が発生しています。多くの国々と同じく，何年にもわたって殺人件数は着実に増加しつづけています。1957年には116件の大量殺人がありましたが，この数字は1995年には522件にも上っています。深刻な精神疾患はこうした増加に関与していません。統合失調症と診断された人たちは1年間に約40件の殺人に関与しています。例外的なことを除けば，そのほとんどは見知らぬ人ではなく，むしろ親戚や家族に関与しています。また，数字の上では，全体で600件から700件にも及ぶ殺人件数のうち，飲酒や薬物の摂取による危険運転から発生した殺人が300件に上ることとも比較できるでしょう。

　実際に，深刻な精神疾患が関与している殺人の割合は長期間にわたって毎年3パーセントずつ減少しています。1957年に精神疾患患者が犯した殺人は全体の35パーセントでしたが，1995年にはその割合が11.5パーセントにまで下降しています。1994年からは，精神保健サービスを受けた経験のある患者が殺人を犯した際に，どのような場合でも公開審問が義務づけられています。しかし，殺人犯罪が大きな増加を見せているにもかかわらず，一般の人が誰かを殺害した場合には，公衆の場でも私的な場でも審問と対応するような要求はなされません。実際は，薬物使用の増加と相まって広がる暴力的な手段が，殺人件数上昇の主な理由なのです。

　暴力的な犯罪件数に深刻な精神疾患が関わっている割合は少なく，これは

精神疾患患者の犯罪が不当に大きく取り上げられていることを示しています。深刻な障害を抱えている人が罪を犯すということは，何か特殊な恐怖を意味するのです。それは人がよく蜘蛛や蛇を怖がることと似ています。危険な運転や飲酒運転などによる，分かりやすい事故の背景には，精神疾患患者の手による犯罪とまったく同程度の残忍さを秘めた無意識の動機が潜んでいるかもしれません。それでも，人々にとってはそうした危険な事故を正常なこととして理屈づけることのほうが楽なのです。おそらく精神病的な殺害の場合は，被害者の悲劇だけでなく動機のなかに存在する狂気が人々を当惑させるのでしょう。人は自らの潜在的な狂気への不安を負担に感じ，それを犯罪に関わった精神疾患患者に負わせているのです。「正常な」犯罪を起こした人々の多くは何らかのパーソナリティの問題を抱えており，この意味で犯罪者は正常ではありません。そして当然のことながら，人が殺人を犯す時には，大抵正常な精神状態ではありません。しかし，予想以上に，こうした状態のほうが「自分の」正常という感覚に近いのです。

　社会的な傾向や政治的な統率力は広範囲に及ぶ文化的な態度にも影響を与えます。組織的な体制は，自分がまったく完璧でなければならないと思い込むほど，超自我を途方もない水準にまで煽り立てます。このような非現実的な期待が却って非現実的な行動を助長することで，かなり一般的な度合いの障害を許容したり，正したりすることまで難しくなり，その代償として非難に対する恐ろしいほどの恐怖をともなうような風潮が生じるのです。反対に，社会が道徳的なマゾヒズムに耽ることがなければ，ある程度の現実的な罪や責任を許容する必要性や価値を是認できるようになります。また，精神疾患の意味を理解した言動がなされれば，社会における患者やその世話をする人の負担が軽くなります。これは無条件に患者の異常性や危険性，要求までをも否認するということではありません。それは，誰もが身体的な病気に罹るのとまったく同じように，誰でも精神的な病気に罹る可能性があることを示しているのです。

　本章では，正常と精神疾患に関することを，いわば内面から検討するよう試みました。なぜなら，ほとんどの精神的な問題は個人の態度いかんで問題

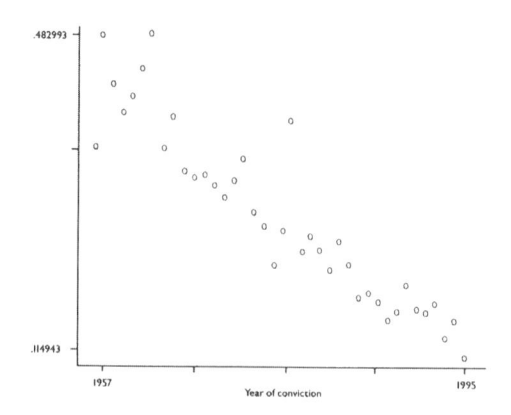

図15　このグラフは、全殺人件数に対して精神疾患患者による殺人件数の割合が、確実に減少していることを示しています（X軸は年度、Y軸は割合）。

であると判断され、各個人の立場によって位置づけられるからです。人の態度が単なる表面的な意見よりもその人の位置づけまで含むことを理解し、人が精神的な問題に対して過剰に防衛的にならず、また、ひどく非難したり、自分の身代わりとして罪を着せたりすることもなければ、我々の社会は徐々に現在の取り組みよりもよい方法で精神保健サービスを組み立てることができるようになるでしょう。

原註

i　Cooper, J. and Sartorius, N., Cultural and temporal variations in schizophrenia : A speculation on the importance of industrialization, 1986, pp.332-8 in Kerr, A. and Snaith, P. (Eds.) *Contemporary Issues in Schizophrenia*. Gaskell, London. (J. クーパー & N. サートリアス「統合失調症における文化的時制的変容——工業化重視に基づく展望」)

第13章
精神的苦痛と精神疾患

> かくして，罪は強力な絆をもって死と結びつき
> 建物を床下に至るまで破壊した
> それは大きな力を誇り，誰ひとりとして抗うことはできなかった
> しかし，愛と慈悲は栄光を手にして
> かつてないほど雄大な宮殿を築き上げた
> ジョージ・ハーバート George Herbert「世界」[1]

　精神科医と心理士がアメリカ合衆国で1980年から1982年にかけて調査を実施し，5つの地域の人口の標本として18,000人にインタビューを行なったところ，そのうちの2,700人が精神疾患に罹っていると判明しました。英国では家庭医に相談する人のうち，約半数にも上る患者が身体的原因によらない症状を訴え，約14パーセントが精神疾患に罹患していました。この数字は心臓や循環器系の病気に罹っている人の数をやや上回ります。人口の約2パーセントが今後1年間のうちに精神科医の診察を受けると見込まれており，1パーセント弱の人が精神科施設に入院すると予測されています。近年の報告では，こどもと青年期の約20パーセントが一度は精神的な問題に直面するとの推測統計の結果が示されています。

1　ジョージ・ハーバート（1593〜1633），イギリスの牧師，弁士，詩人。ケンブリッジ大学と議会で顕著な地位を築いた。

精神疾患の知識に関しては、「これが事実なのは分かった。では、真実を教えてもらおう」というのが説得力のある言葉ではないでしょうか。この分野においては、「より、このような傾向がある」ということが一般的な立場で、「事実」には解釈が必要なのです。さらに、事実は専門家たちの第一義的な信念によって説明されています。人は病気に限らず、人間にありがちな悩みや「人生すべてに嫌気がさした」というような生活上の問題など、幅広い状況において医者を頼ります。そうした範囲のなかでも、正常、異常といった極端な状態であればかなり判別しやすいものですが、精神的な健康や生活上にありふれた困難、神経症的な苦痛、うつ病、統合失調症などの間に正確な線引きをすることは困難です。

　実際のところ、これは予想以上に、さまざまな身体疾患にも当てはまることです。こどもが繰り返し典型的な呼吸困難を発症する場合、喘息という診断に問題はありません。しかし、こどもの場合は肺機能の測定方法によって多様な評価が可能になります。正常な呼吸のこどもと、かなり軽度の症状をもっているこどもとの間で明確な区別はできません。そして、精神疾患が喘息と寸分違わない現実であることに疑問の余地はありません。こうした状況にもかかわらず、精神疾患を身体疾患とまったく同様の病気と見なすか否かの結論はいまだに出ていないのです。

　病気というものは、その症状を通して患者自身のことが表現される手段であるとされています。このような疾患モデルでは、本来正常な人が症状によって苦しむ状態を病気と考え、そうした症状は治療されるべきであると考えられます。これは精神症状においてもよく当てはまりますが、**場合によっては**、そうした症状が精神的な成長の重要な過程である可能性もあります。そのため、この種の症状を取り除くことが必ずしも賢明な考えであるとは言えません。なぜなら、その症状が患者自身の生き方から生じている問題である可能性が高いほど、その問題は抑圧されるよりも**表現される**ほうが好ましいからです。もし患者が自分自身の歴史を含め、ひとりの人間としてのアイデンティティを完全に手に入れたいと願うならば、自分自身の人生経験を潔く受け入れることが必要なのです。本章の冒頭で引用されたジョージ・ハーバー

ト George Herbert の「世界」という詩は，創造されたものが破壊されるという普遍的な経験について語っています。それでもなお，人は男女ともに創造したり愛したりする衝動をもち，破壊されたものを再建しようと試みるのです。精神的破綻を経験した患者が，以前よりも深い社会との結びつきや強靭なパーソナリティを獲得して，問題を乗り越えるということはよくあることです。

　精神疾患に関しては，ある側面は十分認識されている一方で，本当に明確な理解はほとんど得られていません。おそらく，こうした不安定な状況におかれているため，一部の専門家が極端に偏った考え方に狂信的に頼るのでしょう。ある経験豊かで特定の考えに囚われていない精神科医は，「実際に，私たちはまったく無知ですが，それでも患者の面倒を見なければなりません」と語りました。治療計画を進めることは困難で負担が大きく，現場には効果的な治療薬もほとんどありません。精神状態の類型化は何通りもありますが，その多くは独自のやり方でしか通用しないため，どれひとつとして全体的に満足できるものはないのです。

　神経症と精神病の主な鑑別点のひとつは現実との接点の度合いです。神経症の患者が空中に浮かんでいる城の夢を見る一方で，精神病の患者はその城のなかに住んでいるというたとえがありますが，それは拙いながらも明瞭な表現であると言えます。**神経症**はそれほど重篤でない抑うつ感や非現実的な不安，恐怖，不安，ヒステリー，強迫症状などを含みます。**精神障害**は気分障害（いわゆる感情障害）と思考障害（統合失調症）に分けられます。感情障害は時には自責的な妄想をともなった重篤な抑うつ状態や多幸感，興奮状態のある躁状態を含みます。統合失調症は妄想や幻覚をともなった重篤な疾患であり，病型によっては人間においてもっとも破滅的な疾患として知られています。神経症と精神障害の中間はいわゆる**境界例**とされ，両疾患の特徴をある程度有し，人によっては深刻な摂食障害も境界例に分類すべきだと考えます。パーソナリティ障害は生涯にわたって存在する性格状態を示します。一般的に正常な人と障害を抱える人を判別する性格特徴には，しかるべき機能に支障を及ぼすほど際立ったものもあります。強迫性パーソナリティ障害

をもっている人には，固くて柔軟性がなく，感情抑制的で，支配的で，不合理にまとめられた性格特徴が多く見られます。反社会的または精神病質の障害をもつ人は良心などないような振る舞いをするかもしれません。これらのパーソナリティ障害のある人には衝動的で，怒りっぽく，猜疑的で，犯罪や暴力行為を起こす傾向があるとされています。

　この精神疾患についての簡潔なリストを見ても分かる通り，完全な詳細を述べるとなると，百科事典を埋め尽くすほどの量になるでしょう。本章では，日常生活との関連から重篤なうつ病や統合失調症にいたる苦痛までの範囲に関して述べることにします。

▶日常生活

これはある平凡な建設作業員が自分の人生について語った話です。

　　人は理想を作り上げ，そして理想に基づいて生きなければなりません。父は気難しく自惚れの強い男でした。父の理想は周囲から重要視されることでした。父にとって自分のイメージ通りに生きることは重圧であり，そうした生き方は本当に間違っていました。私と妹は幼い頃，父の前を歩く時にいつも恐怖を感じていました。自分たちはいつでも何か失敗をしたのではないかと思っていたのです。人によっては，罪悪感が途方もない問題をもたらします。自分たちは大人になった時に父のことを小心者の安っぽい暴君だと気づき，最終的に父の恐怖から解放されました。父は自分がイメージ通りに生きなくてもよいと分かった途端にましになりました。父は若干丸くなったようですが，いまだに怒りっぽい人です。

　私は父に似ていて，これまでの人生は大変でした。妻は私の生き方が気に入らず反対していました。私は自分で限界を設定しなければなりませんでした。結局，人は限界を設定することしかできないのです。これ

が私の学んだことです。ただ，考える時間はたっぷりあります。自分とこの仕事について考えるならば，私は動きつづけ，道具を使いつづけなければなりません。私には本当に規則正しい状態を保つことしかないのです。

　この建設作業員の自分自身と自分の人生についての言葉は，個人的な苦悩や人間関係，自己との格闘を表わしており，この男性の人生のかなり重要な部分や意義を作り上げています。この男性が患者ではないにしろ，かなり対応困難な不安や感情を多く抱えていることは明らかです。こうした課題との遭遇がこの男性を興味深い人物にしています。つまり，この男性には表向きはそれほどの冒険談がなくとも，人生における内的な側面については豊富な話題や経験があるのです。

▶ 悲嘆とうつ病

　ごく平凡な人を困難に陥らせ，先ほどの建設作業員のような人を患者へと変えてしまうものは，何なのでしょうか。患者は自分自身について不安が増し，より対応困難な状態に陥ります。困難を抱えた人が援助を誰かに求めに行くと，それを求められた人も，また不安になります。

　リチャード氏は60代の男性で妻に先立たれました。リチャード氏は，普段医者に罹ることはありませんでしたが，妻の死から約2年経ったある晩，医者を訪ねました。リチャード氏とは対照的に，妻はよく診察を受けており，大仰にたくさんの不満を話していたため，医者は妻のことをよく知っていました。リチャード氏はどんよりと暗い装いをしていました。その日はクリスマスも近く，その男性は「声がれの風邪」を引いて来院しました。医者は数年以上前から男性の状況を把握していたので，リチャード氏が妻の死によって温かさを失ったと感じ

ていることや，その声がれが「むせび泣き」で，風邪が「寒さ」であると考えました。医者は風邪の治療をいくつか行ない，リチャード氏と数分間話をしました。そした会話のなかで，リチャード氏は予想外だった妻の死とその衝撃を思い出し，声を上げて泣いたのです。

　リチャード氏はごく平凡な人ですが，はたして患者であると言えるでしょうか。悲嘆には文化によって多様な表現方法があり，現代社会ではしばしば数週間の強い悲哀よりもさらに長い期間に及んで悲嘆が続くことがあります。死別後の数年間，残された人々は医者に罹ったり不安になったりすることが多く，死別体験のない人よりもうつ病になりやすい傾向があります。リチャード氏は自分自身のことが不安になり，医者もリチャード氏のことを心配しました。リチャード氏は妻の喪失という一般的ながらも辛い出来事によって苦悩していました。リチャード氏は悲嘆にくれていましたが，これもごく正常な心理的反応なのです。悲嘆は悲しみや思慕，喪失した人への囚われ，そして多くは怒りや苛立ちをも含んでいます。

　近年までは，多くの科学的思考を重視する専門家によると，リチャード氏の医者が患者の声がれをむせび泣きと，風邪を情緒的な寒さの感情と結びつけて理解することは，非現実的な考えであると見なされていたでしょう。しかしながら，まさにこのケースに関する限りでは，リチャード氏の医者の考えが適切であり，否定的な専門家の考えは誤っていると示されました。死別を経験した人々は身体疾患に罹りやすいものです。そうした病気は決して些細なものではなく，死別体験は残された人の死にもつながりかねないのです。現在では，情緒的な喪失がこころと身体に及ぼす影響についても少しずつ理解されるようになってきました。身体への影響のなかでもっとも深刻なものは，病気への抵抗力をつかさどる免疫システムへの影響です。ある研究で協力者が一般的な程度の呼吸器系ウィルスに接触したところ，心理的なストレスに苦痛を感じている人ほど風邪を発症しやすいという結果が示されました。人は見捨てられ感や情緒的な寒さを感じ取るため，強烈で悲惨な感情が身体に流れ込むと，風邪やより重い病気に罹るのです。リチャード氏は医者

が感受性の高さや理解を示したことで人間的な優しさに触れる体験を取り戻し、精神的にも身体的にも少し回復しました。リチャード氏はまさに正常な悲嘆と病気の狭間に立たされていました。もしリチャード氏がそれほど理解のない対応を受けたとしても、体調は回復したかもしれません。しかしもう一方では、リチャード氏がさらにこころを痛め、抑うつ的になり、身体疾患に罹ったり、身体とこころの両方を病んだりする可能性も否めません。

うつ病と悲嘆は異なるものですが、重複することがよくあります。悲嘆のなかには常にある程度の抑うつ感が存在し、ほとんどのうつ病にはある程度の悲嘆が見て取れます。悲哀と喪の作業が喪失反応であることは明らかです。喪失後にはうつ病、または少なくともうつ病と見なせるような状態も生じるのです。

リー夫人は高齢の未亡人女性でしたが、ある日10年以上も会っていなかった古い友人に偶然出会いました。その友人がリー夫人に元気かと尋ねると、リー夫人はそれほど元気ではないと打ち明けざるをえませんでした。夫人はこころ細くて惨めに感じると言いながら、何度も泣き出しました。夫人の人生は、自分よりもずっと逞しい夫が6年前に他界してからすっかり変わってしまいました。夫人は自分が人生について不満を言ったところで、自らの気持ちが変わるわけではないことも知っていました。夫人は痛々しくしわの寄った表情を浮かべながら、友人の質問にすべて答え、「ねぇ、分かるでしょう。主人がいなくて寂しいのよ」と言いました。リー夫人は今にも涙があふれそうでした。その友人は夫人に以前からこのようなところがあると気づいていましたが、その傾向はさらにひどくなっていました。友人は古くからの知人にありがちな厄介な義務感を抱きました。友人はその場を去りたかったのですが、力になるべきだとも感じました。友人はほんの短い偶然の出会いによって、あっという間に背負ってしまった重荷に憤慨しました。

これは抑うつ的な病前性格に長期的な抑うつ反応が形成された例のひとつ

です。このような気質がかなり以前に遡って存在していたことはほぼ確実です。リー夫人は夫が健在だった頃，夫に対して依存的な関係を築いていました。夫人は幼少期に母親が婦人科系の病気で入退院を繰り返していたため，母親が不在の時には母方のおばたちに世話されていました。夫人の生育歴のなかで自分の母親を「喪失する」という体験が繰り返され，母親に対しては怒りと不安の双方の感情が生じました。おそらく，こうした経験がリー夫人の依存傾向や抑うつ傾向の基盤となったのでしょう。

うつ病という用語は，落胆，苦痛，憂うつ，意気消沈といった状態において生じる特徴を総称しています。この用語そのものは怒りや激怒，苛立ちや破壊性などの強烈な感情をあまり明確に表わしておらず，また一般的にもうつ病に関してこうした感情が言及されることはあまりありません。しかし，うつ病にはこれほどの強烈な感情も生じるのです。こうした衝動的な感情や内的な対処困難が存在することが，うつ病の発症要因となります。また，このような感情は罪悪感や義務感が憤りと共存するような人間関係にもつながります。うつ病では喪失を体験したものの，その実態があまり明確にならないことも多くあります。おそらく，強烈な炎症反応が生じるとその大元である傷が分かりにくくなるように，喪失対象も抑うつ反応に埋もれてしまうのかもしれません。

アラン氏は30代後半の独身男性でしたが，2年前にジャーナリストの職を失い，今や破産寸前でした。アラン氏の生活はすっかり崩壊してしまったようでした。この状況はかなり重篤なうつ病エピソードの発症，その結果として生じたアラン氏の振る舞いによって引き起こされていました。アラン氏はこれまでの人生のなかでも権力的な男性像に対する困難を抱えていました。アラン氏が権力をもつ外界の人物との争いを止めると，攻撃性は自分の内部で存続し始めたようでした。つまり，その攻撃性はアラン氏自身の能力を衰えさせ，才能や実力を奪っているように思われました。アラン氏は自分自身を嫌いになっていきました。ある段階で，その自己批判は自分の存在そのものに対して生じる

ようになり，あふれんばかりに増大しました。最悪の時には，アラン氏は眠れずに毎朝午前4時に起きるようになりました。そして，はっきりとした理由も分からないまま突然すすり泣きが始まり，長々と続くのでした。その表情は頬が痩せこけ，青白く，目も落ちくぼんでいました。アラン氏は，何となく不運のせいにしているようにも思えました。アラン氏は日常生活のものごとをおろそかにし，手紙への返事も書きませんでした。アラン氏は自分が怒りっぽくて気難しく，とても神経質で，しばしば援助の手を差し伸べようとした人々についても，ひどく無神経で無頓着であると感じていました。

　これがうつ病の病像の全貌です。心理療法の試みが何度かなされましたが，負のスパイラルを阻止する手ごたえや結果を得られる方法はまったくありませんでした。抗うつ剤が処方されましたが，アラン氏は薬物療法を嫌いました。アラン氏は自分の人生が破滅ぎりぎりに追い詰められた際，短期間外来に通院しました。すると，アラン氏は自らの人生再建に向けて，わずかながらも建設的な一歩を踏み出し，徐々にうつ病から抜け出すことができるようになりました。アラン氏には明るさや希望が訪れ，その雰囲気にも変化が現われました。

　アラン氏はクリスマスの時期を実家で高齢の両親やきょうだいたちと一緒に過ごしました。こうした時には，昔からの家族の葛藤が再燃しやすいものです，その一方で，短期間ながらも，アラン氏は家族の愛情，特に母親の愛情に包まれて世話をされているように感じていました。しかし，アラン氏は大都市の孤独な生活に戻ると，実家での自分を包んでいた安堵感やわずかな活気を失ってしまいました。その表情に動きはなく，肌の色は再びどんよりと暗くなりました。アラン氏は再度，内向きな状態に陥り，自分のことを気にかけてくれる人々を省みないようになりました。アラン氏は現在心理療法を受けていて，それが役立つと感じています。しかし，はじめてセラピストがアラン氏に会っ

た頃，セラピストはアラン氏が自宅で開封されずに山積みになっている手紙について何のためらいもなく話していることに注意を促しました。特に，借金の請求書が届いているにもかかわらず，アラン氏はそれほど悩む様子もなく，返信もしなかったのです。アラン氏は自分の運命を試しているように見えました。アラン氏は役目を果たしていないことについて自分自身を非難しましたが，一方ではそれが深刻な結果にいたらないことも知っていると言いました（これは正しいことでした）。しかし，このことはアラン氏が単に無頓着なことを示すのではなく，むしろセラピストに警告を与え，以前の患者の悲惨な状況を十二分に思い出させました。セラピストはアラン氏が深刻な経済状態に陥らないことを確信していましたが，本来身についているはずの責任能力が崩れていると感じました。セラピストはアラン氏がクリスマスに家族を訪れたことで，そのこころを掻き乱したものが何なのかと自問しました。

　セラピストはアラン氏の投げやりで場当たり的な状態や困難を引き起こしそうな状態について話しました。アラン氏がその危険なほど麻痺した状態からわずかでも抜け出すまでには，かなりの作業と努力を要しました。それは，山で登山家が低体温症や低酸素症に罹り，極限状態に追い込まれる様子に似ていました。登山家たちは雪のなかに身を深く沈めてもがくのを止め，身を丸めて死に任せる感覚がどれほど気持ちよいものかを説明します。戦いつづけることは莫大な労力を必要とするため，より辛いことなのです。人は究極の精神状態に置かれると，キーツが「安らかな死に半ば思いを寄せ」と詠うように，死や破滅と性的とも言えるような関係を結ぶのです。

　セラピストの指摘によって，アラン氏は自分自身を揺さぶり起こすことができました。アラン氏はまるで目覚めたかのように，自分は前の上

2　ジョン・キーツ（1795〜1821），英国のロマン主義の詩人。引用は『ナイチンゲールに寄せるオード』（*Ode To A Nightingale*）の詩の一篇。

3　富田光明（2005）『キーツ——人と文学』勉誠出版

司や父親との怒りに任せた口論に入り込み，自分を閉ざす傾向があったことに気づいていたと話しました。アラン氏はそうした内的な論争がいかにすさまじく強暴になっていたかを考えて困惑しました。そして，アラン氏にとってクリスマス休暇で面接が中断されたことがどれだけの影響を及ぼしていたかということや，両親との新たな接触が父親への怨みの再燃にいかに大きな役割を果たしていたかということが明らかになりました。セラピストは，クリスマス休暇によってアラン氏のなかで以前のうつ病が刺激されたのではないかと考えたことを伝えました。アラン氏は，父親と母親の両方に自分のことを理解してほしいという理想的な願いを抱いて長い間待ちつづけていましたが，その願いが否定されたことを知り，父親への怨みが生じたのです。その感情は，患者とセラピストとの間でもよく話されていたものでした。アラン氏は父親がこの妨げになっているのだと考えました。アラン氏は母親が癇癪を起こすことも機嫌を悪くすることもなく自分の世話をできたのは，母親が父親との生活をあまりにも憂うつに感じていたからだと思いました。クリスマス休暇以降，短命に終わった安らぎの後には孤独への回帰がありました。それはアラン氏の欲求のなかでも破壊的な部分を刺激し，今や復讐へと駆り立てていました。さらなる作業が進むうちに，アラン氏は徐々に自分がこうした感情や反応に左右されなくなってきたと感じるようになりました。それでもなお，アラン氏がこうした理解や変化の必要性について真の安心感をもてるようになるまでには，かなりの作業を要しました。

　このケースでは，アラン氏への理解が深まるにつれて，大量の破壊性が幼少期，思春期，青年期初期の人生を通してどのように蓄積されるのかということを理解できるようになります。アラン氏が他者だけでなく自分自身についても幻滅を抱くと，アラン氏の破壊性は解放されました。それまで決定的な介入はなされず，そうした状態は最終地点に行き着くまで止まることはありませんでした。その一方で，アラン氏は過去2年間に何度も自殺未遂を起こしていました。アラン氏は自分自身と自らの人生に損傷を負わせていたの

です。つまり，両親に怒りを抱くがゆえに，そのこどもである自分自身を攻撃し，自らの人生を破壊することがもっとも強力な復讐のひとつとなっていたのです。

　アラン氏のように自分の葛藤を変化させる力がある場合には，患者が失望の感覚の根本にある意味を把握し，その意味をセラピストと患者がともに明らかにすることが不可欠です。さらにそれと同じくらい，患者の怒りや激怒の残酷さを理解することも重要です。患者はこのように複雑な自己理解に基づいて，はじめて真の安定を手にすることができるのです。

　こうした自己破壊的な反応は突然始まることもあれば，数年の間にゆっくりと構築されることもあります。多くの新たな衝撃や喪失を受けて，巨大な力をともなった反応が発散される可能性もあります。喪失体験による精神的苦痛があまりにも強烈に感じられる場合は，こころにコンテインしきれないこともあります。時には，情緒的な嵐が脳に流れ込み，それがさらに，こころに影響を及ぼすようなこともあります。情緒的な反応が脳内の作用に関連していることはほぼ疑いの余地がなく，脳内物質（神経伝達物質）にも変化が生じます。このような水準で因果関係を判別することは非常に難しく，そこでは複雑な相互作用が生じている可能性が高いと考えられています。

　このことは，特に身体と情緒の両面で治療を必要とするようなかなり重篤なうつ病の場合は確実に当てはまります。それゆえ，重篤な抑うつ状態の回復には**抗うつ剤**と**電気けいれん療法**の両側面の治療法が必要になりうるのです。それと同時に，多くのうつ病では心理療法が重要な人間理解につながり，保護的な役目を果たします。患者は過去や現在での愛する人との人間関係のなかで生じた問題が，なぜ葛藤につながり，それがそのまま維持されしまうのかということを情緒的に認識できるようになるのです。このような問題は決してなくなることはありません。なぜなら，そうした問題は人の最早期の体験や情緒の基本的構造に起因するからです。それでもなお，こうした葛藤が心理療法のなかで再現されることによって，情緒的な理解の過程に重要な変化が生まれ，個人を圧倒する威力やその人生における損傷を軽減することができるのです。

高齢者が特にうつ病に陥りやすいのは，単に人生のなかで多くの喪失を経験するからではなく，老化にともなう生物学的な変化が生じるからです。老年期でうつ病が深刻化すると，身体的焦燥感の形として表われることがあります。その症状はしばしばどこに行く当てもないまま，落ち着きなく足踏みするようなものです。高齢者のうつ病患者は嘆きが増えて不安が強くなり，かなり表情や身体の動きが乏しくなり，活気もなくなります。そういう患者は食べる量が減り，結果的に体重も減少します。治療が効果的であるとはいえ，重篤なうつ病は危険で，うつ病に罹った高齢者の平均寿命は一般よりも短くなるのです。

　　ダニエル氏は 70 代前半の男性で，数々の喪失によって苦しんでいました。ダニエル氏の妻は腎不全に罹り，厄介な腹部の手術を何度も受けなければなりませんでした。十中八九，妻は亡くなってしまうだろうと思われました。さらに，ダニエル氏自身もたくさんの病気を患っていました。ダニエル氏は自分の体力や立場の衰えをはっきりと感じていました。ダニエル氏はこうした悲惨な状況について憤慨しているかのようでした。次第に，ダニエル氏は 30 キロ前後も体重が減るほど抑うつ状態が悪化し，5 分から 15 分に 1 回程度しか動かずじっとしていることが増えました。このような時期には，ダニエル氏はまるで歩こうとしてもなかなか足が進まず，歩幅が小さくなってしまうパーキンソン病患者（たとえば，モハメド・アリ Muhammad Ali）のような状態でした。ダニエル氏が患っていたのはパーキンソン病ではなく，もちろん，うつ病でした。ダニエル氏は自分自身のことに構わなくなりました。ダニエル氏はしばしば失禁するようになり，このことは自分の怒りを表わすだけでなく，さらなる憤りにつながっているようでした。ダニエル氏は完全に身動きが取れなくなっているように思われました。ダニエル氏は薬物治療や ECT（電気けいれん療法）を受け，心理療法も試みましたが，これらすべてはただダニエル氏に苛立ちを与えただけで，さらなる激昂へとつながりました。治療はダニエル氏に打ち負かされる賭け

のようでした。看護スタッフの多くはダニエル氏が怒りに任せて死への歩みを進めているように感じ始めました。最終的に、ダニエル氏は肺炎に罹り、その状態が悪化したために息を引き取りました。

うつ病は致死的な病気にもなりえますが、統合失調症にはより重篤化する傾向があります。多くの反論があるにしろ、統合失調症を完治させる治療法はありません。その一方で、治療が最善の形でなされれば、大きな効果を上げることもできます。多様な治療方法を慎重に用いることが適切な治療となるでしょう。治療方法には薬物療法や入院（これは必須です）、障害者施設への入所、ケースワーク的な治療が含まれます。ケースワーク的な治療は家族介入、患者の社会復帰作業、作業療法、患者やその家族、また患者のケアに関わる専門家を含めた心理的サポートなどです。患者への援助を遂行する上では、患者や患者が抱える困難、また患者が適切に機能している時には患者の期待をも理解し受容することが重要な要素となります。そこでは、あらゆる点で患者の状態やその心理についての深い知識が基礎となるのです。

統合失調症はもっとも重篤で荒廃的な疾患のひとつであり、一生涯のなかで発症する割合は約100人に1人であるとされています。この疾患はどの年齢でも発症する可能性がありますが、もっとも典型的な形としては、若い年齢の人が思春期や青年期初期の成長で身体的、情緒的な混乱に直面する際に発症します。発症した患者の4分の1はどうにか回復しますが、多くの場合、そうした患者は陰気な容貌をしています。患者の約半数は急性期と回復期の間を往来しながら人生の大半を過ごします。その他の半数の患者は社会性、思考、情緒といった面で慢性的な障害を一生涯抱えることになるでしょう。統合失調症患者の20人に1人が自殺をします。そして、人生後期には燃え尽きたような状態になってしまう傾向があります。

医師人生を統合失調症患者とその家族への援助に捧げた著名な精神科医のなかで、ごくわずかな医師が統合失調症の生涯における病像の本質を描くことに成功しています。こうした精神科医の多くは統合失調症が一生涯を通して異常な過程を辿る病気ではないという結論に達しています。熱心な研究者

のほとんどは統合失調症について畏怖の念を抱くようになります。研究者は統合失調症に関して多くの情報を手に入れられる一方で，完全な理解にいたることはないと感じています。研究者は統合失調症の状態像について，今後かなりの革新的な発見があると予想しつつも，現時点では断片的に理解されている数々の要因が一斉に組み合わさることが発症の原因になりうると示唆しています。こうした要因にはパーソナリティや人間関係において一般的に遭遇する困難への特別な敏感さ，養育過程における逆境と生物学的素因との組み合わせ，捉えがたい形態の物理的脳損傷（たとえば誕生時など），神経化学物質の影響による異常などの複雑な不調和があるのです。そして，その不調和のすべての要因が，人間の精神における根本的な気質と相まってこのような反応を生じるのです。その要因の組み合わせの多様な割合が個人独自のものであったとしても，すべて同じく統合失調症様の破綻に達するのです。一旦こうした破綻が生じると，神経学的，心理学的，個人的，社会的といった複数の水準において統合失調症特有の損傷状態が現われます。

　自分の体験について記している統合失調症患者はたくさんいますが，もっとも有名なものにドイツの上席判事だったダニエル・シュレーバー Daniel Shreber 氏の記述があります。シュレーバー氏の最初の発症は 1884 年にライプツィヒで起こりましたが，当時の年齢は 42 歳で一般よりも遅いものでした。シュレーバー氏は回復して再び職務に就くことができましたが，その 7 年後に二度目の再発がありました。その時には，シュレーバー氏は 9 年間入院し，奇妙で異常な体験に苦しみました。シュレーバー氏は自らの退院に向けた法的措置に関して見事に要求を勝ち取りました。シュレーバー氏の異常な信念は変わりませんでしたが，それは約 5 年後に 63 歳で最後の再発があるまで封じ込められていました。その再発エピソードの後，シュレーバー氏は二度と回復せず，ライプツィヒの精神病院で 69 歳の生涯を閉じました。シュレーバー氏は独自の異常体験をもちながらも，統合失調症体験の本質に関する見解を示したかなり例外的な人物です。以下の記述はシュレーバー氏の精神科医による報告記載で，シュレーバー氏の回顧録とともに出版されました。

患者が神の奇蹟を受ける唯一の対象であり、それゆえ、この世にかつて生きたなかでも、もっとも不可思議な人間であることは、患者自身にとってはっきりしている。何年も前から、時々刻々、患者はこういった奇蹟を自分の肉体において経験している。それがまさに奇蹟であるという確証は、患者と言葉を交わす声を通じて得られているのである。病気になってからの最初の何年かの間には、自らの身体のいくつかの器官が破壊されるという経験もしたという。こんなことになれば、普通の人間ならばとっくに死んでしまうはずであるが、患者は、長期間にわたって、胃や腸をもたずに、そして肺もほとんどなしで、また食道をずたずたにされ、膀胱もなく、肋骨は粉々にされた状態で生きていたことがあり、さらには幾度か、喉頭の一部を食べ物と一緒に飲み込んでしまったことなどもあるという。しかしそのたびに神の奇蹟（「光線」）が、破壊された部分を再生したのである。それゆえ患者は、自分が男であり続ける限り、不死身であると信じている。しかしこのような恐るべき現象はもうかなり以前から消え去ってしまっており、今、それに代わって、前面に出てきたのが、自らの「女性化」である。これは、その完遂にはおそらく、数百年とまではいかなくとも、数十年はかかるであろう発展過程であって、今生きている人間がその結果を目にすることはまずありえまいと言う。患者は、すでに「女性神経」が群れをなして体内に入り込んだのを感じている。そして、直接的な神による受精を通じて、この「女性神経」から新しい人間が生み出されるというのである。患者は、たぶんそうなってやっと自然な死を迎え、他のすべての人間と同様、ふたたび至福を得ることができると考えている。

フロイト『シュレーバー症例論』[4]

4　Freud, S., *The Shreber Case*. Translated by Andrew Weber with an Introduction by Colin MacCabe. Penguin, London, 2002.（金関猛＝訳（2010）『シュレーバー症例論』中央公論新社）

シュレーバー氏自身の手記では、「神の光」と名づけられた声について説明されています。

> 脱男性化がもうさし迫っているというので、神の光線が私を「シュレーバー嬢」と呼んで嘲弄することも許されると思ったことも稀ではなかった。当時頻繁に用いられ、うんざりするほど繰り返された常套句がいくつかあったが、そのなかには「つまりあなたを放縦な淫蕩に身を任せている者として**描き出してやろうと思うのだ**」等々というものがあった。
> シュレーバー『シュレーバー回想録』[5]

長期にわたる神との交流の後、シュレーバー氏は不本意ながらも神は生きている人間については何も知らず、正確に判断する力はまったくもっていないという結論に達しました。**万物の秩序**であるはずの神は死体に関すること以外に役に立たないのです。上記の短い記述は、この文化的で繊細な人物の手によって作り上げられた世界の一端を味わわせてくれます。この記述は**妄想**（誤った信念）や**幻覚**（聴覚的あるいは視覚的に誤った知覚）、そして**異物による被影響体験**を描いていますが、これは統合失調症のいわゆる**陽性症状**の特徴です。近年の抗精神病薬には異常体験の強さを緩和し抑制する働きがありますが、おそらく、患者にとっては元気なく、完全に機能しない状態が続くでしょう。その次には、おそらく統合失調症においてより軽度な問題とされる思考や情緒、意欲の貧困などのいわゆる**陰性症状**が残存するでしょう。シュレーバー氏に高度な感受性と人間関係に関する個人的な能力があったとしても、そのほとんどは病気の影響を受けていたのでしょう。大多数のケー

---

5 Schreber, D.P., *Memoirs of My Nervous Illness*. Translated, Edited with Introduction, Notes and Discussion by Macalpine, I. and Hunter, R.A., Dawson, W.M. and Sons, London, 1955.（石澤誠一・尾川浩・金関猛＝訳（2002）『シュレーバー回想録——ある神経病者の手記』平凡社）

スにおいては、心理療法や精神分析によってこうした状態を回復させることはできません。

しかしながら、マンフレッド・ブロイラー Manfred Bleuler という精神科医は統合失調症患者の援助に生涯尽力した後にこう述べています。「統合失調症患者への適切な治療的態度は、私たちが患者のことを理解不能な思考や感情の様式をもち、根本的に自分とは異なる生物になってしまったと見なすよりも、自分自身の本質と照らし合わせることが可能なきょうだいのひとりとして受け入れるほうがたやすく保つことができます」。統合失調症患者については、その思考や欲求の大半を理解し対応する際に、統合失調症様の考えや妄想の内容の多くがすべての人間に存在していることを知ると、より接しやすくなります。

ジョージ・ハーバートは統合失調症患者ではなく詩人ですが、本章の冒頭で引用された詩のなかで絶望の状態のみを述べていたわけではありません。なぜなら、万物が破壊されても、よいものが復活すれば新たな経験につながるからです。シュレーバー氏にとって、こうした感情は妄想観念体系によって説明される生き生きとした情緒体験でした。神が自分の身体を破壊すると、世界は新しい人種とともに再建されました。統合失調症に罹っていない人であっても、しばしば生きた世界と愛情あふれる関係をどのように築くのかということに囚われるものですし、困難を見出します。まさに、同じような一連の課題がまったく異なる形で経験されるのです。病気を抱えていない人も恐ろしい出来事や自分の体内で生じる奇妙な変化について幻想を抱くことがあるでしょうし、困難な問題に対して奇跡的な解決を夢見ることもあるでしょう。統合失調症患者はそのような世界に生きているのです。人間のあり方についての根本的な懸念はすべてのパーソナリティの奥深いところで作用しており、それが人の不安や夢、創造的な活力のように目に見える形で表われるのです。万が一、こうした不安に対処できない人がいるとすれば、その人は運悪く病気に罹ってしまうかもしれません。

妄想は時に個人が自分自身の世界における情緒的関係において破滅的混乱を来たした後、その回復の試みとして理解され、役立つことがあります。妄

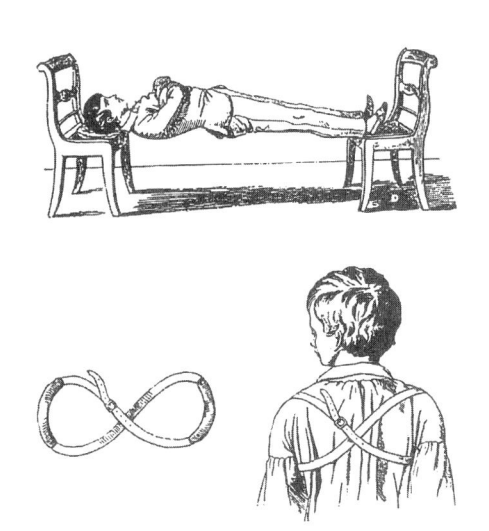

図16 吊橋状の器具や肩の固定バンドは，こどもの姿勢を矯正するために唯一用いられた2種類の固定装置です。シュレーバー氏の父親は自分の息子を含めて，すべてのこどもたちにこうした固定装置を使用することを提唱しました。

想は外界との新たなつながりを再興する方法のひとつであると考えられるのです。しかし，世界との新たな結びつきは通常の不安への対処方法とはかなり異なります。なぜなら，不安に対する情緒の再興は現実のものだからです。シュレーバー氏とその妻にはシュレーバー氏が正常な生活を送っていた頃からこどもがいませんでした。このことはシュレーバー氏にとって大きな悩みのひとつでした。その後の妄想の多くは，シュレーバー氏が女性へと変化し，神によってこどもを授けられ，自分の問題が解決されることと関連していました。その他の点でも，シュレーバー氏のケースでは病前の課題や思考と病後の妄想との連続性を辿ることができます。たとえば，最初の発症と二番目の発症との中間期に，ある朝シュレーバー氏がベッドに横たわってうとうとしていると，「結局のところ，性交という行為を甘受するためには女性でいることがよりよいことに違いない」という考えが浮かんできました。シュレーバー氏は常日頃から妻の病気に対してかなり傷つきやすい面をもっていまし

た。シュレーバー氏の最後の発症は妻が心臓発作に苦しんでいる期間に起きました。このような病前の脆弱性は、シュレーバー氏や似たような状態を抱えている人々がなぜ特定のライフイベントに対処しきれないのかということを理解する上で役立ちます。

シュレーバー氏の回顧録が最初に出版された時には、シュレーバー氏の幼少期の体験は広く知られておらず、その重要性も十分に認識されていませんでした。最近ではシュレーバー氏の早期の生育歴において、いくつかの点により大きな関心が寄せられています。シュレーバー氏の父親はこどもの適切な養育を目的とした運動療法のシステムを提唱し、国家的推進を図る第一人者でした。そのシステムではさまざまな固定装置や頭と手足を拘束する帯などが用いられました。シュレーバー氏の父親が発案した装置は乳幼児期から使用されるべきだと考えられました。なぜなら、姿勢における悪しき習慣は道徳的な弱さやさらなる悪化につながるため、矯正されるべきだと考えられたからです。このような装置は拷問器具のように見えました。そして、シュレーバー氏は幼少期のほとんどをこうした装置とともに暮らしたのです。シュレーバー氏の後の妄想への囚われについては、生きている人間をまったく理解しない神への受身的な服従や数々の早期体験との関連があると指摘されていますが、その結論にあらがうことは難しいでしょう。

ごく少数の統合失調症患者には被虐待経験がありますが、その大半にはシュレーバー氏のようにかなり極端な被虐待経験はありません。ただし、後の人生で統合失調症の困難に遭遇するこどもたちには、大抵両親が長い葛藤状態におかれ、その期間こどもに対して情緒的な対応が難しかったという家庭背景があります。この疾患に関して、こうした異常な家庭環境が両親から受け継いだ遺伝的要因をさらに助長する可能性は常にあります。一般的にこの疾患の発症要因としては、環境自体よりも遺伝的要因がもっとも重要であるとされています。近年の研究結果では、統合失調症において遺伝子の影響は大きく、おそらく一般的なケースとの間に約50パーセントの差異をもたらすと示されています。つまり、一卵性双生児のうちのひとりが統合失調症に罹っている場合、もうひとりが発症する可能性は一般の人に比べて約50

倍高いということです。こうした双子の場合に疾患を発症する確率はふたりにひとりなのです。言い換えると、このことは約50パーセントの割合で環境的要因があることも示しているのです。

　統合失調症やその関連した病状における集中的な心理療法を通して得られる専門知識は、根本的な人間的経験の連続性の上に成り立っています。また、正常な人のなかにも統合失調症様の想像の痕跡が見られるように、統合失調患者の深刻な異常性のなかにも正常な思考能力の存在が見て取れるのです。時には、何年もこの疾患を患った後に正常なパーソナリティが現われることもあります。人間が機能をする上では、正常と異常の様式が互いに力動的な緊張関係を保っています。統合失調症体験への人間的な理解や共感は患者とやりとりする際に役立ちます。人々が理解を示せば、患者のパーソナリティの正常な部分に接触することも容易になりうるのです。意義深く役に立つ関係性は患者の機能を強化します。心理療法的体験は統合失調症患者が自分の感情や葛藤を生み出し、それらに接し、特に対処困難だと感じていることを示してくれます。これは患者の日常生活における問題やより深刻な困難に対して、適切な形と度合いの情緒的感受性が役立つことを意味しています。

　最近、ある30歳の男性が入院病棟からコミュニティホームへと移ってきました。その男性は7年前に体調を崩し、神や悪魔が自分に誰かを殺すよう話しかける声が聞こえるようになりました。男性は統合失調症の母親を殺そうとしたことはありましたが、それ以降はごくわずかな症状が残っていただけでした。母親は援助スタッフが困難を感じるほど傲慢な性格でした。スタッフは決してその母親とうまく付き合うことはできないだろうと思っていました。その男性はコミュニティホームでしばらく過ごすうちに適切なスキルを身につけ、社交的に関わるようにもなりました。しかしながら、その男性の精神状態は明らかな理由もなく悪化していきました。男性はグループに参加しなくなり、ひきこもり、冷たく苛立つようになりました。ある日、男性は別のひきこもりの女性患者に昼食が何かを尋ねました。その女性が返事をしないと、

男性は重いガラスの灰皿を窓に投げつけました。スタッフたちはワークショップを開き，こうした問題の意味や男性の状態悪化の理由について話し合い，熟慮や理解に努めました。

ここで重要となる背景は，コミュニティホームの資金を賄っていた健康保健部門のマネージャーたちが「投資に見合う価値」や「臨床的成果」といった会社の方針に基づき施設を運営していたということです。このことはすべての患者が自立した生活ができるという目標に向けて前進しなければならないことを意味していました。ただこの「処理量」さえ保たれれば，マネージャーたちは適切な仕事がなされているように感じたのです。こうしたプレッシャーを与える性急な感覚は，スタッフのさまざまな層を通して患者へと伝わっていました。皆が患者を前進させるべきだというプレッシャーを感じていました。患者のなかで強まる混乱は「いつ出て行くのか」という質問に特徴づけられるような，ホームの緊張感に満ちた雰囲気と一致していました。ワークショップはスタッフが自らの対応についてより現実的な方向性を立てる上で有益なものとなりました。さらに，スタッフは患者が時期尚早な前進を求められていないことを認識し，安全を感じられることが必要であることも理解できました。その男性患者には，ホームが自分にとって安全な場所であると感じられることが必要だったのです。その結果，その患者が自分の不快感を言葉で表現することがどれだけ困難かという点も理解されました。おそらく，その患者はホームのスタッフのことを，情緒を受け付けない自分の母親のように体験していたのです。多分，その母親自身も自分の不安定な内的バランスを保つために感覚を遮断した状態にしておくことが必要だったのでしょう。こうした話し合いの末，スタッフは自分たちの情緒的な資源を用いるようになりました。スタッフは自分たちが属していたホームの風土が適切でなかったことを理解し，その理解を活用しました。そして，スタッフはホームの患者がこの種のプレッシャーにどう反応していたかということも理解したのです。

精神病的思考におけるその他の特徴は問題の解決を行なう際に，魔術的または妄想的な信念体系に頼ることです。それだけでなく，統合失調症やその他の疾患をもつ患者はスタッフの決断に依存する傾向があります。患者はこどもが大人に属していると感じるように，スタッフに特別な能力があると考えます。これは治療的な関係のひとつとなることもありますが，そうした関係には短絡的なだけでなく相手をおだてるような性質があります。つまり，スタッフがアドバイスや患者の代替行動，すべての問題に対する対処法などを与えたり問題を解決したりする役割を担い，行きすぎが生じる傾向もあるのです。時には患者が自らの学び発達する潜在的な能力を使ってものごとに接することが，より治療的に役立つのです。

　　あ る18歳の男性は英国北西部の出身でしたが，ひきこもりと周囲との接触拒否状態に陥り入院しました。その男性は体調を崩す前は建設業の見習いでしたが，怪我をする可能性に対して不安を抱きました。男性は偶然足を捻挫すると，とても気弱になって仕事を辞めました。男性の同僚は以前から男性の弱さを感じていたため，男性に病気にならないことが一番だと伝えました。入院病棟では，男性は視線を合わさず，代わりに空笑したまま，頭上あたりの空中をおどおどと見つめていました。男性には作業療法を含めて，さまざまなケースワークが提供されましたが，そうした援助への関心はほとんど示されず，すべての治療法は受身的な拒絶にあいました。退院して数カ月が経つと，その男性は居間の壁に繰り返し自分の頭を打ちつけるようになり再入院しました。しかし，その患者の母親は関心を示しませんでした。その母親は息子の病気を当然のこととして，しかし無頓着な様子で受け入れました。その患者の父親は多少関わるものの，いまだに息子は病気というよりも単に怠けているだけだと考えていました。病院のスタッフも患者のこころのなかで起きていることにはそれほど疑問を抱かないようでした。そのうち，患者がアーノルド・シュワルツェネッガー Arnold Schwarzenegger のボディビルディング学校の校長に何度か手紙を書いた

ことが発覚しました。その患者は校長にシュワルツェネッガーのように見える方法を教えてほしいと言い，その授業料として性的に自分の身体を差し出しました。その患者の笑みを浮かべた妄想は，まさに強靭さを手にするための魔術的なやり方を信じることと関係しているようでした。それはまた，情緒的あるいは肉体的に強くなるために現実的な方法を用いて困難な作業をする必要性などまったく通り越してしまったかのようでした。おそらく，患者の両親の受動的態度は，変化がどのようにして遂げられるのかという分かりやすい手本を患者に示せなかったのでしょう。こうした理解のもと，スタッフもその患者の状態にはしかるべき根拠があるのだと考えられるようになりました。さらに，最初は患者の能力がいかに少なく限られたものであっても，外界との現実的な接触に向けて，患者自身の潜在能力を見出せるような援助方法を明らかにすることができました。

本章では一般的な悩みから悲哀，悲嘆，うつ病，最終的には統合失調症にいたるまでの幅広い困難について述べてきました。また，本章ではそうした困難の根本的な共通点を示す一方で，いかにそれぞれの状態が異なるのかという点も明らかにしました。これらに共通する困難のひとつは，人は皆，自分自身とともに生きていかなければならないという率直な事実なのです。人は自分という存在や自らのこころの奥底から湧き出るものに対処しなければなりません。統合失調症患者には一般的な人々よりもこのような状態への対応が必要なのです。

第14章
心理療法

　人のこころが精神的あるいは情緒的な困難によって塞がれ、日常生活に支障が生じる場合、治療は役に立つでしょうし、実際に必要となるでしょう。人が身体的な痛みを抱えて医者を受診するのとまったく同じように、人は自分の考えや気持ちのなかに抱えきれない苦しみが生じた時には、精神的な問題を扱う専門家に相談することになるでしょう。人生のなかで情緒的かつ精神的な問題に直面した場合、その治療には5つの領域があります。それぞれが主要な役割を担っていますが、どれも完璧なものではないため、異なる種類の治療が組み合わされて用いられることが、時には最善の策となります。本章では、精神的治療のひとつである精神力動的心理療法を中心に述べますが、はじめに他の治療方法の概略について説明します（付録写真13）。

　概して、精神病は投薬と社会的介入を用いて治療されるべきです。**化学療法**は薬物による治療で、当初、それは身体疾患や疾病の病原体に効果をもたらすために開発されました。精神疾患の治療に用いられる薬品には、抗うつ薬（セルトラリンやプロザックなど）、抗精神病薬（クロロプロマジンやクロザピンなど）、ジアゼパム（またはベイリウム）やバルビツールのような鎮静剤、精神刺激薬（リタリンやアンフェタミンなど）が含まれます。**物理療法**は電撃療法やショック療法（ECT――電気けいれん療法）、また、稀ですが脳外科手術といった身体的介入です。電気けいれん療法は麻酔下で人工的に脳にてんかんを発生させます。この方法の仕組みは十分に理解されていませんが、時にある種のうつ病に対して劇的な改善をもたらします。**ケースワーク**は患者の社会的な生活や関係を改善する方法のひとつです。ケースワークには、古くは一時保護施設といわれた施設や寮、特定のコミュニティの生活環境を守ることも含まれています。また、ケースワークには産業カウ

ンセリングや職場環境の保全，生活における日常的な事柄を管理するために地域の精神科看護師の援助を得ることなどもあります。

　精神的で情緒的な困難が対処不能な場合には，たとえそれが第13章で説明されたような精神病ほど深刻なものでなくとも，何らかの**心理療法**に目を向けることが必要です。心理療法という用語は化学療法という用語と同じく，あくまでもこころに関する心理学的治療についての一般名称にすぎません。心理療法はそれ自体でよく用いられますが，投薬治療やケースワークと併用される時にも重要な役割を果たします。なぜなら，心理療法は患者や近親者，精神保健スタッフが，より深刻な精神疾患の特徴である困難な感情や衝動などを理解したり，対処したりする際に役立つからです。心理療法はさまざまな治療法の集まりで，昨今では400以上もの異なる方法が存在するとされています。その介入方法のほとんどは短期間しか存在せず，わずかに実践されてしばらく経つと結果的に世の中から消え去ってしまいます。生き残るものは大量の臨床的な発見や経験，研究理論への展開などに基づいています。たとえば，**精神分析**は人間の本質に関する一般的な理論にすぎませんが，精神分析理論の導入から100年あまりの間に世の文化に多大な影響を与えていることは事実であり，その理論が完全に真実か否か，部分的にでも誤りがあるのかどうかを証明することは主要な論点ではないのです。

▶ 心理療法とトーキング・キュア

　精神力動的心理療法は精神分析の考えと目的に基づいた治療形態のひとつです。その主たる目的は精神分析と同じく，ある人の人生全体の文脈において見られる考えや感情，行動の意味を明確にし，安定させることにあります。なぜなら，人が通常この種の心理療法的な援助を求める時には，自分の人生におけるいくつかの側面について心配事を抱えているからです。そこには，何か解決しなければならない課題があるという感覚や，過去の領域において再考や再開が必要であると感じられる一方で，ある苦悩が存在しているのです。

人は誰しも，こどもがいずれ親になることを直感的に知っていますが，それは人生の流れを認識しているからです。人は両親のこどもとしての自分と，現在パートナーであり，夫や妻であり，親である自分との間に連続性があることを知っているのです。

あ る30歳の男性には自分が9歳の時の記憶がありました。当時9歳の男の子は，もし動いたら自分の胸の痛みがひどい心臓発作を引き起こすのではないかという恐怖を抱き，何時間もソファの上で動かずに横たわっていました。後の人生で，その男性にとって，大切な女性は常に健康かつ幸せな人でなくてはなりませんでした。もしそうでないと，その男性は悩み苦しむことになるのです。男性は，こうした状態が自分の母親との熱烈で，しかもアンビヴァレントな関係と関わっていると感じていましたが，どのように関連しているのかは分かりませんでした。男性はこのことをどうにか修正したいと望んでいました。

「修正」したいという願いは，心理療法的援助を求める多くの人にとって重要な動機のひとつになります。この動機は単なる症状からの解放や機能の改善よりも大きな目的です。さらに，そうした修正は患者の人生における重要で中心的な人物との関係のなかでも生じてきます。もちろん不安や抑うつ，食事や睡眠の困難といった問題はその人にまつわる話の一部となるでしょうが，人は症状を取り除くためだけに心理療法を求めるわけではありません。患者の多くは日常生活の要所ではうまく機能していますが，それでもなお，内的な不安に悩まされています。その他の患者の場合は，機能すること自体にかなりの困難を抱えている可能性があります。つまり，そのような患者は情緒的困難が日常生活にも支障を来たすために，改善を必要としているのです。ある人は愛することができないと感じているかもしれません。またある人は自分の性格のなかでいくつも嫌いな面をもっているかもしれません。心理療法は症状緩和という面でかなり役立つかもしれませんが，狭い意味での症状改善が当人の悩みにおける重要課題なのではありません。

より広い意味で捉えた場合，心理療法には他にも重要な事柄があります。精神力動的心理療法と同じく，システム療法や家族療法も個人の情緒的な経験を重視しますが，両方とも問題を一個人のなかだけで治療しようとするよりも，むしろ家族関係をシステムとして捉えるアプローチに重点をおきます。このアプローチは特に夫婦同士やこどもと大人といった関係において意味をもちます。なぜなら，こうした家族構造や家族関係こそ人々が困難を感じるものであり，また，症状の原因となるものだからです。そのため，家族内の圧力や緊張に対して異なるアプローチを見つけることはとても役立つでしょう。再構成された家族や夫婦関係に不一致のある家族は，多様な問題について専門的な経験をもつセラピストと自分たちの困難を話し合うことで，かなり楽になるでしょう。

一方，行動療法や認知行動療法は異なった知見を伝統とする学問から生まれました。これらの心理療法では，恐怖やパニック，強迫的な手洗いなどの強迫行為や，いわゆるうつ病に起因する非機能的な否定的思考に見られる過剰な不安が引き起こす困難な症状を取り除いたり，統制したりすることを主な目的として，多様な技法が広く用いられます。行動療法や認知行動療法は問題のなかでも，より表面に現われた部分に厳密に焦点を当てます。認知行動療法では，うつ病は不合理な心理状態や誤った学習の結果であると見なされます。このような療法はより構造化されており，個人の生活史や症状における情緒的な意味合いを重視したり，検討したりすることはありません。

こうしたさまざまな形態の心理療法的治療については，患者自身の考えも考慮されるべきでしょう。マインドという精神保健事業団体[1]は，1990年に精神保健に関して入院や外来の治療を受けた経験をもつ人々のなかで500人以上にインタビューを行ないました。回答者は，投薬治療や電気けいれん療法には強制的で非人道的なおもむきがあるとして，相当な反対意見を述べましたが，その一方で，「トーキング・セラピー」については「信用できて有

1　全国精神保健協会（National Association for Mental Health）が1946年に設立し，精神障害者の当事者活動として障害者とその家族のサポートを推進している。

効である」という見解を示しました。その調査報告は，「ここでは，人々が病気やプログラム不良の脳機能が詰め込まれた容器のように捉えられるよりも，価値ある個人として扱われ，話を聞いてもらいたいというメッセージがもっとも強く示された」という結論によって締めくくっています。ある程度限られた状況では，薬物療法や電気けいれん療法が治療のなかで重要な位置を占めていますが，そうした方法は治療全体のなかでも部分的に用いられるべきです。治療全体は患者としての存在意義を熟慮し，患者を生命と人格をもった人間として扱うべきなのです。そして，こうした水準を満たすためには，一般的に提供される薬物療法やケースワークと心理療法の統合が必要なのです。

▶ 初回面接

　ほとんどの人は最初の心理相談の前に，セラピストについてかなり複雑な感情を抱いているでしょう。そこには，セラピストが苦しいこころの状態を解放するために手助けしてくれ，理解ある人として登場するという希望と，どうにもならない緊張感があるでしょう。おそらく，そうした感情は何十年も抱えてきた密やかな苦悩について話せるということから生じるのでしょう。しかし，そこには疑念もあり，それは予約の日が近づくにつれてひどくなるように感じるでしょう。患者は自分の弱い部分をさらすことで過剰なリスクを背負うことになると予測し，ただ自分を閉ざして根深い苦しみを抱えつづけたほうがましだと思うかもしれません。そうした気持ちの頂点は人によって異なるでしょうが，どんなに強い動機をもった人でも内に隠された恐怖を抱いています。セラピストが患者の感情を最大限まで表現できるように訓練されているのは，精神力動的心理療法の主要な目的のひとつが，患者が自分自身はもちろんのこと，他者に対しても情緒的かつ現実的な存在になれるように援助するためです。

　次に紹介するのは，援助をかなり必要であると感じていた患者とセラピ

ストとの最初の出会いの話です。援助を求める人の多くはそれほどプレッシャーを感じることはないでしょうし，自分の問題にある程度焦点を絞ることもできるでしょう。この患者の場合，セラピストに対する不安はさほど明らかでないものの，ある程度あることが認められました。しかし，患者は助けを得られたように感じ，とても感謝していました。

ジョーンズ嬢は38歳の独身女性で，自身の家庭医から紹介されてきましたが，2年以上前から抑うつ的になっていました。ジョーンズ嬢は2週間か，もう少し前に最初の面接日の連絡を受けていました。ジョーンズ嬢が4階でエレベーターを降りると，ちょうどそこで男性のセラピストに会いました。セラピストは自己紹介をして，廊下を進みながらジョーンズ嬢を自分の面接室に案内しました。

ジョーンズ嬢は平均的な背丈でブロンドの髪をもっており，ケント州の労働者階級の家庭の出身でした。ジョーンズ嬢は少し顔を赤らめて，神経を張りつめたように目を見開いていました。ジョーンズ嬢は快活な振る舞いでいったん席に着くと，すぐに切迫感のこもった激しい口調で話し始めました。ジョーンズ嬢は最初に元のパートナーのことや，そのパートナーが独占欲の強い人であることをどのように気づいたかということを話しました。ジョーンズ嬢はパートナーが怒っていたとしても，基本的に相手に対して申し訳なく感じていました。ジョーンズ嬢の話では，自分はとても敏感なため，バスに物憂げな表情で乗っている乗客を見るだけで，そのなかでもより深刻に悩んでいる人々を見つけられるということでした。ジョーンズ嬢はうらぶれた人や精神的な困難を抱えた人を街で見かけると，感情移入せずにはいられないのでした。また，ジョーンズ嬢は自分の奇妙な癖でも悩んでいました。たとえば，ジョーンズ嬢は古い切符や料理のレシピを捨てることができず，ほとんどの食べ物を数えるという儀式を行なっていました。

ジョーンズ嬢の人生で重要な出来事は，7歳の少女だった時に，父親が自分の世話をしていた若い女性と駆け落ちし，その後，母親が深刻な

精神疾患に陥ったことでした。それ以降，父親は少女に見向きもしなくなり，少女は兄や祖父母を除けば，自分は人生でもっとも大切な人たちを失ったのだと感じていました。母親の精神疾患は少女の父親が家出をしたことによって引き起こされたのですが，母親は以前から脆弱な人でした。母親は最初の精神疾患が発症してから，一度も正常な状態に戻ることはありませんでした。ジョーンズ嬢が7歳の時からずっと，母親は入退院を繰り返していました。さらに，母親はジョーンズ嬢がこどもだった時期だけでなく，青年期になってからも何度も自殺未遂を起こし，泣き叫び，怒り，泣くといった発作を起こしていたため，情緒的に予期できない状態が続いていました。

　ジョーンズ嬢は自分のパートナーに別れを告げました。その後間もなく，ジョーンズ嬢の母親は再び多量服薬をして病院に収容されましたが，母親の身体的な状態が本当にどの程度深刻なものかは曖昧でした。ジョーンズ嬢は夜に母親を見舞い，明朝早くに帰宅しました。ジョーンズ嬢の頭のなかではたとえ自分の母親が死んでも構わないという考えが巡っていました。ジョーンズ嬢はこの考えを説明することも，許されることもできない恐ろしいものだと思い始めました。ジョーンズ嬢は自分の気が狂ってしまうのではないかと思い，さらに周りの人々はこうした考えをもっている自分のことを嫌っていると思いました。そして，このような発想はジョーンズ嬢のうつ病発症と因果関係があったようでした。ジョーンズ嬢の家庭医は患者の話に耳を傾け，抗うつ剤を処方し，かなりの援助をしたので，患者の気分は少し回復しました。しかし，しばらくするとジョーンズ嬢の回復は横ばい状態になり，ジョーンズ嬢はこれまでの自分の人生で起きた出来事について相当な苦しみを抱え，自らの奇妙な強迫観念にも悩まされる状態が続きました。

　初回面接では，ジョーンズ嬢は切迫感に駆られたようにせわしなく話しながら，これまでの母親との関係や自分のうつ病について説明しました。ジョーンズ嬢は，今では自分自身が抑うつ状態にあったので，母親のことも以前よ

り理解できるようになりました。しかし、ジョーンズ嬢は自分の問題が遺伝的なものなのか、それとも幼い頃の体験から生じたことなのかという疑問に悩まされていました。特に、ジョーンズ嬢は自分のこころのなかで行き詰まったような感じに囚われる傾向に悩まされていましたが、その感覚はかつて母親の問題にとりつかれていた時のように非現実的なものでした。ジョーンズ嬢は「ご存じの通り、両親からよいものを受け取る人もいれば、別のもの、つまり悪いものを受け取る人もいますね。私は悪いものを受け取ったのでしょうか。それとも、悪いものがすでに私の遺伝子のなかにあったということなのでしょうか」と言いました。ジョーンズ嬢の母親は度々、ネズミを見たと思い込むことがありました。ジョーンズ嬢は自分が7歳の時に母親の気分を良くしようとして、どれだけ必死になっていたかを思い出すことができました。ジョーンズ嬢はもし自分が母親の嘆きを止めることさえできれば、きっと母親は二度と自分から離れてしまわないだろうと思っていたのです。

ジョーンズ嬢は、母親がはじめて入院したのは自分が学生の時だったと話しました。ジョーンズ嬢は母親に会えるチャンスはないと知りつつも、母親を探して始終、教室の窓辺に行っていました。ジョーンズ嬢はかなり感情を込めて、そして度々余談を差し挟んで中断しながら、このことを話しました。その余談は、もし「あの人たち」（学校や行政関係者）がこどもたちの状態を知っていたら助けただろうに、知らなかったがために最前を尽くしても助けることができなかったのだろうということでした。そのため、ジョーンズ嬢は今になって早急な心理的援助を求めたのです。ジョーンズ嬢は自分がなぜこれまで援助を受けてこなかったのか分かりませんでした。しかし、ジョーンズ嬢の話のなかでほのめかされたのは、おそらく自分が妊娠可能な年齢を過ぎたと感じたために、やっと今、それができる状態になったのだということでした。ジョーンズ嬢は、もし自分が若い時に援助を求めていたら、こどもをもちたいと思うのではないかと感じていました。またそうなった場合、自分にはこどもの世話をする能力はまったくないだろうと恐れてい

ました。

　セラピストはこの時点で介入しましたが，それはセラピストが患者の性急で不安気な話し方に圧倒されたからでした。セラピストは，ジョーンズ嬢が駆り立てられるようなせわしなさに包まれているのは，今心理的な衝撃を受けるという危険を冒してまで自分の問題を完全に表わすことができるか，という不安を，どこかで感じているからではないかと伝えました。なぜなら，そこまで急いで話をしなければ，こうした問題により多くの時間を費やすことになるからです。すると，ジョーンズ嬢は話を自分の母親に対する死の願望のことに戻しました。ジョーンズ嬢はここに来る1，2カ月前に認知療法のセラピストを紹介されましたが，そのセラピストはジョーンズ嬢が本心から母親の死を願っているわけではないと，なだめるような言い方で話しました。その認知療法のセラピストは，むしろ患者が考える真の目的は，母親のうつ病を消し去りたいという願いなのだろうと話しました。

　セラピストはこの時点で，おそらくジョーンズ嬢は母親を必死でつなぎ止めようとすることに人生の精神面のほとんどを費やしてきたのだろうと伝えました。さらに，セラピストはジョーンズ嬢がいまだに自分自身のことを悲しみに打ちひしがれて固まってしまった7歳の少女のように感じていること，実際には母親にうんざりしているのだと認めることに耐えられないのだろうということを伝えました（後にジョーンズ嬢はこの話が自分に大きな衝撃を与えたとセラピストに語りました）。

　この女性患者の情緒的な関わりは，今やとても強いものになりました。ジョーンズ嬢は学校でどのように感じていたか，そして自分のこころのなかで何が生じていたかを吐き出すようになりました。ジョーンズ嬢は少女時代にそのような状態に陥っていたため，学ぶこともできなくなりました。少女が食べることを止めるようになると，学校は少女に文字通りスプーンを口に運んで手助けしようとしました。少女はなぜ自分が食べられないのか本当に分かりませんでしたが，自分が誰に対しても理由を説明できないということだけは知っていました。少女には食べ物にそ

れぞれ名前が書かれているように思われました。つまり，チョコレートであれば，そこに「チョコレート」という文字が刻まれているかのようでした。実際に，少女は自分が食べ物を食べているのか，文字を食べているのか分からなくなり，こうした奇妙な感覚があまりにも恐ろしくなったために，食べられなくなったのです。少女は自分の袖に唾を吐きつづけたので，袖は濡れて汚くなりました。

　セラピストはジョーンズ嬢の話を聴きつづけていると，現在からも，そして，そこで話された出来事が起きた過去からも，そこら中にある種の無言の絶望があふれ出しているような気がしてきました。セラピストは，ジョーンズ嬢が吐き出すことのできない恐ろしい言葉や考えでいっぱいになっていたに違いないと伝えました。なぜなら，ジョーンズ嬢にはそうした事柄を話す人が誰もいなかったからです。ジョーンズ嬢は母親の病気や父親の家出に対して相当大きな悲嘆の状態に陥っており，食べる気すら起こらなかったのでしょう。きっと食べ物やジョーンズ嬢自身のこころの外にあるものが現実に悪いものではないと分かるまでは，有害なものだと感じられたのでしょう。

　ジョーンズ嬢はこのセラピストの話に関心をもったようでした。ジョーンズ嬢は自分がティーンエイジャーの時，土曜日の午後に乳母車に幼い少年を乗せて散歩に行くような，かなり不器用な少女だったとセラピストに話しました。結局，その行為は少年の父親に止めさせられました。その少年の父親は失礼な言い方ではないものの，「君が息子を返す時は，いつも息子が泣いているんだよ」と少女に言いました。その父親は明らかにに少女を嫌っている様子ではありませんでしたが，そこで何かが起きていると気づいているようでした。少女は自分にはどこか人を苛立たせる性質があるに違いないと思いました。少女自身も時折自分がその少年の手を強く握りすぎることに気づいていました。少女は自分が恐ろしい人間で，そのためにすべてがとんでもない状況に陥ってしまうのではないかと思っていました。セラピストは，多分その少年は少女がこれまで自分自身で手に入れることができなかったものをもっていた

のだろうと指摘しました。ジョーンズ嬢は他界した祖母のことを話しつづけ、祖母はいまだに自分にとって生きている人間として存在していると話しました。ジョーンズ嬢は祖母に祈っていました。ジョーンズ嬢は、馬鹿げたことかもしれないが、タビストックに自分を導いてくれたのは祖母だと思っていると話しました。ジョーンズ嬢はとても満足しており、ここに来たことを本当に喜んでいました。

この面接で、セラピストはジョーンズ嬢の苦境の全体像を理解しようと懸命に努めました。セラピストは自分に許されたわずかな時間も無駄にしないよう、ジョーンズ嬢の主な不安を認識し、受け入れようと試みました。こうすることで、セラピストは慎重に耳を傾けるだけでなく、いくつもの情緒的な状態を拾い上げることができました。このセラピストの態度は患者の情緒に強い影響を及ぼしました。そのことはそれほど表に現われることはありませんでしたが、とりわけ面接の間に起こっていました。セラピストはその患者が7歳の時に食べることに困難を抱えていたことを指摘し、さらにその出来事を患者が面接で言われたことすべてを飲み込まなければならないことにもたとえました。

▶ **転移**

ジョーンズ嬢のセラピストへの態度は過分な感謝の念に満ちあふれていましたが、時にあまり肯定的ではない感情が表面化することもありました。セラピストは初回面接の1カ月後にジョーンズ嬢の二度目の面接を手配しました。この空白（これはおそらく理想的な設定よりも1週間長いでしょう）は、患者が初回面接への反応を生じ、初回面接で起きたことを何らか消化し、新たに落ち着きを得られるように設けられます。

ジョーンズ嬢は初回面接の後に自分の母親が死んだ夢を含めてたくさんの夢を見たという話から始めました。ジョーンズ嬢は夢の内容をいくつか書きとめ、そのメモをその場で読み上げるかのように見えましたが、その場で自分の考えを変えました。その代わりに、ジョーンズ嬢は前回の面接が自分にとってとても大切なものだったこと、それをセラピストに気づいてもらえるよう願っていたことを話しました。ジョーンズ嬢は「あの、まったくというわけでもないんですが、何かそんなような感じというか、うまい言葉が見つからないんです」と言い、前日に浮かんだ奇妙な考えを告白しました。それは、もしジョーンズ嬢がセラピストに会いに来ても話ができなかったら、ただ沈黙が続くのだろうかということでした。この考えはジョーンズ嬢のなかで引っかかり、考えに行き詰まってしまいました。ジョーンズ嬢はまるで沈黙に陥る可能性が目の前に迫っていることを拒絶するかのように、切迫感をもって話しました。ジョーンズ嬢はどれだけ気持ちを分かってもらえたと感じたかということや、どれだけ話す必要があるかということを必死に証明している間、落ち着かないようでした。

　セラピストは、ジョーンズ嬢に奇妙な考えのことを明確化し、さらにジョーンズ嬢が話せなかったらどうなるのかと感じていた恐怖と結びつけました。セラピストがかろうじて言葉を言い終えたところでジョーンズ嬢がさえぎり、まさに「もしX先生がただそこに座って、何も言わなかったらどうしようか」と思っていたと話しました。セラピストはここで重要だと思われることをジョーンズ嬢に伝えました。ひとつはジョーンズ嬢にとって初回面接がどれだけ貴重なものだったかをセラピストが認識すること、もうひとつはセラピストがジョーンズ嬢にとって恐ろしく、当惑させるような人物にもなりうると気づくことでした。そして、セラピストはジョーンズ嬢が自分のことを沈黙したり、避けたりする人のように感じて、怖かったのかもしれないと話しました。ジョーンズ嬢は自身の考えがこのような形で言語化されたことに感謝しているかのように見えました。その後、ジョーンズ嬢は以前よりもく

つろぐことができました。

　セラピストは，ジョーンズ嬢のなかにありがたく思う気持ちと，セラピストに避けられて沈黙されることを恐ろしく思う気持ちのふたつの考えがあると説明しましたが，その説明は転移の理解に基づいていました。転移は人が過去の重要な人間関係を基盤として外界と関わるというあり方から成り立っています。一般的に，重要な人間関係とは自分の両親，きょうだい，または他の家族との関係です。こうした早期の経験では実際に起きた事柄と個人のこころのなかで作り上げられた体験の両方が混ざり合っています。このような早期の感情や空想，知覚の仕方や外界との関わりは強力なひな型を形成し，その後のすべての経験を捉えたり理解したりするやり方に影響を及ぼし，決定づけることになります。

　転移はかなり特殊な状況の時に相手に向けられます。セラピストがその瞬間に患者がどう外界を捉えているかということ，特にセラピスト自身への見方を話す時は，単に自分を患者の考えの中心に置きたいがためにすべてを自分に引き戻しているわけではありません（時折患者はセラピストがそうしているように感じます）。むしろ，セラピストは患者がその瞬間に起きていることをどう作り上げているかということを示すことで，患者の普段体験している人間関係の一部分を「いま，ここで」描き出しているのです。患者がこのことを把握できると，それは解放が生じる何らかの体験になります。その面接の間や，それ以降の定期的な心理療法では，セッション中の患者とセラピストとの間に起こっていることについて転移解釈がなされます。人は日常生活のなかで互いに関わり，時には自分の行動に意識的な注意を向けることもないまま，ものごとを直感的にこころに留め，判断し評価しています。転移解釈はそうした過程を細部にわたって説明するものなのです。

　転移は人間のこころに絶えず存在している特色です。転移はいつ何時も，多かれ少なかれすべての人々の関係に生じます。治療関係における独自性は，転移の観察，発見，認識，説明を可能にするような設定が提供されることです。全体のなかではほんのひと握りの人が体験するものですが，まさにこの患者は転移解釈によって自分自身の感情や行動を理解できるようになり，自分の

図17 「えーっと，これ以上向こうには何も見えないよ。きっと単に途方もない噂のひとつだよ」。転移は恐竜の足跡のようなもので，過去に属しています。人は過去にも生きているため，自分自身のことを捉える際に，決して十分に客観的な眺望を得ることはできないのです。

人生の意味について新たにめばえた考えを取り戻すきっかけを得ることができました。「私って，何でこうなのかしら」という疑問はジョーンズ嬢にとって大きな苦痛でした。それは，ただジョーンズ嬢が自分の考えを恥じたからではなく，自分の情緒面の経緯をまったく理解していなかったからでもあります。言い換えると，ジョーンズ嬢の場合，情緒は単なる不満に満ちた叫びというよりも，まったくの疑問だったのです。転移解釈を通じて辿りついたものは，ごくありきたりに使われる決まり文句ではなく，生き生きとした可能性やさまざまな影響の一部を説明するものであり，すべての人間の内と外の両方の世界に生じるものなのです。

　しかし，人はどれだけ洞察力をもっていたとしても，決して自分自身の転移状態を完全に把握することはできません。人は自分の本当のものの見方がどれだけ影響を受けているかを理解することはできないため，転移は大抵人の活動において多彩な形ですり抜けてしまうような影響力をもっているのです。挿絵（図17）が指摘しているのは，ある男性が恐竜の足跡にどっぷりはまり込んでいるために，却って現実にはその巨大な存在に気づかないとい

うことです。人間である限り，一点の曇りもなく客観的に見ることや，たとえ狂乱した場合にも完全に主観的になることは不可能なのです。健康な状態はそれに気づいているということです。面接のなかで，セラピストは常に何をどのように取り上げようか判断しています。その際，セラピストは自らの臨床スキルを用いていますが，それは人間のパーソナリティの構成に関するそれまでの臨床経験や理論的な知識に基づいています。それと同時にすべての患者には独自性があるため，患者とセラピストの特定の組み合わせも独自のものなのです。

　患者の視点から見ると，心理療法にはふたつの側面があります。ひとつは，患者がセラピストから自分の情緒的苦境を受け入れてもらえると感じ，自分が理解されていると感じることで，この体験は貴重で満足を与えてくれます。もうひとつは，患者がセラピストに観察され，詮索され，時には批評されていると感じ，かなり不安が掻き乱されて不快に感じるような体験です。この詮索されているという気持ちには，現実に明確な根拠があります。なぜなら，セラピストは自分の仕事を適切に行なうために，患者や患者が持ち込んだ問題についての原因を分析し，洞察を得るよう試みているからです。セラピーの目的は患者の内的作業に心理療法的な態度で臨み，ある解放をもたらすことですが，そこに辻りつくまでの過程では，患者に迫害されていると受け取られる可能性もあるのです。

▶ 防衛

　全般的に，ジョーンズ嬢はそれほど迫害されたように感じることはありませんでした。なぜなら，ジョーンズ嬢は自分の不安がこころに留められて理解されることは，自分の最重要課題だという内的な圧力を相当感じていたからです。自分が安定していると感じている人ほど，心理療法を受けるとかなりこころが掻き乱されるように感じるでしょう。より警戒心の強い人は敏感で傷つきやすいかもしれませんし，こうした状況下では，「あなたはただそ

こに座って，私のことを見ているだけなんですか」というような刺々しい感情が優位になりがちです。このことは，心理療法において最初の数分が緊迫し，厄介で不安なものとなることや，長い間初回面接が悲惨なものとして記憶されやすいことを意味しています。以下のやりとりは，セラピストが初回面接で自己紹介を行なった直後の数分間のものです。ここで患者は，こころのなかにある何らかの気持ちを自らの言葉にすることがとても難しいと気づきました。

> **患者** ところで，私たちは何を話したらいいんでしょう。
> **セラピスト** あなたは私に何か言ってほしいのでしょうか。
> （短い間）
> **患者** こんなの馬鹿げてるわ。
> （その女性は涙にあふれてすすり泣き，泣きやむまでに長い間がある）
> **セラピスト** あなたが何のことで泣いているのか教えてもらえますか。
> **患者** 今日は，もううんざりしてしまったんです。ただそれだけです。
> **セラピスト** それは，どんな風にですか。
> **患者** どんな風になんて，分からないわ。
> （患者はまだ静かに泣いている）
> **セラピスト** あなたはうんざりしてしまったとおっしゃいましたが，私にそれがどういうことなのかを話すのは難しいのでしょうか。
> **患者** ええ，自分でもどう言ったらいいか分からないんです。ただちょっと落ち込んだだけなんだと思います。あの，あなたは何か質問をしていたんでしたっけ。ちゃんと聞いていなかったんですけど。
> **セラピスト** あなたが何を考えているのか教えてもらえますか。あなたは今，笑みを浮かべていますし……それに，はじめて顔を上げることができましたね。
> **患者** 私たちが何て変な話をしているのかしらと思っただけです。それで，私たちは何について話すんですか。
> **セラピスト** あなたは，私たちが何について話すべきだと思っているん

でしょうか。
患者 よく分かりませんけど，きっとあなたも皆が尋ねるような質問をいくつも用意しているんでしょう。
セラピスト 質問というのはどんなことですか。
患者 よく分かりませんけど，普通皆，何かの質問を用意しているものでしょう。あなたはただそこに座って，ずっと私のことを見ているだけなんですか。
セラピスト あなたは，皆が用意しているような質問を私も尋ねると思ったまま，待っているんでしょうか。

　この女性患者は実際にこの面接を通してたくさんの援助を得ていました。しかし，この女性はまず心理療法の面接という特有の形式をもたない空間に，どのような役割を担っているのかまったく見当もつかないセラピストと一緒におかれて，自分自身の感情さえ理解不能な状況に放り込まれたということに気づきました。セラピストの開かれた受容性は，最初にこの女性のすすり泣きをもたらしました。女性のすすり泣きはひとしきり続きましたが，そこには女性の人生を困難にしているもっとも中心となる感情がたくさん詰まっていました。しかも，女性は自分の気持ちを自らの言葉にすることができず，したくもなかったのです。女性はそれよりもまず，その時の状況を滑稽だと捉えることで自分を立て直そうとしていました。しかし，この女性の反応に，セラピストはあまり納得できませんでした。すると女性はセラピストにひと通りの決まりきった質問を尋ねる「ある類のセラピストたち」のひとりに納まって，型通りに進めてほしいと考えました。女性の態度からは，女性がこれまですでに何人もの「ある類のセラピストたち」と会ってきたもののほとんど役に立たなかったため，そうした質問は無意味だと感じていることがはっきり伝わりました。それでも女性が質問を求めたのは，馴染みのある形式が自分を多くの厄介な感情から守ってくれ，一時的な安堵を得られると思ったからでした。こうした過程は防衛として知られています。
　人は誰しも過度な不安から自分自身を守るために，いたるところで無意識

かつ自発的にこうした防衛を用いています。しかし，心理療法の目的は防衛を必要とする問題を特殊な設定のなかで理解し，掘り下げていくことです。この女性患者は週3回の濃密な心理療法を受けつづけていましたが，困難な感情が生じると突如自らを切り離してしまうという防衛のあり方にずっと固執していました。女性は徐々にこうした自分自身の防衛手段に直面できるようになりましたが，そうした理解は女性を援助するために絶対的に必要であることが証明されました。もしセラピストが質問をするという圧力にすぐ屈してしまったら，問題は明らかにならず，見過ごされてしまったに違いありません。

　セラピストは自分の問いが患者との会話において誤った仮説を打ち立ててしまうと感じる時には，質問をしないように努めます。それよりも，セラピストは患者のこころのなかで何が起こっているのか，特にある瞬間にある行動を余儀なくさせる不安について理解したいと考えます。先ほどのやりとりに登場した若い女性は何か分からないことについて腹を立てる一方で，セラピストには長い間自分を助けてくれなかった質問や先入観を用いて自分の虚空を埋めるよう求めたのです。

　このような状況は時に力関係が釣り合っていないように感じられるため，患者のなかにはセラピストに直接質問をすることで，バランスを調整しようとする人もいます。

　ある男性はひとり息子を車の衝突事故で亡くし，面接中とても落ち込んでいました。その男性はセラピストにこどもがいるかと尋ねましたが，セラピストが少し距離を置いたまま男性の苦しみを抱える態度で何も答えないと苛立ちを見せました。セラピストは質問に答えることなく，男性がそうした質問を思いついた背景に存在する不安を取り上げて明確化しました。それは，セラピストが男性の感じている深い喪失や苛立ちの感覚を理解できるだろうかという不安でした。一体セラピストが男性の体験している状況を理解することは可能なのでしょうか。男性には自分の喪失の大きさをセラピストが正確に理解することは不可

能だろうという恐怖がありましたが，セラピストがそれをこのような形で表現し，理解することによって，穏やかで落ち着いた気持ちになりました。

　安心を得る最良の方法は，問題の根本への解釈を通して不安を解放することです。安心はある原理に裏打ちされていなければなりません。そのような原理はジョンソン博士 Samuel Johnson のベネット・ラングトン Bennett Langton への手紙のなかで，「人生をありのまま捉えることが私たちにとって慰めとなるのか，それは分からない。しかし，もしそこに真実があるならば，真実から導かれたものは堅実で永続性のあるものだろう。その一方で，誤りからもたらされたものは，その原型と同様に，偽りでうつろいやすいものなのである」という言葉で綴られています。誰しも自分の情緒を吟味されることはあまり好みません。ほとんどの人はそこまで個人的な情報を明らかにしたいと思っていないのです。アイスキュロスは「英知は人間の意志に反してもたらされる」[2]という言葉によって，それがいかなるものであるかを語っています。「英知」を手に入れることは，時に麻酔なしで歯医者に行くのと同じような気持ちを引き起こします。実際のところ，人のこころは自主的に困難を覆い隠そうとし，自分の痕跡を封印しようとするものなのです。

▶ **心理療法を試みる理由**

　心理療法の探索的な側面は嫌われることが多いものです。では，なぜ人はそのような境遇に自分の身をおこうとするのでしょうか。
　その理由のひとつは，実際に自分の内的な人生を閉ざすことが，過剰な防衛によって得られる一種の鈍く冴えない安堵でしかないからです。開放を可

　2　アイスキュロス（紀元前 525 ～ 456），古代ギリシャの悲劇詩人。

能にすることは簡単なことではありませんが，大いなる救いなのです。これは，アイスキュロスが「苦難の修行」を「神々の慈悲」であると語った理由でもあるでしょう。心理療法の最大の利点は，こころを広げ，真意を照らすための援助ができることです。心理療法はすべてが苦悩の試練なわけではありません。一般的にあまり認識されていないのは，精神分析や心理療法がクライエントの人生における情緒的で想像的な風合いを開放するだけでなく，常識的な感覚や現実を把握する力を強める目的ももっていることです。そこには自分自身や他者のこころの内側で起こっていることを理解し，現実と情緒の双方の視点から人生の多くの側面を豊かに把握できるようになる内的な喜びがあります。さらに，そうした喜びは自分の内的世界や心的現実，自らの思考に基づいた態度や知覚による影響を理解するための啓示でもあります。なぜなら，人の内的世界は現実に起きた幼少期の出来事よりも大きな影響力をもっているからです。

このように，すべての心理療法では歴史的な事実や個人の日常的な事柄を十分に配慮する必要がある一方で，人のこころのなかには内的世界が存在し，自らの行動の仕方やものの見方に強い影響を及ぼしていると気づくことも重要なのです。この内的世界の本質は，単に過去の出来事や外的世界で起きた心的外傷によって成り立つような簡単なものではありません。

　　あ る若い女性が援助を求めて来たのは，母親が自分にとって大きな支障になっていると感じ，これまで母親に自分がひどく扱われてきたのかどうかを判断するためでした。その女性がひどく扱われたことについての説明は詳細が曖昧だったため，これまでに女性と会った専門家たちは実際にそうした出来事が起こったか否かを明らかにしようとして，確認の質問をするはめになりました。このセラピストは，その女性患者が話し始めた時にもっとも重要なことをある程度理解することができました。なぜなら，その女性は真実が明らかになったところで少しも気分は良くならないのに，なぜ自分はそれほどまでに真実が気になるのか分からないと話したからです。セラピストは，このとても緊張し

た若い女性が普通のこころの状態でいる際にも，他者から受容される経験がほとんどなかったことに気づきました。むしろ，女性と関わった人は皆，探索的，侵入的な質問をすることに加担していたのです。

　この理解をもとに，セラピストは患者の心的状態を取り入れようと試みました。そして，セラピストは一歩引いた立場で，より幅広い視点をもつことができました。これによって，女性は自分の日常生活には多くの緊迫感が存在し，自分はこれまで常に極度の緊張に包まれていたということをある程度理解できたため，そこに解放感が満ちあふれました。女性が母親から何らかの形で情緒的にひどい扱いを受けたことはほぼ確実でしたが，女性への援助で重要なことはそうした問題ではありませんでした。ここで重要なのは，いかに女性の内的世界を質問や探索する人物が支配しきっていたか，さらにそうした人物が女性の人生における困難や内的世界で真に起きていることを理解する上でまったく役に立たなかったことを理解することだったのです。

たとえ細心の配慮の下で養育されたとしても，またどれだけ慎重に守られて心的外傷を免れたとしても，人は決して天使に成長することはないでしょうし，神経症から完全に逃れることもできないでしょう。人間は自分自身のなかにすでによくも悪くもなる素質をもっているのです。心理療法が提供するのは，生まれながらにもった何らかの可能性を真に許容される設定の下で検討する土壌です。そうした可能性のなかには，人間が自分自身や，時には他者の不幸を介在することで，破壊のなかに快楽を見いだす否定的な可能性も含まれているでしょう。このような事柄に直面することは，決してたやすいことでも一筋縄でいくことでもありません。

　精神力動的心理療法を受ける人の多くはさまざまな利益を享受できますが，それはすべての人に当てはまるわけではありません。現実世界ではうまくいかない可能性を秘めているものごとが多く，時にそれは実際のものとなります。そのために，人は困難な課題や人間関係に取り組むことになるのです。さまざまな形態の心理療法の効果については，正式な調査の多くで，ほぼす

べての形態の治療にある程度までの効果があると示されました。その一方で，驚異的な力を誇る新薬の効果は，大抵の場合，その本当の回復力よりも製薬会社が経営販売を推進するために誇示していることのほうが多いのです。さらに，先述の例で示されたように，転移という現象は強力に人々のものの見方に影響を及ぼします。精神分析家や心理療法家，医師や科学者であっても，一般の人々と同じようにこうした歪曲の効果を免れることはできません。つまり，人間関係に当てはめて純粋な客観性を論じること自体に矛盾があるのです。人間科学には，やはり願望を満たすような信念体系に生じる歪曲の影響を完全に防止する手法などないのです。そして，人が誠実さ，想像力，開放性を用いて現実を示そうと苦闘しつづけない限り，心理療法の利益と限界について，もしくは精神的な問題や情緒的な問題に対するいかなる形の治療における利益と限界についても，より知識を深められるという保証はないのです。

原註
i　この面接は数年前に行なわれましたが，当時はまだ現在のような産科学の発展が見られず，40歳以降の母親が健康的な出産をすることは一般的ではありませんでした。

第15章
時を刻むということ

　一般的に、幼いこどもは無邪気で好奇心が旺盛であると考えられています。やがて、こどもは勇敢で明るい未来への展望を抱く大人へと、さらに聡明で落ち着きのある老人へと成長します。もちろん、これは現実をおおまかに理想化したもので、発達の道程では多くの試練や困難に出会うものです。特に、新たに不安を喚起するような経験に遭遇すると、人は自分をちっぽけで無力な赤ちゃんのように感じ、自分の変化や成熟にはそのような感情がつきものなのだとして耐えることは難しいでしょう。本章では人間の生涯発達に触れますが、ここでは何らかの処方箋や解決策を示すのではなく、生涯発達に関する問題をいくらか描くよう努めるにすぎません。

　「**私**は年を減らしていきたいの」と6歳のこどもが言いました。その子にとって誕生日は成長への道標ではなく、恐怖を感じさせるような成長の強要でした。その子は幼い頃に戻りたかったのです。これ以上母親から自立することはできないと不安になり、自分の愛する人々やものを他のこどもたちと共有することにも恐れを感じていました。

　生涯を通して成熟しつづけるためには、時の流れを認識しながら、最終的にはこぼれ落ちる砂時計の砂のように流れに身を任せることが必要です。ただし、成熟にともなう困難は考えているよりも早く訪れるものなのです。

誕生日やその他の記念日は毎年巡ってきても，月日はただ一方向に流れるのみです。昼から夜，春夏秋冬という規則的な流れにうまく乗るためには，生命のすべての機能を用いて生物学的な体内時計を発達させ，これらの規則的なサイクルに合わせて調律しつづけなければなりません。人間の睡眠覚醒や新陳代謝の活動というスイッチが入ったり切れたりするのは，このような体内時計によるものですが，それは日照時間のような環境上の手掛かりに基づいて設定されています。女性の月経周期などは月毎のサイクルですが，季節毎のサイクルで動くものもあります。

　しかし，人のなかで生じるすべての生物学的な変動は何度も繰り返されるわけではなく，それらの多くは一次元的な流れをもっています。つまり，ひとつの発達の連続性に対して，たった一度しか起こらないのです。その一つひとつはリセット不可能なライフルサイクルのなかで生じ，乳幼児期から児童期，思春期，青年期，そしてついには，はじめから計画された老化の最終地点，つまり死へとつながります。各発達段階には**生物学的な**課題や役割特性があります。また，こども，大人，そして祖父母という世代間的なサイクルにおける個人の位置づけもあります。人は自分たちの年齢や発達に見合ったサイクルに身をおくだけでなく，他者と関わりながら自らを位置づけています。女の子が大人の女性へ，そしておそらく母親へと成長しても，常にその女の子が自分の母親の娘であることに変わりはありません（付録写真14）。

　人間は，**社会的**動物として集団儀礼を行ないますが，それらは個人がどの集団の，どの世代間構造に属するかを決める拠り所になります。人間の社会では，就学，卒業，選挙権の獲得，運転免許の取得，性活動の始まり，親になること，（高齢者福祉用の）バス定期券の受給など，これらすべてが，その個人がどこに位置し，何者であるのかを意味づけるのです。今や人間が自らを取りまく環境をこれほどまでに作り上げたことで，この人工的な環境は発達段階に適した活動の時期にも変化をもたらしています。たとえば，これまで学習や成長の課題は児童期や思春期と関連づけられてきましたが，今では早期青年期に，むしろ一生涯にわたるものに拡大しています。個人的，世代間的，社会的，生物学的，発達的，これらすべての側面における「時間」

は異なるものとして捉えられます。ただし，各側面はそれぞれに時間の経過を表わすような特徴を示します。体毛の喪失は単に老化を表わすサインのひとつかもしれませんが，それは人が青年期以前の体毛がない時期に戻るようなことを示しているのかもしれません。8歳と5歳というふたりの子をもつ25歳の母親と，新婚でこどもをもたない34歳の女性とでは，自分自身をまったく違うように感じるでしょう。

▶ 時間感覚

人は個人，家族，そして社会的経歴というそれぞれの立場において，ともすれば乱れがちな歩調を合わせながら人生を歩む力があると考えられています。その途上で，人のパーソナリティは年齢にふさわしい形で成熟していくとされています。それにもかかわらず，若者のなかにはすでに中年のように見える人たちもいます。多くの人たちは自分のなかに決して変わらない部分があると感じています。それはこどものような，つまり大人の男性よりもむしろ少年のような，大人の女性よりも少女のような部分なのです。人はこのような内的な感覚は必ずしも現実の身体に見合っていないことも理解しています。このようなギャップや矛盾はいたるところにあります。そのような状態にあっても，人がこのような多次元の違いをすべて推し量ることができるのは，自らの体内時計に照らして自分の位置を確認するからなのです。人間のなかでは想像以上に多くの体内時計がそれぞれの時を刻んでいるのです。

ダンテ Dante Alighieri 作『神曲』のアレゴリーは「私は人生の道半ばで正道を踏みはずし，目を覚ました時には暗い森のなかにいた。道のあったところはまったく分からなくなり，どこかに消えうせてしまった」という地獄への転落場面から始まります。私たちはより急速な変化のなかで自動的に回顧と熟考を繰り返しています。中年期危機はこのような再調整の時期としてもっともよく知られていますが，人生においては，どの時点，またどのような変遷であっても，ある程度の個人的な再構成や再調整をともなうものです。

それがなされなければ、私たちの成長もないということなのです。

 ある若い学生が援助を求めてクリニックを訪れました。その学生は成人期にさしかかるところでしたが、とても特殊な方法で時間の経過を視覚化していました。その学生は意識的に時計の丸い文字盤が示す時間を年月に置き換えて、毎年、今年は昨年の繰り返しなのだというイメージを作り上げていました。その学生にとって、時間の流れの感覚をもつことはとても困難だったのです。

 この学生はどのくらいの期間、治療に通うのかということについても混乱している様子でした。ある時、この学生は母親に自分が20歳か21歳かを尋ねていることに気がつき、すぐさま当惑しました。この学生にはリセット不能な時間の流れを曖昧にしたという願望や必要性があったのです。

 人によってはあたかも時間の経過を完璧に把握していると思われるような場合があります。そのような人たちの人生には過去の出来事や体験したイベントがたくさん詰め込まれているように見えるのですが、詳細に検討していくと、単に小休止がないだけなのだと分かることもあります。つまり、発達段階で必要な静止状態が曖昧になっていたことが明らかになるのです。

 ある17歳の少女が肌を露出したファッションに身を包み、タバコを指にはさんだままクリニックに来院しました。少女はかなり冷めた風を装い、明らかに自分が誰かに助けを求めることなど考えたくもないという様子でした。少女は里親の下から家出をしてきましたが、そこで虐待を受けたと語りました。その後、少女はキングス・クロスの[1]街角で生き延びていました。少女は社会福祉課がアパートを探してくれる順番を待っていました。少女はどこかこころもとなげにガムを噛みな

---

1 ロンドン中心部に位置する地区。キングス・クロス駅という主要ターミナルがあるため、周辺には宿泊施設も多い。

がら面接室に入ることを了承すると，いつも何か口に入っていないといられないのだと説明しました。突然，少女は「ここでは仕事をもらえるの」と尋ねました。そして自分の言葉を裏づけるように，「私はよく働くわよ。すぐに始められるわ」と言いました。セラピストはこのあまりに性急な催促にショックを受けました。住むためのアパートを求めるという現実と，クリニックですぐに居場所を見つけられるだろうという少女の想像はあまりにも食い違っていました。

　セッションの終盤で，少女が母親探しに夢中になっていることが分かりました。少女は10代で自分を産み捨てた母親をスウェーデン人だと思っていました。少女はスウェーデンに行き，母親の家のドアを叩くという空想を持っていました。そこで母親は少女に気がつき，家に迎え入れるのです。少女は「お母さんはもう二度と，今度こそ，私に『ダメ』とは言わないわ」と話しました。セラピストはこのような少女の望みがクリニックにすぐに移り住みたいといった依頼にとても似ていると思いました。それは少女の非現実的で，純真無垢で，軽率な考えを表わしていました。

　この少女の人生のなかでは多くの出来事が起こり，次々に居場所が変わり，人との出会いやはじめて経験する冒険がありました。しかし，それは毎回初歩的な状況が再度繰り返されるだけでした。実際，その少女は母親との関係を描いた空想にしがみついているだけで，その空想は外的現実における基盤もなく，その少女の人生経験として何の土台を作ることにもなりませんでした。見た目には世間慣れしていても，現実や思慮分別をまったく身につけていない少女が探し求めつづけていたのは，解決策を示して自分を受け入れ，「今度こそ自分に『ダメ』と言わない」人々でした。しかし，その少女はいつも決まりきったように同じ結末を迎えるのでした。それは失望，冷笑，無関心，そして少女自身の危険を意味していました。

　その少女にはこうして反復されるサイクルから脱出する道などほとんどなかったのです。自分の母親に会うという浅はかで自己破壊的な空想は，その

少女にとって不満でいっぱいになった大鍋に蓋をするようなものでした。本当は心底（きちんと理解した上で）現実の養育体験，むしろ実際には養育されなかったという体験に絶望していました。その少女にはきわめて印象に残るような幸せな人生経験か，または，現在探しているような家とはまったく異なるタイプの，セラピストが与えることのできるような家庭が必要でした。セラピストはその少女が偽りのない過去の出来事への気づきと，今までの人生を失望させた原因を理解できるように働きかけることになりました。徐々に洞察が深まれば，少女はこれまでのパターンを反復して生きつづけるのではなく，自分の人生を生きることができるような人へと成長することができるでしょう。

▶ 反復と静止

この少女が体験した剥奪は極端なものですが，大半の人は自分のパーソナリティや人間関係において基本的な問題を何度も反復して経験しています。人はそのようにしてある種の周期的な時間を生き抜いています。その期間は数時間から数日，そして一生涯にもわたります。「年時計」の感覚をもった学生のように，人は（かなりの間）自分の間違いに気づかないものです。人が最早期の愛情，希望，欲望，そして願望にいつまでも変わらず執着することにはいくつかの理由があります。人は心的外傷的な失望や困難に対して非現実的で理想的な解決策を必死に求めるからです。あの冷めた少女の話がこうした例のひとつです。その他の理由として，人が最早期の愛着対象との関係に忠誠心をもつのは，そこに壊れることのない絆が形成されるからです。このような絆が親，兄弟，姉妹の間に築かれていると，家族が困窮したり問題を抱えたりする時に見放すことが，不誠実に感じられるのです。実際にはたったひとつの理由や原因ではなく，ひとりの人間の発達と同じくらい複雑な過程があります。

ジェイ・エム・バリー James Matthew Barrie は『ピーターパン』のなかで，このような問題をうまく描いています。ピーターパンはネバーランドでは大人になることはない，つまり，少年のまま成長することを拒んでいるのです。

> 何かと間違いを正すことが好きなウェンディは，ピーターパンに何歳か尋ねました。ピーターパンは「知らないよ」と不安げに答えました。「でも，かなり若いんだ……僕は生まれた日から逃げちゃったから……なぜかって」。ピーターパンは小声でささやきました。「お父さんとお母さんが「そのうち僕が大人になる」って話しているのを聞いたからさ」。ピーターパンはかなり興奮しながら「大人になんて絶対になりたくないよ」と熱っぽく話しました。「僕はいつまでも少年のまま遊んでいたいんだ」。

ウェンディはピーターパンの苦悶にこころから同情はしましたが，自分のほうが世界のことをもっとよく知っていると自負していました。そこで，ウェンディはピーターパンが取り逃がした影を縫いつけました。ピーターパンは「たけだけしい歓喜の声を上げながらジャンプ」を始めました。ピーターパンは影を取り戻したと叫びました。「僕はなんて賢いんだ。ああ，僕は利口さ」と叫ぶと，ウェンディへの恩などすっかり忘れてしまいました。

> ピーターパンの自惚れがもっとも魅力的な部分でもあったと認めなければならないことは屈辱的です……その瞬間ウェンディはただショックを受けました。「何て自惚れ屋なの」ウェンディはぞっとするほど冷たい様子で言い放ちました。ウェンディが「もちろん，私は何の役にも立ってないのね」と言うと，ピーターパンは「ちょっとは役に立ったさ」と無邪気に言い返して，踊りつづけました。

2　ジェームズ・マシュー・バリー（1860～1937），イギリスの作家で，劇，童話，ファンタジーなどの作品を執筆し，代表作には『ピーターパン』がある。

ピーターパンの問題は自分が他人に依存していることを認識できていない点であり、それはピーターパンの性格の中核でもあります。ピーターパンは自分が悪夢を見て泣いていた時に、ウェンディが慰めてくれたことなど覚えていません。ピーターパンはキスにどんな意味があるのかも分かっていませんでした。そして親をなくした少年なら誰しも優しくされたいと願うはずなのに、ダーリン夫人に優しくされると夫人を冷たくあしらい去っていってしまいました。ピーターパンは影を身につけて他人の助けを借りる必要がなくなると、大切なものを喪失してもその状況を打ち負かしてしまうことができるようになりました。ウェンディはピーターパンに忘れられたと思うことが悲しくて、会いに戻ってきてほしいと願っていました。それとは反対に、ピーターパンは過去の出来事を忘れて、悲しみが何かも分からなくなりました。この後の物語では、ピーターパンは年を取ったウェンディに会ってショックを受けるのです。

　時間経過の感覚の欠如と成長能力のなさ、そして依存せずにはいられない弱さにはひとつの接点があります。自分だけでなく他人のよい部分を認めることは、他者の存在から本質的な分離を受容することにつながります。これは簡単なことではありません。私たちには自身の限界があるからこそ、他人の助けが必要になるのです。特に先ほどの少女のケースのように、早期の関係がとても痛ましいものであったり、かなりの喪失体験を経験したりするとそれが難しくなるのです。同じく、それはピーターパンの作者にとってもきわめて困難なものでした。バリーの母親は家庭のなかでかなり中心的な存在でした。しかしバリーが6歳の時にきょうだいのひとりが他界した後、その悲嘆から一生回復することができなかったのです。バリーは悲劇が起こる前の状況に戻ることを切望していたようですが、現実には事態が元の状態に戻ることはなかったようです。バリーは両親の死に際して、その家をふたりの親友に譲りました。バリーの『ピーターパン』物語は元々その親友の息子たちのために書かれたものです。そのこどもたち5人のうち、ふたりは第一次世界大戦で亡くなりました。人が成長に対して困難を抱える背景にはこのような悲劇的な出来事がしばしばあるのです。

▶ 永遠の若さ

　人は誰しも時間の経過という現実を認めたくないものです。そのままの状態を保っている間は、しばしば現実の状況から目を逸らすことができるからです。永遠の若さや美は成長のなかで生じるさまざまな困難に対する時を越えた解決策なのです。その解決策があれば、まるで世界を支配し望むことは何でもできるかのように思えるでしょう。近年では、今まで以上にそのような傾向が見られます。人が同じ夢を何度も反復して見るうちに自分のなかに見出すのは、変化しない部分、変化する部分、または進化できる部分、そして進化できない部分です。夢のなかの世界では、人は時を越えた存在になることができます。ただし、この袋小路の反対側には現実があります。言うなれば、世界は個人が現れる前から存在し、また個人がいなくても続くということです。そこには次世代のこどもたちがいるでしょう。

　現実の人生では、ずっと同じ状態を繰り返そうとする努力は、常に何らかの失敗を招きます。ヘラクレイトスが述べたように、人は同じ川に二度足を踏み入れることはできないのです。なぜなら、時間、そして人生という水の流れが、二度の企ての間を妨げるからです。いまだに、人間がここまでものごとを繰り返しつづけるのは驚くべきことです。自分では変革を受け入れていると思うのと同時に、無意識的には変革に抵抗しているのです。

　3　ヘラクレイトス（紀元前 500 年頃）、ギリシアの哲学者、自然科学者。

第 16 章
年を重ねること

　多くの老人は人生最期の時まで人として貢献しつづけます。そうした貢献はその人たちがいなくなった時に深く惜しまれるものです。こうした老人の生きることへの強い関心を衰えさせないまま、さらに新しい経験を受け入れる能力には驚嘆に値するものがあります。老人たちの寛容さは、成長後も時折親の癒しを必要とするような大人たちにとって、こころから安心できるものです。周りが愛情をもって接すると、老人は自身の人生に立ちはだかる限界を容易に受け入れることができ、また来たるべき死をもよき友のように迎え入れることができるのです。その年輪に刻まれ記された特質は、若さを保ちつづけることのみを目標とする近代社会の傾向において、解毒剤になるとも言えるでしょう。

　80代で独身を通していたテイト夫人は、誰からも愛されるような女性でしたが、ある時から元気を失ってしまいました。テイト夫人は吐き気をもよおすようになり、体重も減りました。まもなく、それは手術不能な悪性腫瘍であると診断されました。その後数カ月間というもの、その腫瘍の侵害は強烈というよりもむしろ穏やかですらありましたが、テイト夫人は次第に衰弱していきました。しばしばテイト夫人は「来週には良くなるわ。そうよね」と言い、良くないことが起きていることを否定しているように見えました。また時に、夫人の会話からは「悪い人生じゃなかったわ。自分の人生を送れたんだもの。もう準備はできているの。疲れたわ」というような言葉が漏れ、夫人は何が起きているのかを完全に理解しているように見えることもありました。夫人

図18 レンブラントのエッチング。左は自信に満ちた老女を描いていますが，右は情緒的身体的なもろさから意欲を失っている自分の母親を描いています。

は，唯一の心配はずっと面倒を見てきた弟のことだと語りました。夫人は母親と再び一体化することを望んでいました。

　夫人はよく眠るようになり，とても鮮烈な夢の話をしました。夫人は「こんな夢だったわ」と語り始め，「こんな夢は今までに見たことがないのよ」と言いました。そのなかで特に強烈な印象を与えた夢がありました。夫人はその夢について，「雄のキジがいて，窓に近寄って来るのよ。その窓は「寝室の窓」なのよ。そのキジはとても大胆だわ。きらめく片方の目で私に流し目をして，頭を上に反らすのよ。とても厚かましいけど，私は追い払ったの。なかなか手ごわかったけど，追い払ってやったわ」と語りました。夫人は親戚によって献身的に世話をされ，マクシミリアン病院では医師や看護師たちから，そして最後の数日はホスピスで手厚い看護を受けました。テイト夫人はこころ安らかに旅立ちました。

　テイト夫人は自分の人生に見合った死を経験しました。あの強烈で厚かましくて大胆なキジは慈悲深い死のイメージであり，また生涯結婚することのなかった男性を象徴しているようにも見えます。老いは年を重ねて最終的に死を迎える過程であっても病気ではありません。これは人生におけるごく普通の最終章なのです。

死は人生の最終章ですが，一般的には歓迎されません。スウィフトの「誰もが長く生きたいと願うものです。しかし，誰ひとりとして年老いたがる人はありません」という格言には，大半の人が賛成票を投じるでしょう。人生後半を走り抜ける列車は明らかな喪失や屈辱を運んでくるものであり，人はそれに対処しなければなりません。体力が失われ，病気がちになり，障害が目の前に立ちはだかるのです。仕事や余暇で自分の能力を発揮し楽しむ機会が減ったり，失われたりするでしょう。そして，老人はすべてのものごとの中心にいられなくなるのです。

▶ 老年期の課題

老年期においてアイデンティティの感覚を発達させつづけるためには，自分自身との関係において生じる大きな変化に対応しなくてはなりません。そのような変化とは精神的，身体的な適応能力の衰えです。長期間に及ぶであろう老年期に求められる課題は主に5つの問題に関連しています。それは自己喪失，依存の増加，死への恐怖，孤独体験，そして世代間における位置づけです。人が喪失にどう対処するかは，それまでの人生のなかで発達上のハードルにどう取り組んできたかによるでしょう。その中心的課題とは，離乳や入園，入学の際に生じる分離不安です。この発達初期段階に重要だったことが人生後期のいかなる喪失においてもよみがえり，その喪失に対して新たな形の対応が求められるのです。

このようにして，人生初期における不安定な対象関係，あるいは児童期や青年期での心的外傷的喪失体験は人に生涯にわたる脆弱性をもたらし，特にレジリエンスが衰退する老年期への影響は大きいのです。歩き始めたばかり

---

1 ジョナサン・スウィフト Jonathan Swift（1667～1745），イングランド系アイルランド人で，諷刺作家，随筆家，政治パンフレット作者，詩人，および司祭として活動。代表作に『ガリヴァー旅行記』がある。

の赤ちゃんにとって，自分で移動するという新たな喜びは，母親に抱っこされて移動することを手放すことへの報酬なのです。しかし，老年期にはこのような代償や補償は得がたく，回復さえも困難になり，失望や不快感に陥りやすくなります。人の生涯における第二の依存期には，これまでに解消されなかったすべての葛藤や不安が再燃します。これらは完全に両親に依存していた乳幼児期や児童期という第一の依存期と関連しています。大人として生き抜いた後に世話をされることに対しては，ある程度の慣れが必要です。多くの老人は日常生活の自立を失い，失禁するようになることを恐れます。老年期の最後には自分の面倒を他者に見てもらうようになりますが，助けを受けるその姿勢が重要になります。大半の人が，世話をしてもらうことに感謝できるか，または被害的に感じるかという感情のバランスのなかで揺れ動くものです。不自由さのあまりに怒りや侮蔑を感じ，世話への感謝や喜びを感じることができない時，私たちは実際に介助をしてくれる人を非難してしまうものです。なぜなら，介護をしてくれる人は，自分が助けを必要とするという不愉快な現実を思い起こさせるからです。

　　　　あるひとりの老婦人が「入浴介助の女性がそこにいる時に，ジェニー（掃除などを手伝うもうひとりのヘルパー）が早く到着したの。狭いバスルームで骨と皮ばかりにやせた私が，ふたりのずんぐりむっくりしたヘルパーたちに囲まれていたのよ。何て嫌なことでしょう」と，かつて自分に起きた経験を語りました。

　しかしながら，この婦人は別の日の入浴中にまったく別の嫌な体験をしていたのです。ヘルパーは「間違った時間」に家に着き，この婦人にすでに苛立ちを与えていました。さらに浴槽は壊れ，その日は「悪い1日の始まり」そして「すべて台無し」という雰囲気に包まれたのです。

　世話をするほうとされるほうの双方にとって，着替え，洗顔，食事，掃除，その他の世話は，母親の赤ちゃんへの世話を直接的に思い起こさせます。親は自分の息子や娘に対して寛容にならざるをえないでしょう。意識的に

は，老人自身は依存したくないと思っていても選択肢がないのです。疲れた時，病気になった時，体調が悪い時に，人は皆，文字通りにも比喩的にも抱き上げられたいと願うのです。人の内側に潜んでいるこどもになり依存したいという欲望が，年を取り身体的な世話が必要になった時に顕在化するのです。人は退行し，老年期に乳幼児期の感情を追体験します。それは世話をしてくれる人への強烈な依存をともなった愛情や喜び，あるいは息子や娘，看護師が出て行ったり，別の人と話したりする時に見せるこどものような独占欲や憤慨，そしてしがみつきなのです。

▶ 老人介護者の葛藤

　老人の世話をする人は，折に触れて実際に両親や老人ホームの居住者の面倒を見る機会に恵まれたことを感謝するものです。それはこどもの恩返しを意味し，人の道義を果たすチャンスにもなります。しかし，親戚，息子や娘，甥や姪，そして看護師にとって，愛情深い世話を思い通りにすることが困難な場合もあります。介護はまさに重労働なので，関係者が辛抱できなくなったり苛々したり怒ったりすることも理解できます。介護者が憤慨するのは，以前は自分を世話してくれた親を失い，今度は自分が親の世話をせざるをえないからなのです。そこでは最早期の対象関係におけるアンビヴァレンスが増大されます。また，かつて横柄な態度を取っていたような女性にとっては他者の助けを請うことは苦痛でしょう。同じく，そのような母親からの拒絶を感じて育った娘にとっても愛情深く母親に接することは困難でしょう。さらに，長い間隠されていた同胞葛藤もよみがえるでしょう。あるこどもが敗北したきょうだいに向かって勝利を誇る一方で，敗北したこどもは，憎しみ，サディズム，冷徹さをもつようになります。老人への身体的虐待が生じる時，そこには多くの点で児童虐待に通ずるような情緒的力動が作用しているのです。

▶ 死の恐怖

　死の不安は老年期に共通して見られ，日毎に進む衰えや避け難い結末を感じることによって揺り動かされます。このような不安はしばしば否認され，死への恐怖は背後へと隠されます。宗教信仰や迷信は死に対する個人の姿勢を決定づける時に重要な役割を果たします。死を慈悲深い友人のように考えることもできれば（以前，肺炎は「老人の友」と呼ばれていました），永遠に続く地獄への入り口と考えることもできます。それでも，男女を問わず，死への姿勢では，第一に自分の内的世界が拠り所となります。つまり，愛されるも憎まれるも自分のこころひとつということなのです。

　ワードゥー氏は，ごく普通の健康な老人でしたが，昔のような力強さを取り戻せると信じ，切迫する年齢のことを否認しようと考えていました。数日のうちにワードゥー氏は苛立つようになり，助けを求めました。ワードゥー氏の主な心配は便秘に関することでした。関係者はどうにかワードゥー氏を助けようとし，看護師は便秘に効くようにと下剤を与えました。しかし，普段からのワードゥー氏の苛立った様子に対して，周囲は不満や腹立ちを感じていました。ワードゥー氏の娘が癇癪を抑えることができなくなっても，それに対してワードゥー氏は娘が面倒を見たいと思うような老人になどなりたくないと言い，憤慨しました。それでも周囲の人たちがこころを開いて話すうちに，ワードゥー氏のなかで何かが解放され，死への恐怖を娘に打ち明けることができるようになりました。ワードゥー氏が死を恐れていることは明らかでした。ワードゥー氏は思いを言葉にした後に雰囲気が明るくなり，年相応に振る舞うことができるようになりました。

　ワードゥー氏の焦燥感は死の恐怖に対する否認でした。ワードゥー氏はその恐怖を抑えつけるのではなく，むしろ受け入れることができた時に，精神

的なバランスを取り戻すことができたのです。

▶ 孤独と世代間問題

　パートナー，兄弟姉妹，そして友人が弱くなり亡くなっていくと，孤独の問題が年齢と密接に関わるようになります。ごく親しい仲間の喪失は，老人のこころに特別な痛みを残します。定義によると，人の内的世界はあくまでも個別な経験ですが，普通それは友達や家族の存在があるなかで感じるものなのです。それらは同世代の友人や恋人，その前の世代にいる母親や父親，そして次世代にいるこどもたちの存在です。老人の場合，このような内的世界に関わる他者の存在がなくなったり減ったりしていきます。その際，主な養育者だった人物に抱いた乳幼児不安が再燃するのです。

　世代間のポジションを受け入れる課題は，老化の事実を受け入れる課題と関連しています。これは老年期における自己の再調整の安定化に影響します。人生後期に，人はより加速する年月の経過に後悔を感じ，自分の年齢についてもかなり戸惑います。人間の内側には老化の進行という現実とともに生きることへの嫌悪感があり，それがこの混乱の要因のひとつとなっているのです。多くの老人は長生きすることに誇りを感じますが，これは老化による身体的変化から生じる辛い喪失感に直面しても，それまでの人生の基盤が安定していたからこそ可能になるのです。女性にとっては性的な魅力や美の喪失，そして男性にとっては肉体的な強さや活力の喪失，これらを認識する過程は相当苦痛なものでしょう。その結果として，人はいろいろな方法で現実に起きていることを否認しようとするのです。

　次世代へと引き継ぎ，若者たちへの道筋をつけることは，必ずしもたやすいことではありません。それは，一般的に老人の多くが若者に批判的で，「今時の若者は」と特定の固有名詞で表わす存在のように感じてしまう理由でもあります。若者はその家にもたらされた最年少者として家族を象徴し，やがて父親や母親の座を引き継ぎます。人生後期において人間が未来への希望を

もてるかどうかは，自分たちよりも若い世代に共感できるか否かにかかっているのです。世界を受け継いでいくのは若者たちです。指導者が後継者を認めることができれば，自分ですべてをやろうと自らに課す負担も減らすことができ，自由の身になれるのです。もし自分たちの憤りが強すぎると，その人は世界とのつながりを保てなくなり，世界はその人なくして進んでいくのです。

▶ 老化への適応──老年期の心理療法

　かつて，人々は40歳を過ぎると精神的な変化に耐える能力がほとんどなくなると思われていました。しかし，今やそのような考え方は通用しません。老年期の心理的課題を理解することで，老人の不安や困難への理解が可能になっています。そのような理解があれば，もっと老人も青年と同じような快適さや爽快さを味わうことができるでしょう。パーソナリティの基本的要因が変わることはなくとも，（諺に反して）「老犬にもいろいろな芸を教えることができる」のです。近年の調査研究では，心理療法が人生後期に頻繁に見られる，うつ病の治療に効果的であることが明らかにされています。老人に対するソーシャルケアやヘルスケアに関しても，一般的な期待や必要性が高まっています。それにもかかわらず，まだ60歳以上の人たちが若い人たちと同じように，心理療法の対象として言及されることはありません。多くの心理療法は，60歳から65歳の年齢群を境に適応されなくなるのです。若い人の老化への恐怖や嫌悪，つまり「老人恐怖症」は，老化が進むなかでも手に入れることのできるサポートについての理解を阻んでしまうのです。

　71歳のコルヴィン夫人は，週1回の心理療法を1年間継続しました。心理療法では，コルヴィン夫人が過去の人生において興味深かったことを話し，良いスタートを切ったかのように見えました。夫人は自立心が強く活発な人でしたが，60代後半で退職し，二度目の

結婚が破綻してから落ち込むようになりました。夫人は戦前ロンドンで生活していましたが、毎週そのことについて新しい話題をもってきました。

夫人は自叙伝を書き終えたかったのですが、それはとても難しいことであると気づきました。そこで、自分の長男が肉腫で23歳の時に死亡するまでの25年間のことについて書き始めたところ、自叙伝には自分の10代の歴史までは含むことができませんでした。息子の死後、コルヴィン夫人は仕事中心の人生を送りました。その後最初の結婚は破綻し、自分の年齢の半分ほども若い男性と再婚しました。夫人はがんを恐れながら生きつづけ、悪性腫瘍が進行する可能性を排除しようと検診を繰り返し受けていました。

セラピストは若い女性でしたが、セッション毎に長くなる記録を必死で書きつづけていました。セッションは快適な雰囲気に包まれていました。しかし何の変化もありませんでした。コルヴィン夫人の外見からも、「変化なし」という状況は明らかでした。つまり、コルヴィン夫人の顔にはしわが刻まれることもなく、年齢の重みを示す特質が見られなかったのです。

あるセッションで、コルヴィン夫人はセラピストの写真を取り、それを額に入れて壁に飾りたいと言いました（夫人は写真を撮るのがとても上手でした）。夫人はその写真に60年前の日付を記すと、残りのセッションを自叙伝のエピソードについて話し合いながら過ごしたいと言いつづけ、詳細なページ目録を付けました。

セラピストはこの記録を書き終えた時、心理療法の相談をするためにスーパーヴァイザーに会う予約を取りました。それは、セラピストがコルヴィン夫人にかなりコントロールされているように感じて、当惑した時にどう介入したらよいかを知るためでした。スーパーヴァイザーと話し合いを重ねるうちに、クライエントの主たる問題が治療関係のなかでどのように反復されているかを理解できるようになりました。セラピストはセッションのたびにク

ライエントの伝記を記しただけで，実際どこにも辿りついていなかったのです。それはクライエントそのものを表わしていました。セラピストはクライエントの歴史に魅了されるだけで，自分は抑うつに言及することができていないと気づきました。セッションは，ほぼ単なる繰り返しで終わり，まるで夫人の人生のなかで何度か登場し，感謝されていたパートナーたちのような存在になっていたのです。

　コルヴィン夫人にはとても悲劇的な過去がありました。夫人はロンドン大空襲で何人もの家族を失っていました。その対処方法として，夫人は自分の人生に「蓋」をし，これが自叙伝に存在する袋小路となったのです。夫人は，その後に自分を襲った息子の死という悲劇的な喪失をも，息子と同じ年頃の男性と結婚することで切り抜けました。次第に，夫人とセラピストは，婦人がこの結婚を通して永遠の若さという幻想にしがみついていたのだという理解に辿りつきました。コルヴィン夫人は自史のなかでは取り戻すことができなかった息子を，リンボ界[2]で生き長らえさせていたのです。セラピストは，セッションの間，（最後には小説の長さにも匹敵するほどの）記録を取りつづけさせられ，秘書か誠実な話し相手のような役目を負わされていたのです。

セラピストは，自分がコルヴィン夫人の孫娘と同じくらいの年齢だという感覚に縛られていることに気づき，治療の専門家としての視点に立ち戻ることができました。今やセラピストは，夫人の死を見届けるこどもの代わりを務めるのではなく，息子の喪失における喪の仕事を支えられるようになりました。

　その後，コルヴィン夫人は自分の両親の喪失がもたらした影響についても

　2　キリスト教でキリストの死以前の人々，洗礼を受けることができず亡くなったこどもたちなど，天国へも地獄に行くとも決定できない人たちの魂が死後に存在しているという世界。

口にするようになりました。次第に，夫人は年を重ねるなかで何が必要なのかをより現実的に考えられるようになりました。治療を始めた頃，夫人はセラピストを人生のパートナーとして求めているように見えました。セラピストとコルヴィン夫人は，夫人がどんな小さな家庭での変化であっても，過去の家庭やロンドン大空襲での家族の喪失を想起させることに気づき始めました。セラピストがコルヴィン夫人に治療終結について話すことをためらう限り，夫人がロンドン大空襲での出来事から解放されて，自分の年齢や死に対する避けがたい恐怖に対応することも困難なままだったのです。

▶ ケアの必要性

　正常な老化の過程では，肺，心臓，腎臓，筋肉，そして脳などのさまざまな身体機能は，互いに関連しながら一歩ずつ確実に低下していきます。中年期初期から筋力が低下し始める頃，同じく精神的な活力も失われていきます。記憶力，集中力，応答力，学習能力などすべての脳機能が目に見えてゆっくりと衰退します。神経細胞は再生されず失われるため，脳組織も損なわれます。そして，残っている細胞も前ほど機能しなくなります。このように無数の細かな喪失が徐々に重なると，大きな機能の能力低下につながります。その結果，老人はかつてたやすく対応していた多くのことに，身体的にも精神的にも適応できなくなります。老化の度合いは各々で違っていても，皆に起こることなのです。

　基礎的な適応力の低下は年々顕著になり，人間は些細な身体的あるいは精神的なストレスにも脆弱になっていきます。老化の進行に直面しても機能し

　3　「ザ・ブリッツ」と称して，第二次世界大戦中にナチス・ドイツが 1940 年 9 月 7 日から 1941 年 5 月 10 日まで行なった大規模な空襲。43,000 名以上の民間人が死亡し，100 万以上の家屋が損害を受けたとされている。ロンドンでは連続 57 日間に及ぶ夜間空襲が行なわれた。

つづけるためには，誰しも周囲からのより大きな情緒的，精神的，身体的な支えが必要になります。老人の身体的依存の度合いは精神的なレベルと比例しており，老後の精神的なサポートは必須とされています。老後の理想的な環境とは，予測性と刺激のバランスを慎重に保ちながら，老化にともない深まる不安を受け入れられるような環境なのです。

　日常的なケアにおいて老人のニーズを考えることは，実践のサポートと同じように重要です。老人ケアの課題にはふたつの側面があります。ケアは情緒面と物理面の両面を支えるべきものであり，これらが統合されるほどよい支援になるのです。これは，個々の介護関係において，そして，社会的な老人支援のサービスにとっても重要な鍵と言えるでしょう。

　つい最近，ある老人が老人ホームに入居させられ，自治体がその人のニーズを評価しました。公的な対応としてはすばらしいものでした。その支援は，その人のニーズに見合うように日常のあらゆる手はずを整えていました。洗濯，買い物，掃除，入浴，起床と就寝の介助などすべてが設定されました。しかしそれぞれの作業をすべて異なる人が行なっていました。週末や休暇中には，代替のヘルパーが訪問しました。さらに，介護には複数の部署の管理職や指導者が関わっていたのです。こころもとない老人が何人もの関係者のことを気にかけなければならない様子は，まったく馬鹿げたものでした。

　当初，その老人は憤慨して，どのヘルパーにケアを頼んでもそれぞれが何のつながりもなくバラバラであれば意味がないと苦情を言いました。そして，なぜ1日1，2時間ほど融通のきくヘルパーに担当してもらえないのかと尋ねました。その老人はその時々で，戸惑い揺れ動いていました。常にケアの調整に対する不安が表われて精神的に活気をなくしましたが，調子のよい時には複雑なケアへの対処能力が増しました。場合によって個人は無謀な体制をも覆す能力を発揮しますが，それはあなどりがたいものです。短い訪問期間にもかかわらず，次第にヘルパーたちはその老人に人として関わるようになりました。

自治体の施策に対して「不参加契約」を表明しようと，この老人の家の戸口に人々が結集し小隊を組みました。その人たちは，中央政府のきわめて無慈悲で合理化されたケアのやり方に対して，行動を余儀なくさせられたのです。その老人が必要とする温かみのあるケアと現実のものとは，まったくかけ離れていました。断片的で互いに引き継ぎもないケアの状況から，それぞれのヘルパーは老人の情緒的なニーズに適切に対応することはできず，よそよそしくなりがちでした。ヘルパーたちはその老人の苦痛について全体像を把握することができませんでした。ヘルパーたちは，その老人が直面している依存状態（自立した性格の人にとってはきわめて不快なものです），機能の衰退（むしろ多くのヘルパーに接するほうがうまく取りつくろい隠せるでしょう），孤独感（回避するためには，双方がやりとりのなかで陽気に振る舞わなければならず，かなりの努力を要するものです），そして人生への不安を把握し損なっていたのです。

　人生後期には，過去を熟成させる時間がたっぷりあります。自分は与えられた才能や機会に対して何をしてきたのでしょうか。家族や友人とのこれまでの関係（願わくは良好な）にはどのような意味があるのでしょうか。さらに将来への不安もあります。誰が同世代のなかで最後まで生き残るのでしょうか。誰がこどもたちや孫たちに忘れられてしまうのでしょうか。そして義務から自分自身を解放したいという思いもあります。なぜ社会福祉計画のようなものが作成されなければならないのでしょうか。多すぎず少なすぎずというような思想こそが，老人からわずかばかりの仲間を奪ってしまうのではないでしょうか。このようなケアの分業体制は，依存とニーズを認識することに対する社会的防衛であると理解されます。それはまさに老人恐怖症の表われと言えるでしょう。そして，最期を迎える時には，誰ひとりとして人間らしい別れを享受することもできないのです。

　変化に弱い老人に対して，突然適切な準備もなく長期療養の病院から老人ホームへの移行措置が行なわれ，必要なコンサルテーションや安全な配慮を欠くことがあります。そのような場面の背後には，ニーズに対する否認や嫌

悪，あるいは不治の病と同じような力動が存在しています。1994年，精神疾患を患う老人24人が，パーク・プレウェット病院（精神病院）から老人ホームに転院させられましたが，そのうち5人が転院後22日間で死亡しました。1995年には，知的障害をもつ高齢の女性3人が，カンブリアのダヴェンヴィホールから措置変更されて8カ月後に死亡しました。その人たちは40年間その施設で過ごしていました。長年生活していた平穏な環境から措置変更された後，新しい老人ホームでは身体的ケアは充分すぎるほど与えられましたが，スタッフがその人たちに付き添う余裕はなかったのです。

　介護に慣れたスタッフは一貫したケアを行なうものですが，これはたとえば認知症の老人にとってきわめて重要なことです。それぞれのスタッフメンバーが入居者について豊富な知識をもつこと，たとえば，人生，性格，習慣，好み，ニーズなどは，認知症の人にとっては，もはや自分自身でコントロールできないものなのです。このような心理的にコンテインする機能の喪失こそ，認知症の人にとっては人生の危機なのです。

　認知症とは，記憶，パーソナリティ，時空間における自己の認知能力のような精神機能の喪失を示す一般的総称です。これは，脳の「ハードウェア」における生理的損傷によって生じます。アルツハイマー病といわれる**老人性認知症**は，人生後期にもっともよく見られる認知症の形態です。これは正常な老化の一部ではなく，老人特有に発症する疾患です。分類上，アルツハイマー病は誰もが加齢にともない経験するような正常な物忘れよりも，精神機能に有害な侵食がある点で区別されます。その原因は不明ですが，情緒的要因をもつ精神疾患というより脳の生理的損傷とされています。その脳組織の萎縮は正常な脳の老化と比べてかなり顕著なのです。

　認知症の進行は人によりかなり異なりますが，一般的には年月の経過に沿ってゆっくりと機能が低下し，大抵はいくつかの合併症から死にいたるのです。認知症の人は，身体疾患にもかなり脆弱です。認知症初期の影響はとても穏やかなものですが，後半の段階では身体的な衰弱が生じます。それにともない，すべての適応力や，瞬間毎の記憶力，排尿排便の抑制困難など排泄機能や処理能力の喪失があります。意識がしっかりする瞬間はあっても，

親類や看護師，ヘルパーなどの他者に完全に依存し，自分ではできなくなった自身の世話をしてもらうようになります。安定した環境のなかでかろうじて予測可能な能力も常に危うい状態にあり，わずかな違いも精神的混乱を悪化させて修正不能な状況を引き起こします。そのため，よいケアを行なう介護者は，日常生活のなかで一貫したリズムを保つことを重視しています。

　ある観察が老人入居施設において実施されました。その目的は，誰かが老人に付き添い，ただ静かに老人の話に耳を傾けながら日常生活を過ごすことへの効果を検討するためでした。すると，以前は混乱があると評価されていた老人たちも，それほど混乱せず集団活動を行なえるようになりました。入居者は，自分が理解してもらえるという経験を取り戻すことができたのです。介護士も自分の仕事を機械的で無意味だと感じなくなりました。それが一時的で，断片的で，混乱を含むものであっても，心地よい人間関係をもつことができたのです。認知症は，身内にとってきわめて辛く困難な病気です。それは，自分の愛する人の今まで見てきた姿が殻のなかに閉じ込められてしまう様子を見届けなければならないからです。

▶ 社会的課題

　人は老化にともない，それぞれ困難な課題に直面します。それは，社会にとっても困難な問題なのです。社会，地域，そして家族が，生涯を通して密接に関わる傾向が少なくなっています。現代人はひとつの場所に留まることが少なくなっています。つまり，気弱になった老人の面倒を主として見るのは成長した息子や娘ではありません。全体的な状況を見ると，今や莫大な数の老人ケアの専門家が介護に貢献しています。現代社会は急速な変化に富み，より安定したシンプルな生活スタイルを好む老人のニーズにはうまく対応していません。往々にして，危惧されるのは高齢者世代の経済コストです。社会の一番の懸念は，働く若者の割合がますます減少するなか，国の年金基金が維持されるかどうかということです。そして，これまで見てきたように，

老人のニーズに適切に対応することが偽りのない情緒的価値をもっているにもかかわらず，その点はほとんど話し合われていないのです。しかし，こうしたニーズに応えることこそ真の満足をもたらしてくれるのです。なぜなら，それが，人生やそれにともなうすべての葛藤に本当に関わることだからです。

　それでもなお，現在または今後求められるニーズを排除したり否認したりするような傾向が見られます。平均寿命は急激に延び，80歳以上の人口が増加しています。今後30〜40年の間に，多くの人が1世紀以上も長生きできるようになるかもしれません。このような新しい問題が現実に起こりつつあり，人間は選択を迫られています。古代エジプト人の埋葬儀式は自分たちの宇宙学を根拠としています。古代エジプト人は自らの状態を保つために死体を冷凍保存しました。しかし，人はなぜそこまでして未来に魂が復活することを夢見たのでしょうか。

第17章
未来

　科学技術は世界を変え、古代の人が驚愕するような道具を人間に与えてきました。一方、人文科学や芸術でも有意義な進歩は見られたものの、科学技術ほどめざましい進展は遂げていません。人間の特性に関する知識は、人文科学や芸術の変化とともに、少しずつゆっくりとした変遷を辿ってきました。聖書やシェイクスピアなどの古典文学に書かれている考えが、その当時と同じように現代人にも意味をもっているにもかかわらず、古代における科学知識はただ歴史的な側面から見た関心事にしかならないようです。科学の分野では、進化の速度は加速するばかりです。明らかにそれと対照的なのは、その根本である人間に急速な発展が見られないことです。二十世紀後半（特に終盤）になっても、現代の男女が聖書に登場する男女と変らないことは明白です。シェイクスピアの時代から400年経った今日でも、当時の人間ドラマにおける視点が時代遅れになることはありません。このように科学技術の発展によって人工的な豊かさがもたらされたことと、人間自身の本質が根本的に変わっていないことの矛盾が、身近な、しかし重大な緊張を生み出しているのです。人類は自らの技術で環境をねじ曲げ、かたや自身は多様な発見に十分に適応できずにもがき苦しんでいるのです。

▶ **人類の破壊性と創造性**

第17章 — 未来

　もしアリステイデス Aristides [1] が現代世界に蔓延している疾病の診断について尋ねられたら，その古代の偉人は過去20年間に西洋で発展した科学技術が完全に人類の使いこなせる能力を超えてしまったからだと答えるでしょう。

　これは50年余り前の1949年4月に，マンチェスターでソウルベリー卿が一般講義で語った話です。ソウルベリー卿が言及した科学技術の進歩とは，近年の事物の本質についての発見や，核分裂や原子爆弾の製造と使用といった発明のことです。歴史上ではじめて人類の発明が人類自体を滅ぼす力をもちはじめたために，人々とそれを率いる政治家はいかに人類が生き延びるかということを学ばざるを得なくなりました。この数十年の間に冷戦，核抑止政策である相互確証破壊 MAD Mutual Assured Destruction，キューバのミサイル危機，ソビエト帝国の最終崩壊などがあり，核兵器による世界規模の大量破壊は日常的な関心事となりました。さしあたって，どうにか全体規模の人間破壊が即刻引き起こされるような危機は遠のいています。地球上の動植物の種は，多くの他の種による攻撃や破壊から常に身を守らなければならないものですが，人間が身を守るために監視しなければならない存在は人間自身なのです。

　人類は自らの破壊性だけでなく，自らの創造性からも新たな問題を突きつけられています。それは，近年コンピューター技術と結合し，急激な進歩を見せている遺伝子生物工学や医学です。もし人類という種族が今後200年以上存続したら，人間の理解はその知識と働きによって，不死，そして新たな生命や新種の生命体の創造といった生死に関わる過程にまで到達するでしょう（付録写真15）。こうした能力はこれまで神々に委ねられてきたものなのです。

　この最終章では，心臓移植と周産期医学というふたつの領域から医学の進

1　アリステイデス（紀元前520頃〜468），アテネの政治家で軍人。アテネ軍の最高指揮者となり，紀元前477年にデロス同盟を提唱して成立させた。

歩を取り上げ、あまり変化をしていない人間と数え切れないほどの進化を遂げて絶え間なく変化しつづける科学技術との遭遇を提示していきます。本章のケースではふたりの若い心理学者の仕事を取り上げ、ふたりとも患者や医療関係者が主要な医学的進歩によってもたらされた問題と可能性にどのように取り組むかを学んでいます。

▶ 心臓移植

　最初の心臓移植は 1967 年に行なわれました。移植を他の手術と同じように正当化しているのは、それが単に欠陥のある臓器を他の機能する臓器と取り替える、いわゆる「部品交換」手術であるという考え方です。心臓移植は患者と医師の精神に甚大な影響を及ぼします。現在でも、心臓移植手術はいまだ生死に関わる治療です。被移植者は移植手術を受けることなしに生存できる確率がきわめて低いことを知っています。それと同時に、患者は自分の身体から心臓を摘出するという行為を許可できるほどに、医師のことを信用しなければなりません。心臓移植の「職務」は移植チームの各メンバーの生活にも関わってきます。医療と手術のチームメンバーは献身的で高度な訓練を受けていなければなりません。そして、各メンバーは大抵大きなプレッシャーの下でもちうる限りの知識を使って仕事をしなければならないのです。移植チームは患者の身体的な状態が適していない場合には、患者を手術のリストから外すことも含めて、難しい決断をしなければなりません。移植手術では常に臨戦態勢であることが求められます。移植チームのメンバーはいつ適した臓器が入手可能になるかを知る術もなく、いかなる時にも手術を執刀できるように準備しなければならないのです。

　待機リストに登録されている患者は先行き不安な時を過ごしています。患者もいつ声がかかるかを知らないのです。患者は厳しい食事制限をともなう治療上の管理体制の下におかれています。患者が飲める水分量はかなり制限されています。制限を守れない、また守らない患者は、手術を乗り越えるだ

けの十分な身体的状態を有していないという理由から，移植手術のために入院したとしても，実施を取り消されてしまう恐れがあります。このことは提供者の心臓を無駄にしてしまうだけでなく，場合によっては移植チームが別の患者に対応できなくなってしまう可能性も含んでいます。

　このように，心臓手術は厳しい治療体制の準備段階に加えて，長く不確かな期間を要する点や，患者がそれに従えるだけの動機づけが必要だという点で，関係者はかなりのプレッシャーにさらされるのです。心臓移植があまりにも大きな賭けをともなっているため，医師と患者の関係には必然的にかなり密接な一面が生じます。医師と患者は治療に関わる重圧に対処するため，ある意味，かなり依存的な関係のなかで互いに物事を取り決めることになってしまいます。そうした関係を築く上では，役割を明確に固定することが最良の方法になることが多くあります。医師は万能的にすべての決定権をもつ権威的な役割を担い，患者はすべてを我慢強く受け入れる役割を担います。しかし，ほとんどの場合にこうした構成だけでは事足りず，医師と患者双方に苦痛を和らげる手段もないまま，莫大なプレッシャーを押しつけるという結末を迎えるのです。どんな人でも，常によい人であったり，我慢強い人であったりすることは無理なように，絶えず筋書き通りの人であることなどできないのです。それでもなお，この賭けに成功するためには，こうした心性が強く求められる傾向があるのです。

　　ハーディ氏は心臓移植を待つ，とても知的な若い男性でした。ハーディ氏は以前は活動的でしたが，今では動き回ることが難しく，よく自宅のベッドに臥せっていました。ハーディ氏にとっては，心理療法の面接に週１回訪れることですら明らかに努力を要しました。ハーディ氏は自分の状況をとてもよく理解しており，待機リストで待つことの不安や死について，家族の支えや移植後の人生の実質的な側面についても語れそうに思えました。面接が始まって間もなく，ハーディ氏は面接室に１本のミネラルウォーターのボトルを持ち込み，そのボトルを自分の椅子とセラピストの椅子の間にある低い机の上に置くようになりま

した。ハーディ氏はセッションの間, 自由にボトルから水を飲みたそうに見えました。セラピストは男性の話を聞きつづけることをとても困難に感じていました。なぜなら, ハーディ氏は許可されていた水分量よりもはるかに多くの水を飲んでおり, セラピストはそれが男性の心機能の低下を招いていることに気づいていたからです。

　セラピストは自身が心理療法家であることを止めて医者のように振る舞い, どのような状況でも持っている水をまったく飲まないように注意したくなりました。ハーディ氏はセラピストの前で自己破壊的な水の飲み方をしていましたが, セラピストはそのことが強烈なコミュニケーションであると感じました。ハーディ氏は病気にコントロールされるあまりに, 自らの人生をまったく自由に進められないと感じる段階にまでいたっていたのです。ハーディ氏はセッション中に自分の思うままに水を飲むことで, 間違いなくある程度のコントロールを取り戻していました。しかし, セラピストがさらに気づいたのは, ハーディ氏がセラピストの目の前で水を飲むことで, セラピストのことも自分と同じくコントロールの利かない状態においたということでした。心理療法家であるセラピストは, ハーディ氏の感情を聞き取り, 理解したりすることはあっても, ハーディ氏の水分摂取をコントロールする医療的な言及をすべきではないと感じていました。さらに, セラピストはその状態におかれたまま, ハーディ氏が規定を遵守しない様子を目撃しなければならないのです。ハーディ氏がこうした行動を取る間, セラピストは自ら心理療法的に機能しつづけたいと願う一方で, かろうじて機能することはできても, 苦しい状況下におかれ, なおかつ自分自身には何のコントロールも利かないという状況にさらされていました。セラピストは（ハーディ氏の行動を無視したり, 水を飲まないように伝えたりするよりも）, こうした状況をハーディ氏に指摘しました。ハーディ氏は安堵して, 今ならセラピストも自分が経験してきたことを, より理解できるだろうと言いました。ハーディ氏は病気や医師に対する自分のフラストレーションや怒りについて話しました。まるでハーディ氏は, これほどまでに非情な

形で自分を支配し，絶えることなく存在しつづける病気に関して，誰か他の人に自分の苦境の責任を負わせなければならないと思っているようでした。

　移植チームのメンバーも，皆それぞれが人間です。メンバーも患者と同じく不安なことがあれば敏感になりやすいものです。また，メンバーにとって扱いにくい患者に対して支配的にならず，怒りを抱かないようにすることは困難に違いありません。その理由はメンバーが患者をかなり密接に感じており，治療の成功を強く願っているからです。そうであっても，心理学的な視点から見ると，ハーディ氏が自分の人生や死を迎える時期についてある程度のコントロールを行使して当然だと思う気持ちは十分理解できます。ハーディ氏はほぼ完全に治療体制に依存した状態で生きなければなりませんでした。さらに，もし一字一句すべての規則や規制に従ったとしても，ハーディ氏は生存を確信できないのです。こうした状況下にいる患者のなかには，待機リストに登録することを勧められても，それを受け入れずに運に任せて自宅で死ぬことを選ぶ人もいます。患者がこうした決断をする場合には，医療チームは賛否が分かれたり，混乱したりすることもあります。

　どんな場合でも，死と隣り合わせの現実に取り組むのは困難なことです。ハーディ氏のケースでは，ハーディ氏がしばしば心配事を周りの人に預けることで，自分自身の無力感の下にある死の恐怖や病気を寄せつけないようにしていたのです。

　移植チームとはじめて会った時，スチュワート氏には深刻な心不全の症状が表われていました。スチュワート氏は長年，心不全の状態にあり，仕事を辞めて自宅で過ごさなければなりませんでした。移植患者にとって，こうした話は稀なことではありませんが，スチュワート氏は数々の制限に対処しており，それを受け入れる能力には目を見張るものがありました。スチュワート氏は郵便配達人でしたが，最初に体調を崩した時には事務所内の仕事に切り換えました。スチュワート氏は

自分の適応力がさらに低下すると，いろいろと工夫をして電話を駆使しながら自宅で働けるよう手はずを整えました。スチュワート氏はいかなる医療的な必要事項も怠ることなく，常に自分自身を忙しい状態に置いていました。スチュワート氏にとって生きることは楽ではありませんでした。医療的に見ると，スチュワート氏は検査や待機の間に何度も手術を行なわなければならない状態にありました。

　待機リストに登録してから10カ月後に，スチュワート氏は移植手術を受けました。スチュワート氏は順調な回復を見せ，すぐに新しい心臓血管の能力に適応するために，衰弱した手足を強化する理学療法に参加しました。その数カ月後，スチュワート氏は仕事に復帰できるまでに体調が整いました。それにもかかわらず，周囲を驚かせたのは，スチュワート氏が抑うつ的になり，ひきこもってしまったことでした。18カ月ほど経っても，スチュワート氏は仕事をすることができませんでした。移植チームはこれほどまでに手術が成功しているにもかかわらず，スチュワート氏がそれを活かすことのできない原因は何なのか戸惑いました。スチュワート氏は身体的にはすばらしい回復を遂げ，今でも治療にとても従順な患者の手本になる人でした。それでも，スチュワート氏は仕事に復帰することができなかったのです。

　心理療法家がはじめてスチュワート氏に会った時，スチュワート氏はとても引っ込み思案な態度でしたが，面接には規則正しく来ていました。スチュワート氏はその後2, 3カ月のなかでも，1回わずかな遅刻があったきりでした。その日，スチュワート氏が時間通りに病院に着くように駆け込んできたことは明白でした。スチュワート氏は席に着いた途端，時間に間に合うように2ブロックも走らなければならなかったとセラピストに話しました。

　セラピストは，スチュワート氏がこの時，走れるかどうかをかなり意識したようだと指摘しました。スチュワート氏はそれについては皆目分からないと答えました。スチュワート氏は手術を受けて麻酔から目覚めると，すぐに自分の呼吸が楽になっていました（移植直後に急激な回復があるのは一般的

なことです)。スチュワート氏は術後2週間余りで,この数年間ではじめて一切の補助もなく歩き回ることができました。スチュワート氏はセラピストを真剣に見つめると,臓器提供者がアスリートだったのだろうと確信したことを話しました。スチュワート氏にとっては,他に新たな身体的強さの説明がつかなかったのです。スチュワート氏は自分の命が誰かの命の上に成り立っているのだと言いました。つまり,もはやスチュワート氏の身体のなかには自分自身の心臓がないということなのです。スチュワート氏は,本当は心臓が単なる筋肉であり,自分はそれを別の筋肉と取り替えただけだと理解しているはずなのに,今でもかなり混乱しているのだと言いました。

スチュワート氏は移植の実質的な側面について,頭のなかでは合理的に理解していました。つまり,欠陥のある臓器を良好なものと交換するということです。しかし,スチュワート氏は自分自身のアイデンティティの一部として,新たな能力を体験することに苦悶していました。男性はその能力を借りて,どうにかセッションの時間に間に合うように走ることができたように感じていました。そして,男性は自分自身のやり方で新しい臓器を体験することが,ただ身体的な体験以上のことであることに苦しみもがいていました。男性は長い間,規則正しく面接に通っていましたが,終結間近になっても他の人の心臓をどれほど自分のものとして体験できたのか分からないままでした。心臓は本来男性にとって魂の納まる場所でした。しかし,その心臓はとても役に立つ,しかしまったく異質な部品と取り替えられてしまったのです。結果的に男性は仕事に復帰しましたが,以前の職場とはほとんど関連のない,まるで異なる職種に就きました。

新しい心臓についての捉え方や関わり方は人によってかなり異なります。それは不安に対するその人のパーソナリティや特性によります。多くの人は問題なく適応しますが,ある人にとっては新しい心臓の存在が,自分のパーソナリティにおいて抑圧されていた何らかの部分の復活や,過去に埋もれたりしていた側面の復帰を象徴することにもなりうるのです。ここではじめて,パーソナリティの隠れていた面がよりよく統合されなければならないのです。スチュワート氏は臓器提供者について何も知りませんでした。臓器提供者が

アスリートであるというスチュワート氏の空想と手術直後の過剰な適応は，男性が準備していたこころの許容量をはるかに超え，まるでその男性がどこかで自分の活発な生活をあきらめてしまったかのように強い無力感を抱かせました。そして，このような状況は男性の身体的な活力に対する隠れた葛藤を示したのです。

他には，より否定的あるいは被害妄想的な空想を抱く移植患者もいます。こうした状況では臓器提供者がアスリートであったという考えでなく，むしろ提供者が悪い人であったに違いないという空想にもなりうるのです。

アボット氏にとってコントロールされることは当然のことでした。アボット氏の家族との関係は，アボット氏が基本的にいつも家族にならってものごとを進めるというものでした。アボット氏は移植に対して起こりうる可能性をすべて知り，手術に対して大きな心配はないという態度でした。全般的な印象では，アボット氏は薬の副作用を含めて起こりうることについて，とてもよく理解している様子であり，手術にもうまく取り組めるだろうと思われていました。

移植後，アボット氏は薬物療法の副作用によって深刻な下痢に悩まされ始めました。アボット氏は，これには不吉な理由があると確信しました。アボット氏は自分が下痢を起こすようなものを食べておらず，すべての薬を適切に飲んでいる自信があったため，臓器提供者である「その人」が下痢を起こしているに違いないと考えたのです。なぜなら，心臓はアボット氏にとって「よそ者」だったからです。アボット氏は臓器提供者が自分を外から苦しめているように感じていました。

移植のような大手術の後には，脳内の代謝変化が有害な作用を及ぼすことがあるため，しばしば患者は精神的に混乱したり，現実見当識を失ったりします。それゆえ，こうした心理的状況の治療では，患者の身体状況にも細心の注意を払うべきです。なおかつ，患者もこうした現実を見失った状態から徐々に回復するためには，周囲に一貫して信用できる人たちが必要なのです。

しかし，アボット氏の問題には，身体的側面だけでなく心理的な側面もありました。アボット氏は手術直後のまだかなり混乱していた状態から心理療法を始め，長い間続けていました。心理療法の援助によって，アボット氏は猜疑的でおびえた状態から徐々に回復していきました。しかしながら，アボット氏はいまだに新たな心臓が異質な悪い存在で，自分の身体のなかで生じる不快な症状すべてを引き起こしていると思いつづけていました。こうしたアボット氏の否定的な考えが新たな認識へと変わり始めるまでには，かなりの時間を要しました。アボット氏はやっと，それまで自分にとってまさに悪者だったその心臓が自分の健康を改善していることに気づきました。
　その後，アボット氏は自分がかつて避けていた自分自身や親しい人たちについて抱いている感情についても認めることができるようになりました。アボット氏にとって，そうした感情はまったく新しく，情緒的に辛いものでした。その感情は不安，恐怖，嫉妬による自信の欠如などでしたが，以前はアボット氏が家族に対して自分を制御する態度を取っていたことで感じることがありませんでした。アボット氏はこうした感情が以前から自分のなかに存在していたと考え，自分はその感情に乗っ取られる前に胸を開いて心臓を取り出し，別のものと取り替えなければならなかったのだと確信するようになりました。こうした気づきの瞬間（移植から2年後）を経て，アボット氏は精神的にも身体的にもより健全に移植の利点を享受できるようになりました。
　移植が患者の身体能力を回復させる速さからは，医学的な知見や技術のなしうる驚異的な側面を認識することができるでしょう。移植前の患者は時に何年間も全身状態が悪いまま，満足に自立した生活を送ることもできずに，苦しむ場合があります。そのため，患者が失っていた身体能力を移植後に取り戻していく過程を見ることは，とても意義深いものです。それでもなお，患者が心臓移植の体験を実感する際に苦悩するように，心臓移植の心理的な衝撃が緩和されるまでには長い時間がかかるのです。人によっては，そうした衝撃が永遠に凍結されて，二度と意識されなかったり，それ以上統合されなかったりするかもしれません。これはあまり周知されていないことかもしれませんが，被移植者が人間である以上，外科手術のチームが移植して

いるのはポンプの役割としての心臓だけでなく，空想上は他の誰かのアイデンティティをコンテインしている心臓でもあるのです。その結果として情緒的反応が生じると考えるのであれば，身体的な免疫や炎症といった反応は精神的な等価物であると考えられます。当然ながら，身体と同じくこころも新しい心臓を受け入れなければならないのです。

　身体は免疫抑制薬なしに異質な心臓を受けつけません。それと同じく，通常は母親の子宮内で免疫防御システムによって安全に守られている赤ちゃんの場合も，この正常な状態が保たれなくなった途端に拒絶反応が生じるでしょう。受精卵や胎児は母親の体内では特に優遇された抗原体で，赤ちゃんへと発達し成長を遂げるために，酸素や栄養の供給される子宮という環境で時を過ごします。心理学的な水準では，その時期は母親が自らの身体の一部として赤ちゃんを受け入れる時間でもあります（それは赤ちゃんの側でも同じです）。しかしその一方で，母親は自分の体内にいる赤ちゃんのことを，成長しつつある別個のアイデンティティとしても体験します。周知の通り，元来ほぼ同一であった両親と胎児のアイデンティティが別々になる過程と，身体的にも精神的にも離れて自立する過程は重複していますが，また異なってもいます。つまり，出生後の人生のほとんどが心理的誕生と分離という課題に費やされるにもかかわらず，その課題は決して完璧に完了することはないのです。

　人間の生殖，妊娠，母胎内での受精と胎児，そして最終的に誕生する赤ちゃんについては，いまだに謎に包まれている部分もありますが，すべての人にとって情緒的にも行動的にももっとも奥深く密接な意義を呈しています。人間の生殖能力と出産能力に関する経験は，直接的に人間の精神の根幹につながっています。母親の胎内で起こっていることを知り，そのなかの赤ちゃんを見ることができるのは，特に意義深く，幼少期から存在するこころの奥底の願望が実現されるようなものです。それは，神秘的で，おそらく聖域に潜入するかのような畏怖や不安を喚起するのです。

　人間が発明を追求するためには，好奇心をもち，時にはうんざりするほどの詮索好きにならなくてはなりません。問題を明らかにし，それを解決する

に足る新たな方法を見つけるためには、知識を手に入れなければならないのです。しかし、いかなる種類の知識にも、実用的な価値だけでなく情緒的な価値があります。知識を身につけることにともなう感情は、既知のことを所有する感覚や知識を制する力の会得にも関連しています。つまり、質問や探索における乳幼児の基本モデルには、母親がどのような生き物なのか、そして母親の身体のなかには何があるのかという乳幼児的な好奇心という側面もあります。人は母親というものを知るために、母親を所有し、何とかしてその身体のなかに入ろうとするかもしれません。もし人が母親というものを知っているならば、母親を必要な場合に助けることができるかもしれません。しかし、乳幼児のなかには母親の身体への愛情だけでなく、ライバルになりうる母親に対する潜在的な恐怖や憎しみも存在しているのです。

▶ **胎内にいる赤ちゃんについての知識**

　生殖や胎生期の医学における発展は、医学の他の分野と同じく、可能と思われていた限界を超えて突き進んでいます。ほんの40年前まで、胎内に関しては拙い介入方法以外に手立てはなく、胎内で何が起こっているかを知る術もほとんどありませんでした。産科医や助産師は妊婦の腹部を触診して腟の検査を行ない、時には胎児が横たわっている様子を理解したり、双子であると診断したりしました。また、医師たちは胎児用の聴診器を用いて胎児の心音を聞き、診察しました。胎内の状態を見ることのできる唯一の方法は危険をともなうエックス線検査でした。しかし、今ではコンピューター技術の向上による超音波式精密検査があるため、誰でもモニター画面で生存する胎児の動画を見て、視覚的な情報を手に入れることができます。多様な代謝検査に加えて、こうした技術が胎児の成長、正常や形成異常、胎盤の位置や機能についての情報をもたらすのです。

　生殖はその重要性ゆえに、悪い予感への不安ともかなり密接に関わってきます。そのため、母体や胎児が健康な場合には、大きな安心へとつながりま

す。しかし、もし状況がうまく運ばず、胎児に形成異常が生じたり、診断的介入が胎児の死につながったりすると、懸念や責任感、罪悪感は相応に激しいものになります。役立つはずの診断上の介入が、結果として侵襲のように感じられることはよくあります。治療目的として実施された子宮内の手術が失敗に終わると、突如として、それは犯罪のようにも感じられます。周知の通り、妊娠中絶を実質的な殺人と見なす人は多く、なかには過激な制裁を要求する人もいます。思慮深い人たちにとって、こうした状況における情緒面の大切さは、個人的にも最も鋭く困難な部分の葛藤を投げかけてくるのです。こうした葛藤は実際の経験をした親や専門家に生涯残るような痕跡をもたらすのです。

　胎児に異常があるか否かを知る検査能力が高まったことは、人間に医学的介入の選択肢を与えました。当然ながら、過去には選択肢に関する問題は起こりませんでした。治療的中絶は出生前健診によって得られた情報に基づいて行なわれ、多くの親やこの世に誕生しなかったこどもたちを多大な苦痛から救ってきました。しかし、この領域における知識や結果的に人間の取る行動は、間違いなく自らのもっとも奥深い不安に触れるのです。母胎にいる胎児の意味の大きさゆえに、人はしばしば事実を受け入れることや消化することに苦悶します。

　近年では、高齢出産の女性は、通常胎児の染色体異常についての検査を勧められます。こうした検査は特にダウン症候群の胎児の発見に役立ちます。染色体に異常がある場合、両親は妊娠を継続するか、胎児を中絶するかを決めなくてはなりません。実施可能な検査は主にふたつありますが、どちらにも1パーセントの流産の可能性がともないます。そのうちのひとつは羊水穿刺ですが、まず母胎の腹部に、さらに子宮内膜へと針を通して、羊水の一部を抜き取らなくてはなりません（付録写真16）。もうひとつは**絨毛膜絨毛**のサンプリング検査ですが、これはより近年の検査です。

　2　胎盤を構成する絨毛膜の面。

最近では、ダウン症候群のリスクを調べるために、新たに危険性のない検査が導入されています。後頚部浮腫測定という超音波検査は 11 〜 14 週の胎児を対象として、胎児の首の後ろにある浮腫（分泌液の塊）の深さを測定します。コンピュータープログラムの助力により、医師は胎児がダウン症候群を有している可能性を算出できます。この検査が両親にリスクの水準についての情報を与えることは、明確な染色体異常の正否を提示し、侵襲性のある検査を行なうか否かを決定する際にも役立つのです。このスクリーニング検査の目的は不要に侵襲性のある検査を実施する量を減らし、正常な胎児の流産の件数を減らすことにあります。

　妊娠している親が自分たちの年齢を標準と照らし合わせた時に、自分の赤ちゃんに異常のある可能性が平均よりも有意に低いと知った場合、親は現状のまま進もうと決断し、危険を生じる検査は行ないません。しかし、たとえその検査の手続きによる流産の可能性が、一般的に赤ちゃんに異常のある可能性の 8 倍以上になったとしても、10 パーセントの親は検査の実施を選択します。

　このような決断に関わる要因の研究として、ある調査チームがある母親のグループに母親自身の過去や現在の生活の経験、そして、まだ誕生していない赤ちゃんについての考えや気持ち、空想などを尋ねました。

　検査で異常のある赤ちゃんをもつ可能性が平均よりも有意に低いと示された場合、最終的に侵襲性のある検査を実施すると決めた女性は激減しました。同時に、赤ちゃんの超音波画像を見ることも妊娠に関する多くの不安をやわらげました。こうした母親は皆、最初の超音波検査を赤ちゃんの正常性を確かめる検査であると捉えました。このグループの女性はこうした見込みを知らされると、侵襲性のある検査を受けることは必要なく、賢明でもないと考えました。なぜなら、そうした検査では異常のある赤ちゃんをもつ危険性よりも、赤ちゃんを失う危険性のほうがよほど高いからです。女性たちは自らの不安が必ずしも赤ちゃんの本当の状態を反映しているわけではないと認識でき、ほぼすべ

ての母親が自分の赤ちゃんに対してもつ不安を鎮めるために客観的な情報源を活用できました。

こうした女性たちは医師の指摘があくまでも可能性であるということも受け入れ，リスクに対して自分たちなりの評価をするために医師の助言を取り入れることができました。女性たちは赤ちゃんを有害な可能性のある検査にさらすという考えも好きではありませんでした。母親は自分の赤ちゃんのことをほぼ正常だが無力で，潜在的な怪我や障害から守られるべき存在であると考えました。このグループの母親は何らかの証拠があるまでは赤ちゃんを健康だと考えました。しかし，もうひとつのグループの母親は何らかの証拠があるまでは，赤ちゃんに損傷があると考えたのです。

侵襲性のある検査を選択した女性のグループは，赤ちゃんについてまったく不確定要素を許容できませんでした。その女性たちの赤ちゃんに対する正常か否かの予測は，主に赤ちゃんに異常のあるリスクが平均よりも有意に低いという超音波検査の結果をもってしても，実質変わりませんでした。この母親たちが赤ちゃんの正常性に関するわずかな不確定要素をも許容できなかったのは，どのような不確定要素であっても悪い結果につながると思ったからです。すべての女性が後頸部浮腫測定の結果を知らされる前に，明確な答えを出す侵襲性のある検査を受けると決断しました。この女性たちは羊水穿刺や絨毛膜絨毛採取法 CVS chorionic viillus sampling の危険性を知っていても，実施へと押し切りました。検査の危険性は，それよりも大きな赤ちゃんが異常であるという恐怖によって押しやられてしまったのです。

この女性たちは赤ちゃんの身体的な健康状態について自分たちが**信じたこと**を，医師による客観的可能性についての言及よりも重視しました。女性たちは自分たちの心配は単なる心配なのだと納得することができませんでした。この母親たちが描いている赤ちゃんの主観的なイメージがいかに強力だとしても，それは母親の恐怖や自分自身のなかで解決できなかった問題によって

作り上げられたものであるため、結果的に選択の際の最適な道標にはなりえません。それでも、この母親たちは皆それを認識できませんでした。いかに異常のある赤ちゃんをもつ確率が低くても、女性たちは異常がないと実証されない限り、異常があると信じたのです。臨床的な知見によると、赤ちゃんというものは人が自分自身や他者との関係性においてこれまでに感じた傷を表象するとされています。なかには、自らの信念が赤ちゃんに投影されて赤ちゃんに同一化されるために、決して想像されるはずもないような赤ちゃんをこころのなかに見出す人もいます。このような母親のなかには、赤ちゃんの将来について不安を抱き悲観的な人たちもいました。この人たちは、たとえ赤ちゃんが正常に生まれたとしても、赤ちゃんが先々自分にとって心配や問題の種になりつづけると感じるようでした。

　こうした母親たちのふたつのグループは、自分の人生における別の出来事や経験についても異なる理解をもっていました。侵襲性のある検査に反対した人たちは、全般的に苦痛や失望をともなう早期の心的外傷的な経験についても、よりよい結果に結びつくような対処をしました。人生経験のよいものと悪いものについての分配がふたつのグループで劇的な違いを見せることはありませんでしたが、赤ちゃんについての不確実性を処理する能力は母親が自分の経験を意義づける力に関連していると考えられます。

▶ 医学的,科学的な視点から客観的に情緒を認識する手段

　人間に関する新たな見解として、妊娠や赤ちゃんについての奥深い不安はものの考え方に大きな影響を及ぼすことが示されています。今や人間が真に科学的な客観性をもって適切な進路の決断を目指すのであれば、この見解を排除する理由はなく、考慮していかなければなりません。そうしたことは考慮されるか、否認されるかのどちらかなのです。また、そのような感情の存在を否認し、砂のなかに頭を突っ込んで何も見ないダチョウのような態度を取ったとしても、感情の存在自体をなくすことはできないのです。

親の中には，まだ誕生していないこどもが深刻な**二分脊椎**や眼球欠損，前頭葉形成不全無脳症などを有し，重大な奇形となる診断が示された場合，それを受け入れることに相当の困難を感じる人もいます。このような状況の下で親を援助するという難しい仕事に携わる人にとって，人が皆，こどもの発達に関する不安を何らかの形で抱くものだと知ることは役立つかもしれません。怪物のようなこどもの発達は，親自身の奥深い本質に根ざす最大の恐怖を実証するように感じられるものなのです。それゆえ，親は赤ちゃんの苦境が生じると非難する気持ちを抱くのです。それとは対照的に，健康で良好な状態にいる赤ちゃんは，親が悪い存在ではなく，親がこころに抱いている傷が再び訪れることはないという考えをもたらし，安心させてくれます。次世代の存在は，自らの将来が崩壊することによって罰せられるという人間の恐れを一蹴し，一時的な猶予を与えてくれるのです。

▶ 救急

今や診断的，外科的な子宮内への治療については幅広い手法が可能になっています。難しい事柄だけに，そうした手法の多くには危険がともないますが，実際に使用される場面では利益のほうが医学的リスクをはるかに上回ります。子宮内の手術の処置には最終的な手段として用いられたり，胎児の全身状態が危機的に悪化した場合にのみ行なわれたりするものもあります。妊娠や出産の時期に緊急事態が起きた場合には，数時間の遅れが胎児の死につながる可能性もあるため，しばしば迅速な対応が必要になります。即刻決断しなければならないことや，今同意を得なければならないことは，明日や翌週では遅すぎるのです。こうした状況下では，冷静に考えて選択することはできません。このことは，両親と医師の双方がほとんど警告もなしに，強烈

---

3 先天性の脊椎骨の形成不全によって，脊髄の下方部位に障害を認める。下肢麻痺，歩行障害，膀胱直腸障害など，重篤な症状を呈することもある。

な剥き出しの感情にさらされることを意味します。こうして突然生じる強烈な経験に対処した時には，心理的な過程はしばし先延ばしにされた上で，その後，かなりゆっくり展開します。女性が生命の危機にもつながりかねない場面で，「その時は何に同意したか分からなかった」と言うことは，その場で子宮内手術への同意を決断しなければならなかった時によく生じる感情です。そこでは実際にあらゆる努力を用いて女性に説明がなされているため，女性が判断を誤ったと感じたり，間違った情報を知らされたと感じたりしているわけではありません。ただ，すべてのことがあまりにも早急に起こるということです。

　　　　ある母親は，赤ちゃんの生存可能性を高めるために子宮内の手術が必要になり，次のように言いました。「私は手術に踏み切ることが良いかどうかは分からなかったわ。医者が赤ちゃんに行なおうとしていることが，よりその子を苦しめることになるのか，それともすでにその子が私の身体のなかで苦しんでいるのかも分からなかった。赤ちゃんには生きつづけてほしかったけれど，手術のためにその子が死んでしまうなんて耐えられなかったの。その時に自分が考えていたことを思い出すわ。もし赤ちゃんがその状態のために死ぬようなことがあったらどうしよう，私がその子にしたことが死につながったらどうしようって。皆は，私がもうそのことを乗り越えたと思っているけど，そんなことはないわ」。この母親は，医師が手術を完了するまでに，その赤ちゃんの心臓が3度止まったことも知っていました。その赤ちゃんは蘇生を必要としており，子宮内で心臓への電気刺激で再び心臓が動き出しました。不運にも，3度目にそうした事態が起きた時には，これ以上の試みは無駄だということが明らかになったのです。

　多くの親たちは健康な状態で生存するこどもをもつもので，そうした親たちには子宮内の胎児や胎盤に必要な手術の最新技術は関係ないでしょう。科学の進歩によって最新技術が未知の領域に踏み込むのと同時に，専門家や患

者はいかなる心理的な覚悟も及ばないような体験に直面させられます。こうした課題がある場合にも、人間には時に自分に起きていることに対する気持ちに目を向け、どうするのか決める際にわずかな時間しか与えられないこともあるのです。

▶ 完全と不完全

　ヴァーノン夫妻は自分たちの赤ちゃんに深刻な先天性代謝異常があることを知らされました。夫妻はかなり真剣に悩んだ末、その子を産むと決断しました。両親ともに、自分自身のなかに存在する心理的な傷は無意識に拒絶されるべきではないと考えましたが、赤ちゃんの異常を許容することは決して容易ではありませんでした。数年後、夫妻は第二子をもうけたいと望み、ヴァーノン夫人は本意ではないものの、出生前検診を受け、必要ならば今回は中絶をしようと決心しました。

　しかしながら、夫は夫人に検査を受けてほしいとは、まったく思っていませんでした。はじめのうち、夫は妊娠中絶という考えにも納得することができませんでした。夫は最終的に同意しましたが、その際、自分はジェームズ（第一子）が誕生した時の経験から人という存在の尊さを学んだと言いました。夫は自分の考えをこう説明しました。「僕が尊重するのは、僕と君のそれぞれの気持ち、僕たちのお互いに対する気持ち、そして僕たちがジェームズに対して以前抱いていた気持ち、そして、今抱いている気持ちだ。そして、人の存在は肉体的な存在でもあるんだよ。生まれる人の肉体的なあり方を尊重せずに、人の気持ちを尊重することなどできないはずだ。人の見かけや知的かどうかということ、まさにジェームズのように精神的な遅れがあるかどうかも含めてだ。（妻に対して）僕が君の見かけを尊重せず、君の気持ちを尊重するなんてことができるだろうか。僕はまだ自分のこどもについて前と同じようにジレンマを抱えているが、現実はそこにある。そして現実は、君が異常のある

こどもをふたりも面倒を見ることができないというように，僕も異常のあるこどもをひとりだけもつ親にはなりたくないということだ」。

ヴァーノン氏の考えは，自分のこどもに異常があると知った多くの親の辛い葛藤を表わしています。本書の他の章にもあるように，ここでの本書の目的は，解決策を説明するよりも，むしろ私たちが見たままの事実を述べることにあります。もし解決策があるならば，それは人間の心理的な要素を含めた多様な要因が関わっていることを理解することから導き出されるのでしょう。人は自分が完全に正しい理解を得ることができないということも受け入れなければならないのです。

▶ 線引きできない境界

人間は自らの知識と技術，創造性を用いて，無限に道具や機械，工芸品，武器，発明を開発しつづけます。人間のこころを作り出すという創造性においては，母親と父親が赤ちゃんをつくるという生物学的な創造も共存しています（付録写真17）。自ら作り上げたものに対する人の反応は，多くの点で妊娠が発覚する時の親とこどもの反応に似ています。人の反応は，胎児検診の結果が分かる際に，さらなる検査の実施や今後の方向性について決断を迫られる母親の反応と共通しています。そうした反応は生殖活動によって引き起こされる基本的情緒の葛藤の影響を受けるのです。

近年まで，人間の精神の創造と人間の生殖活動（それは，ほとんどコントロールの利かない人生の過程で生じます）の間には解決できない溝がありました。今や，先史の始まりとともに人間がもたらした変化は，「生命の真実」においてもかなり急速に進んでいます。不死，新しい生命体の創造，キメラ（異組織の接合による怪物），生命と無機質なコンピューターの結合といった事象は，すべて人間の身体の内部やゼウスの寝室内ではなく，研究室で起こるうとしています。今後の数年間で，まだ想像もつかないような人の手によ

る発明が登場し、人間はそうした発明を育み、その存在を許すのか、それとも中止させるのかを決断し、対応しなければならないでしょう。今や人類は、プロメテウスと豊穣の女神が互いを巻き込むような段階に来ているのです。

原註

i　ソウルベリー卿の講義は古典文学と近代世界との関連性について行なわれました。当時から約50年経った今日の社会では、古典世界についてあまり熱心に学ばない傾向があります。『エンサイクロペディアブリタニカ』(すべての内容はこの章の執筆作業が行なわれたノートパソコンのハード・ドライブに保存されていました)によると、アリステイデスは古代アテネの総督かつ弁士でしたが、アテネ帝国の前身ともなったデロス同盟の創設者としてもっとも知られています。

巻末付録

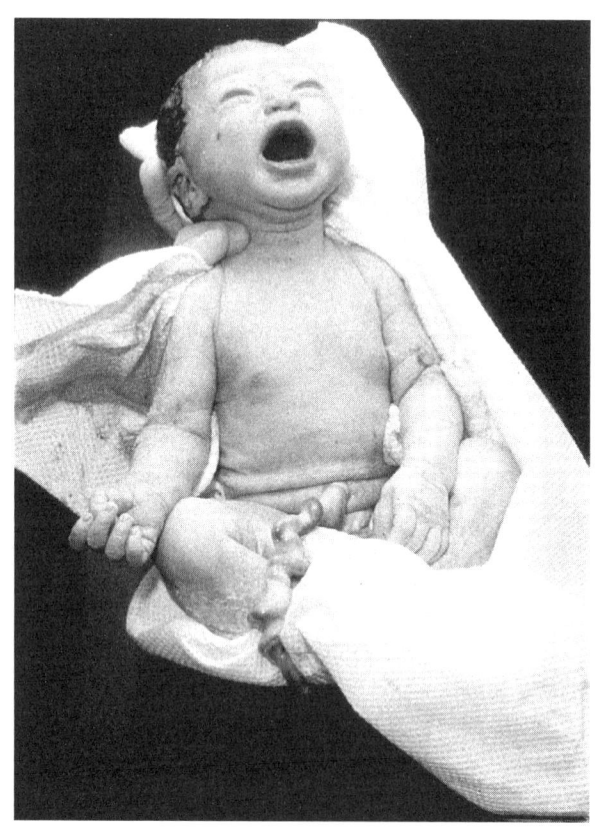

写真1 泣くことは呼吸活動の重要な役割を担っています——そして世界での最初の瞬間を生き抜くためのものでもあります。

巻末付録 371

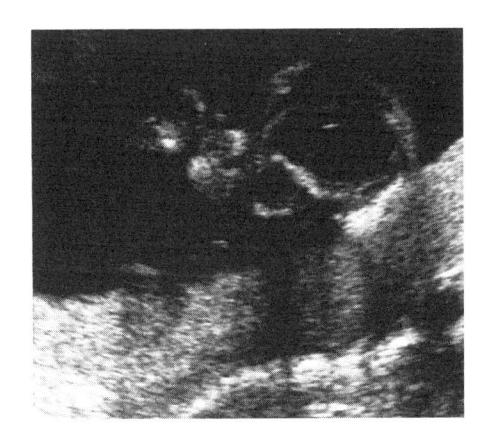

写真2 この高解像超音波スキャンは子宮内にいる赤ん坊の横顔を映しています。左上の角を見ると、手が顔のとても近くにあります。

写真3 シロアリを釣っているチンパンジーです。文化が異なる人間と同様に、グループが違えば、別の方法で「釣り」をします。

写真4　英国美術館にある鏡ケースはアフロディーテと牧羊神がファイブストーンズという遊びをしている姿が描かれています。オーピー夫妻が1950年代に美術館の外でもまだその遊びが行なわれているのを観察していますが、今はそれも廃れてしまったようです。

巻末付録　373

写真5　人々の多くの欲望の的が健康な肉体であるように、こどもにも同様の欲望があります。それゆえに、こどもが純心であってほしいという願いは健康な肉体との競合関係にあるのです。

写真6　この写真は1940年代の米国で撮られたものですが、この3人の匿名の少年たちの表情には経験が刻み込まれており、こころを掻き乱されるものがあります。

a. 家にいる時のローラ。普段は楽しそうにしています。

b. 母親は病院の看護師に会っていますが、ローラはきちんとしています。

c. 数日後です。ローラは以前と比べると、すぐ泣くようになっています。

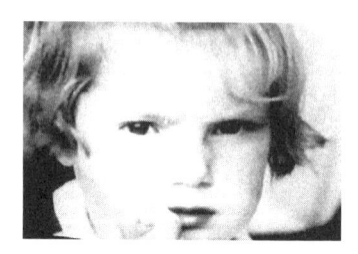

d. ローラは以前には見られなかったひきこもった表情をするようになっています。

e. ローラは家に帰ると告げられました。ローラは母親を待っている間、自分をコントロールすることがまったくできなくなり、泣き叫んでいます。

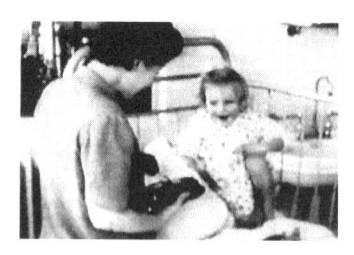

f. 母親が家に連れて帰るために到着しましたが、ローラは母親を信じようとしませんでした。そして、自分の靴を目にした時にはじめて家に帰れることを確信しました。

写真7　両親や愛する人たちとの短期間の分離に対する対処法の学習は、成長や適応に欠かせない役割を果たしますが、それには少々時間を要することが多々あります。「短期の分離」には特別な問題を生じさせてしまうものもあります。1950年代の半ばまではこどもは入院すると、しばらくは不機嫌になるが、やがて収まるという考えが普及していました。親に会うとこどもが落ち着かなくなるということで、親の面会は厳しく制限されていました。クリニックのジェームスとジョイスのフィルムは、小さなこどもの短期入院と分離の影響を記録したものです。これらのフィルムは感動的で、かつ控えめな感じのするものでたくさんの賞を獲得しました。これらの写真は「2歳児の入院」からのもので1950年に作られています。フィルムに出てくる少女ローラは適応のよい少女で、8日間の入院中、母親が定期的に面会に来ていましたが、時間は短いものでした。ここではローラの分離への特徴的な反応を見ることができます。このフィルム、またその他のフィルムは政府の施策変更へとつながり、両親はこどもたちと一緒に過ごすことを奨励され、自由に面会ができるようになりました。

写真8 ゴヤ：理性の眠りは怪物を生む。「いわゆる，目覚めている時の人の一生とは異常な終わらない悪夢である」(バートランド・ラッセル)

写真9 この粘土板は紀元前700年頃のニネベ（バビロン）から見つかったメソポタミアの夢の「本」です。「もし空にいる夢を見た場合，それは（以下省略）」という形式で記載されています。ここには何千ものこのような夢の断片が記録されています。

写真10 ゴヤは嘘つきで気まぐれで裏表のある人々を描き出しています。このような恐怖は時として人を不安に陥れ，意識を目覚めさせないようにさせることもあります。そうなると，恐怖は夢でしか見られなくなるのです。

写真 11 寄宿舎の男子学生で構成され，規則性をもつ集団。各選手には決まった役割が与えられています。

写真 12 上記よりも多様な形態をもつ集団。日曜のサッカーチーム。

写真13 タビストック・クリニックの表に立つフロイトの像。フロイトはナチス・ドイツ帝国を去った後，タビストック・クリニックの近くに住んでいました。

写真14 人は年を重ねるとともに，そのアイデンティティは変化し，成長します。そして，人は年配の世代の一員のように感じ始めるのです。それがどのような感覚になるかは，個人によって異なります。

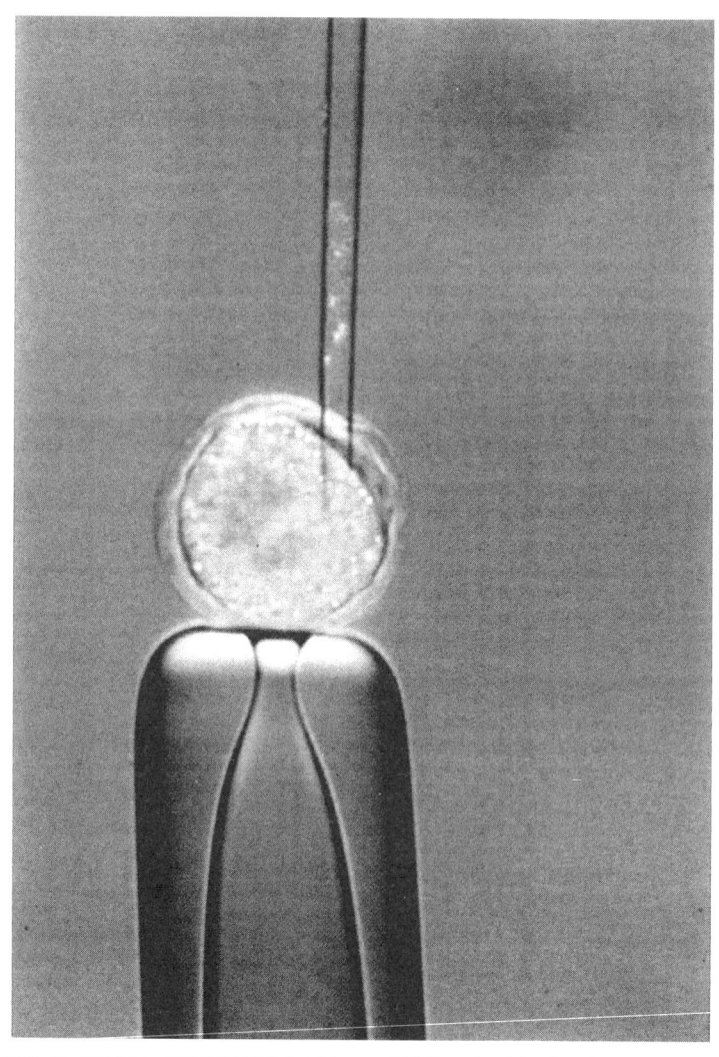

写真15　羊のドリーの製造は代表的なクローニング技術のひとつとして知られています。卵の壁面を通り抜けるためにミクロピペットが使用されます。写真は，細胞核を包み込んでいるゼリーのような物質（細胞質）が抜き取られているところを示しています。

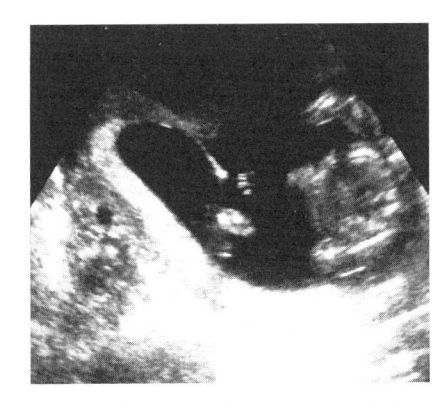

写真16 超音波画像は、羊水穿刺（左端の白い線）が羊膜の流動体（暗い部分）に慎重に通され、子宮にいる胎児の上部に位置しているところを示しています。

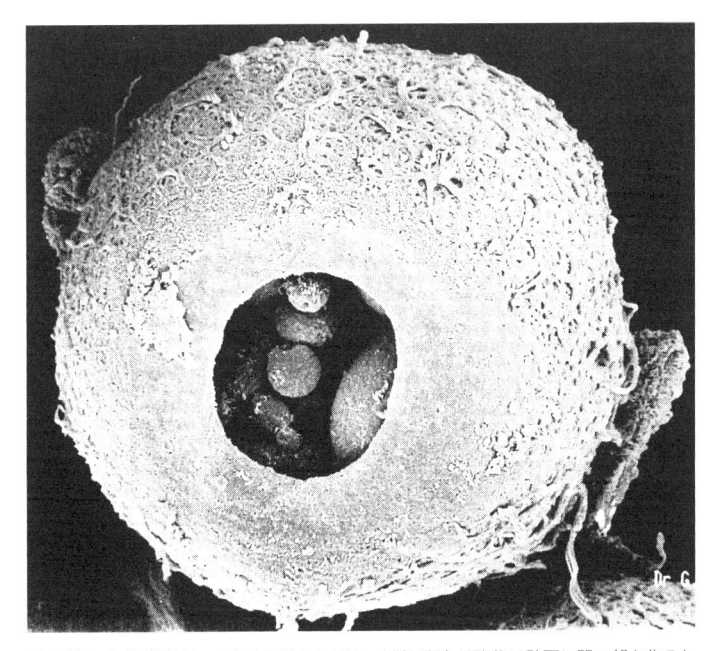

写真17 体外受精されて3日経過した胎芽。酸性溶液が胎芽の壁面に開口部を作るために用いられます。その後、遺伝子的に正常な胎芽の細胞のひとつが検査のために吸い出されます。最終的に胎芽は母親の胎内に埋め込まれます。この検査は遺伝子障害のリスクが高い場合に使用されます。

用語集

▶ **エディプス・コンプレックス／状況**　両親に対するこどもの愛情や敵意，競争心は特定の限られた道筋のなかで生じます。「肯定的方向」の形には，同性の親に取って代わりたいという願望やその死を願う気持ち，異性の親を性的に所有したいという願望があります。しかし，人は基本的に両性愛であるため，同性の親への独占欲の強い愛や異性の親に対する嫉妬による憎悪をともなう「否定的方向」の形もあります。さらに，多くの関係性に含まれる三角関係の性質が，それぞれの発達のなかで乗り越えがたい葛藤を与えるのです。近親相姦が禁忌であるというのはほぼ普遍的ですが，エディパルな願望を内的に完全に放棄するということはほとんどありません。

▶ **空想**　空想が phantasy と綴られる場合は，精神分析の専門用語として使われることが多くあります。空想は強力な本能的な感情や願望の無意識的な心的表象を指します。したがって，意識に上る白昼夢や想像などの日常的使用方法よりもかなり広い概念です。

▶ **自我**　フロイトはドイツ語で「私（the I）」にあたる das Ich という用語を用いました。この翻訳として，これにラテン語の 「自我（the ego）」を当てました。自我はこころのなかで根源的な本能（イド）の力，超自我，現実のまとめ役として機能する部分を指します。自我は防衛を組織し，行動や計画を設計する働きをします。「自己（the self）」を指すこともあります。とても自分を大事にし，自分を愛の対象とする（自己愛と呼ばれる）こともあるため，自我という用語は時々「He's got a big ego」や，「He's got lots of ego」などと口語的に用いられます（訳註：どちらも日本語では「彼はとても自惚れている」という意味である）。もし，自我があまりにも強くなりすぎると，誇大妄想の形をとるようになります。

▶ **自己愛**　自己愛はナルキッソスの伝説から名づけられました。ナルキッソ

スは小川に映った自分に自分と気づかないまま恋し，あまりにも近くまで覗き込んだために，小川に落ちて溺れてしまいました。自己愛的な人は自分や自分がすることに魅了されやすいという傾向があります。自己愛的対象選択とは（無意識で）自分を自画自賛して評価し，自分との類似性を基にして相手を選ぶことを言います。人にはたくさんの違いがあるものの，皆，ある程度は似ています。自己愛は通常，喪失や内的自己についての深い不安に対する防衛です。

▶ **死の本能**　生の動因となる衝動に関する最後の理論で，フロイトはそれを生の本能と死の本能に分けました。生の本能は愛や成長，再生に資して機能する動因です。生の本能は生の生物学的要素を結合し，創造的に人や思考を結びつけます。生存，セックス，社会的な傾向はすべて生の本能の現われです。死の本能は自己破壊的な方向に向かう傾向のなかで作用すると考えられています。そのねらいは死や無，静止です。これらふたつの，真逆ともなる衝動の力動的緊張のもたらす結果が人生です。たとえば，登山は生と死を特に分かりやすく表現しています。登山は熟練者に命の価値をより鋭く感じさせる一方で，多くの人の命を奪います。どんな人にも死は訪れるのです。生と死の葛藤は生涯を通してずっと続きます。

▶ **スプリッティング**　気づかないうちに同じ問題や人に対し，同時に矛盾する見解が生じている時，人はどちらか一方にしなければならない状況に陥る可能性がある場合，葛藤を避けるためにスプリッティングを用います。たとえば，敵と味方を作ることは，時に，よい感情や愛情を悪い感情や敵意から分離させておく必要性を基盤としています。

▶ **対象**　精神分析では，この用語は個人の関心の「対象」としての役割を果たす人を示すために頻繁に使われます。対象は，人のこころの「なか」にあるイメージや表象，構造，組織体を含む幅広い範囲を指しています。

▶ **超自我**　超自我は社会的基準を基盤として，判断力や罪悪感，無価値感，自尊心を生むこころのなかの部分です。超自我は良心の声と対応するものですが，とても原始的な無意識的側面もあります。超自我は子どものこころの「内側」にある両親から生じていると考えられていますが，子どもの

想像力の性質によって歪められていることも多くあります。超自我は役に立つものにも、援助を与えてくれるものにも、過酷なものにも、一貫性のないものにもなりうるのです。フロイトは、人間をより高次の価値観に欠けているものと捉える主張をしたと誤解され、連想されることが多いのですが、実は、人間は自分たちが思っているよりもっと原始的である一方で、さらにより道徳的でもあると考えていました。

▶ **転移** 過去の感情が本来の状況とよく似た現在の状況で再体験されることです。気づかないうちに、転移は日常生活に重要なものをたくさん提供してくれます。特定の関係性はより明白に激しい転移感情を引き起こします。面倒を見られることは、人が以前に母親に感じていた依存心をよみがえらせることがあります。上司や政治家のような権力をもった人々は、人が両親に最初に感じたさまざまな子どもっぽい感情を刺激します。セラピストは患者の情緒生活や性格、実生活の体験を理解するために転移を用います。この特別な文脈のなかで発達早期の感情に改めて触れてみることで、自分をもっとよく知る機会が得られるのです。

▶ **同一化** 人は他者が提供してくれるモデルに従って自分を変えようとし、他者に帰属するものを真似ることができます。この過程の多くは意識外で生じます。尊敬する人物や愛する人をモデルにして真似ることは性格形成の上で重要な過程です。身近に重篤な身体疾患を患っている人がいる場合、自分も病気であるような気がすることは稀ではありません。こうしたことは罪悪感、深い同情、つながり、競争心、迷信的に他人から嫌な思いをさせられることを避けるためなど、さまざまな理由から生じます。

▶ **投影** 人は自分たちの感情や思考の一部を他者のものと考えます。たとえば、共感は他の人が自分と同じ気持ちをもっていると考えることによるものです。投影は防衛機制として悪い感情や自己の嫌な部分を取り除く働きをすることも多くあります。投影によって、人は実際はそうではないのに、非現実的に他者を悪い、危険、劣っていると認識します。

▶ **万能感** 多くの人が自分を弱いか無力だと感じていますが、人は無意識のうちに、自分の衝動はすべて影響力があるという、それとは矛盾する信念

を抱いていることも多くあります。この水準では，これらの感情は賞賛され，また恐れられてもいます。

▶ **不安**　不安は日常生活に支障を来たすような症状となることもありますが，健全な状態であれば，人が努力をする動因のひとつです。多くの不安は現実の危険に対する反応ですが，完全に自分の内側から生じるものもあります。人は想像のなかで自分の攻撃衝動が制御できる範囲を超え，愛する人を傷つけてしまうかもしれないと恐れ，不安になることがあります。それゆえ，人は常々自分が誰かを傷つけてはいないと自らを安心させるために，建設的に振る舞う必要があるのです。その他の大きな不安としては，自分たちの生存に対する脅威があります。これらも，人が自己破壊を恐れることがあるという理由で内側から生じてくることがあります。

▶ **防衛機制**　防衛機制には抑圧や退行，反動形成，隔離，打ち消し，投影，取り入れ，自己自身への向け換え，逆転，スプリッティング，その他多くのものが含まれます。たとえば，抑圧は心的内容物を意識の外におくことを指します。しかし，ある状況になると，抑圧したものが戻ってくることもあります。これらすべての機制は適度であれば健全で，誰にでも見られます。防衛は心的ストレスや苦痛，混乱を軽減する適応的方法で，日常生活を機能させます。しかし，神経症的状態や精神病的状態で防衛がかなり活発に作動し，心的能力の喪失に寄与することがあります。

▶ **無意識**　人の精神生活の多くに意識から接近することはできません。無意識の発見は，人のこころの現代的視点にフロイトがなした貢献のなかでもっとも重要なもののひとつです。人生におけるもっとも重要な一歩の多くが，無意識的に動機づけられているということを認めるのは難しいのです。長きにわたって多くの人々により，こころというものは意識というものに限定されると主張されてきました。いまだにその詳細について，神経科学者のなかでは議論があるかもしれませんが，心的過程の大部分が無意識に生じているということについては皆が認めるところとなっています。

▶ **ワーキングスルー（徹底操作）**　ワーキングスルーとは，特定の情緒的な出来事が反復される場合に，人が徐々に自分たちの反応や認識の仕方を変え

られるようになるまで、通常何度も繰り返し行なわれる心的作業です。こ
れは心理療法的な治療のなかで起きることですが、生活のなかで生じるこ
ともあります。たとえば、喪の作業には人が次に進めるようになるまで、
亡くなった人のさまざまな側面を辛いながらも徹底的に考えてみることが
含まれています。反復と強迫は人の精神が有する強力な傾向ですが、ワー
クスルーによってある程度の変容が可能になります。

参考図書

Introductory Lectures on Psychoanalysis: Freud library: 1 by Sigmund Freud. Penguin Books, 560pp. (1991).

Bereavement: Studies of Grief in Adult Life by Colin Murray-Parkes. Penguin Books, 288pp. (1988).

The Child, the Family and the Outside World by D.M. Winnicott. Penguin Books (1991).

Inside Lives: Psychoanalysis and the Growth of the Mind by Margot Waddell. Duckworth, 240pp. (1988).

Multiple Voices: Narrative in Systemic Family Psychotherapy by Renos Papadopoulos & John Byng-Hall (Eds.). Duckworth, 242pp. (1998).

Understanding Trauma: A Psychoanalytical Approach by Caroline Gerland. Duckworth, 226pp. (1998).

The Anorexic Experience by Marilyn Lawrence, edited by Kate Mosse. The Woman's Press, 160pp. (1995).

The Unconscious at Work, Anton Obholzer & P. Vega Roberts. Routledge, 248pp. (1994).

索引

▶ あ

アイデンティティ..........029, 032, 093, 098, 099, 102, 104, 105, 216, 225, 268, 278, 334, 355, 358

遊び.... 030, 035, 046-061, 063-066, 069-071, 074, 076-078, 096, 099

圧縮 171

アンビヴァレンス／アンビヴァレント 140, 149, 154, 156, 158, 161, 303, 336

移行 052, 056, 071

意識 045, 111, 113, 114, 117-119, 169

依存 198

陰性症状 293

運動野 119, 121, 122

永遠の若さ 341

エデンの園 082, 090

貶めること 080

▶ か

解釈 066, 085, 109, 166, 170, 172, 189, 191, 214, 263, 278, 313, 319

カインとアベル 257

化学療法 301

核家族 181, 201

学習／学び／学ぶこと 036, 041, 048, 094, 096, 097, 109, 216, 240, 280, 299, 304, 324, 342

学問 125

身体イメージ 123

環境 343

完全／完璧／完璧なもの 072, 149, 155, 269, 366

騎士道的な愛 158

キメラ 367

教育 236, 237, 243

境界 075, 131, 205, 234, 268

境界例 279

『銀河ヒッチハイク・ガイド』....................... 135

グループセラピー 208

経営者 ...224, 226, 228, 229, 231, 233, 235, 236, 240

ケースワーク 290, 299, 301, 302, 305

ゲーム 046, 048, 049, 063-065, 074, 244

恋に落ちること 142-146, 149, 151, 156

抗うつ剤 285

攻撃（性）.....048, 049, 051, 074, 153, 237, 238, 258, 284, 349

公衆衛生 242

国家 220, 221, 261

孤独 085, 334, 338, 344

コンサルティング 226

▶ さ

再構成 169

作業療法 290, 299

殺意 101, 269

殺人 059, 202, 218, 360

残酷さ 085, 099, 125, 138, 288

3 という性質 201

死 106

ジキルとハイド 180, 269

自殺 220, 238, 260, 287, 290, 307

思春期 069, 074, 093, 101

詩人 161

失業 238, 239

嫉妬 087, 088, 116, 153, 154, 201, 202, 207, 224, 246, 266, 357

児童虐待 336

死の恐怖 051, 106, 334, 337, 353

死の本能 222

自閉的 253

集団／グループ 071, 105, 167, 208-216, 227, 234, 262, 263, 270, 297, 361-363

純心さ 072, 075, 081, 082, 088, 089

象徴性 053
小脳 113
神経症 279, 321
深刻な精神疾患 274
親族 203
信念 116, 128, 133, 186, 252, 257, 258, 267, 278, 291, 293
睡眠実験室 167
スプリッティング 269
静止状態 326
成熟 099, 105, 109, 117, 158, 323
聖書 348
正常／健常（性） 081, 273, 275, 297, 359, 361-363
生殖医学 200
精神疾患 255-258, 260, 261, 270, 274-280, 301, 302
精神病 279
精神病院 291, 345
精神分析 144, 208, 293, 302, 320
精神分析的心理療法 144
精神力動的心理療法 301, 302, 304, 305, 321
成長 ... 044, 088, 089, 092-095, 097-101, 105, 107-110, 131, 134, 246, 253, 278, 290, 324, 359
青年期 029, 046, 064, 080, 099-109, 141, 269, 277, 287, 290, 307, 324, 334
世代 ... 024, 074, 075, 182-185, 324, 331, 338, 339, 344
摂食障害 279
全知 251
前頭葉 117
羨望 116, 133, 153, 157, 202, 207, 238, 266, 267, 270
想像／想像力 ... 040, 050, 052-054, 063, 064, 080, 092, 130, 134, 172, 253, 257, 322, 385
躁病 259
俗なるもの 158

▶ た

耐性 198
胎生期の医学 359

大脳 113
大脳半球 113-117
大量虐殺 124
地域の精神科看護師 302
チーム 234, 235
チンパンジー 047-049, 051
抵抗 190, 208
敵意 079, 128, 140, 146, 153, 154, 157, 203, 208, 267
転移 311, 313, 314, 322
電気けいれん療法 288
同一化 030, 098, 107, 363
投影 213, 214, 221
統合失調症 187, 256, 269, 274, 278-280, 290, 291, 293, 294, 296, 297, 299, 300
倒錯 140
同僚 227
トリスタンとイゾルデ 150
ドン・ジョヴァンニ 143

▶ な

内的対象 123
ナルキッソス 072
認知行動療法 304
認知症 345, 346
熱狂的な執心 153
脳梁 114

▶ は

パーソナリティ障害 279
破壊（性） 085, 090, 091, 128, 222, 233, 284, 287, 321, 348, 349
『ハムレット』 140
万能（感） 217, 251
万能的 153, 217, 218, 351
反復 046, 263, 327, 328, 331, 340
悲哀 282
ピーターパン 329
表象 123, 170, 171, 226, 271
不死 349, 367

プレイ ... 028, 046, 047, 049, 057-060, 063, 096, 194
分離脳 114, 115
分離不安 334
暴動 217
暴力 .. 060, 070, 071, 081, 083, 091, 101, 140, 247, 258, 265, 267, 280
ホムンクルス 120, 121, 123

▶ ま
免れること 221
身代わり 257, 276
未熟／未成熟 075, 082, 117
無実 218
無能（感） 237, 238
群れをなす動物 200
喪 101, 102, 161, 283, 341
盲視 114
網状の組成物 113

▶ や
薬物 198, 252, 255, 257, 258, 273, 274, 285, 289, 290, 301, 305, 356
夢 066, 081, 112, 124, 164-181, 192, 223, 248-250, 253, 265, 279, 294, 312, 330, 331, 333, 347
羊水穿刺 057, 360, 362
陽性症状 293
ヨブ 257

▶ ら
理想 224, 237, 280
理想化 155-157, 265, 272, 323
理想主義 072
離乳 149, 334
良心 055, 258, 271-273, 280
冷戦 349
霊長類 048, 138

劣等感 105, 157, 266, 267
レム睡眠 167
老化 324
老人恐怖症 339, 344
老年期 289, 334-339, 342, 346
ロミオとジュリエット 070, 150

▶ 人名
アダムス（ダグラス） 135
ウィニコット（ドナルド） 052
オーデン（ウィスタン・ヒュー） 162
カフカ（フランツ） 100
グドール（ジェーン） 048
ケクレ（アウグストゥス） 179
コーテ（モラグ） 151
コープ（ウェンディ） 147
シーザー（ジュリアス） 218
シェイクスピア（ウィリアム） 132, 150, 218, 219, 348
ジョーンズ（ジム） 220
スティーブンソン（ロバート・ルイス） 180
ソウルベリー卿 349
チャーチル（ウィンストン） 261
トロッター（ウィルフレッド） 200
ハーディー（トーマス） 162
ハーバート（ジョージ） 277, 278, 294
プーシキン（アレクサンドル） 137, 138
プルースト（マルセル） 134
フロイト（ジークムント） 051, 053, 055, 069, 080, 101, 123, 139, 147, 167-171, 225, 230, 271, 292
ブロイラー（マンフレッド） 294
ベケット（サミュエル） 040
ミラー（アーサー） 082
ヨセフ 166, 172
ラッセル（バートランド） 164
レーヴィ（プリーモ） 223

編著者略歴
デビッド・テイラー David TAYLOR
タビストック・クリニック所属。医療コンサルタント、サイコセラピスト。

監訳者略歴
木部則雄 Norio KIBE
1983年、京都府立医科大卒業。同年、聖路加国際病院小児科。1986年、帝京大学医学部付属病院精神神経科。1991年、タビストック・クリニック児童家族部門に留学。現在、白百合女子大学文学部児童文化学科発達心理学専攻教授。白百合女子大学発達臨床センター。

著書　　『こどもの精神分析──クライン派・対象関係論からのアプローチ』（単著・岩崎学術出版社［2006］）、
　　　　『こどもの精神分析 II──クライン派による現代のこどもへのアプローチ』（単著・岩崎学術出版社［2012］）ほか。

訳書　　M・ラスティン＋E・カグリアータ『こどものこころのアセスメント──乳幼児から思春期の精神分析アプローチ』（監訳・岩崎学術出版社［2007］）、ジョン・E・B・マイヤーズほか『マルトリートメント──子ども虐待対応ガイド』（共訳・明石書店［2008］）、ディディエ・アウゼル＋マリア・ロード『自閉症の精神病への展開──精神分析アプローチの再見』（共訳・明石書店［2009］）、ジョーン ラファエル＝レフ『母子臨床の精神力動──精神分析・発達心理学から子育て支援へ』（共訳・岩崎学術出版社［2011］）ほか。

訳者略歴
長沼佐代子 Sayoko NAGANUMA ［翻訳担当：謝辞，第1～8章，用語集］
慶應義塾大学法学部卒業。慶應義塾大学大学院法学研究科公法学修士課程修了。白百合女子大学大学院文学研究科発達心理学専攻博士課程単位取得満期退学（心理学博士、臨床心理士）。
現職　　白百合女子大学大学院非常勤講師、白百合女子大学発達臨床センター研究員など。
訳書　　シェイラ・スペンスリー『タスティン入門──自閉症の精神分析的探求』（共訳・岩崎学術出版社［2003］）、ジョン・E・B・マイヤーズほか『マルトリートメント──子ども虐待対応ガイド』（共訳・明石書店［2008］）、ディディエ・アウゼル＋マリア・ロード『自閉症の精神病への展開──精神分析アプローチの再見』（共訳・明石書店［2009］）、ジョーン ラファエル＝レフ『母子臨床の精神力動──精神分析・発達心理学から子育て支援へ』（共訳・岩崎学術出版社［2011］）。

浅沼由美子 Yumiko ASANUMA ［翻訳担当：まえがき，第9～17章］
リンチバーグ大学演劇学部卒業。白百合女子大学大学院文学研究科発達心理学専攻修士課程終了。白百合女子大学大学院文学研究科発達心理学専攻博士課程（臨床心理士）。

トーキング・キュア
ライフステージの精神分析

印　刷	2013 年 3 月 20 日
発　行	2013 年 3 月 30 日
編著者	デビッド・テイラー
監訳者	木部則雄
訳　者	長沼佐代子｜浅沼由美子
発行者	立石正信
発行所	株式会社 金剛出版（〒112-0005 東京都文京区水道 1-5-16）
	電話 03-3815-6661　振替 00120-6-34848
装　幀	岩瀬 聡
印刷・製本	シナノ印刷

ISBN978-4-7724-1297-1　C3011　©2013　Printed in Japan

†金剛出版の好評既刊†

こころの性愛状態

（著）D・メルツァー
（監訳）古賀靖彦
（監訳）松木邦裕

クラインとビオンを中継しフロイトの「性欲論三篇」を深化させ、人間本質としての性愛に迫るクライン派精神分析の極北にしてメルツァーの第二主著。

四八〇〇円（十税）

精神分析過程

（著）D・メルツァー
（監訳）松木邦裕
（訳）飛谷渉

フロイトを解釈し、クラインを継承し、ビオンと対話しながら編まれた、精神分析家必読のドナルド・メルツァーの第一著作にして最重要作。

三八〇〇円（十税）

夢生活
精神分析理論と技法の再検討

（著）D・メルツァー
（訳）新宮一成 ほか

乳児観察・自閉症児や精神病者の分析から、患者の内的世界を伝える夢の解釈を精神分析の根幹としたメルツァーの理論のエッセンスが凝縮された重要著作。

三八〇〇円（十税）

ビオンの臨床セミナー

（著）W・R・ビオン
（訳）松木邦裕
（訳）祖父江典人

自由で直観的な思索を広げていった晩年のビオンのエッセンスが凝縮しており、彼が面接室で見せていた解釈や考えの実際を目のあたりにできる好著。

三八〇〇円（十税）

私説 対象関係論的心理療法入門
精神分析的アプローチのすすめ

（著）松木邦裕

面接室をつくること、見立て、治療契約、転移／逆転移、終結、終結後のクライエントとの関係にいたるまでを詳述した、実践的精神分析入門。

二八〇〇円（十税）

精神科臨床での日常的冒険
限られた風景の中で

（著）松木邦裕

日々の臨床活動を道の辺から振り返るようにして書かれた、生と死、精神の病あるいは人間そのものについて思いを巡らせた二八本の臨床エピソード。

二二〇〇円（十税）